北京证券交易所新政解读

■ 何诚颖 等 ◎ 著

中国财经出版传媒集团
中国财政经济出版社

图书在版编目（CIP）数据

不一样的北交所：北京证券交易所新政解读／何诚颖等著．－－北京：中国财政经济出版社，2021.11

ISBN 978－7－5223－0920－0

Ⅰ．①不… Ⅱ．①何… Ⅲ．①证券投资－研究－中国 Ⅳ．①F832.51

中国版本图书馆 CIP 数据核字（2021）第 227677 号

责任编辑：郁东敏　　　　　责任校对：徐艳丽
封面设计：中通世奥　　　　责任印制：刘春年

中国财政经济出版社 出版

URL：http://www.cfeph.cn
E－mail：cfeph@cfeph.cn

（版权所有　翻印必究）

社址：北京市海淀区阜成路甲 28 号　邮政编码：100142
营销中心电话：010－88191522
天猫网店：中国财政经济出版社旗舰店
网址：https://zgczjjcbs.tmall.com
北京时捷印刷有限公司印刷　各地新华书店经销
成品尺寸：185mm×260mm　16 开　15.75 印张　321 000 字
2021 年 11 月第 1 版　2021 年 11 月北京第 1 次印刷
定价：78.00 元
ISBN 978－7－5223－0920－0
（图书出现印装问题，本社负责调换，电话：010－88190548）
本社质量投诉电话：010－88190744
打击盗版举报热线：010－88191661　　QQ：2242791300

序　言

2021年9月2日晚，习近平总书记在2021年中国国际服务贸易交易会全球服务贸易峰会上宣布设立北京证券交易所（以下简称"北交所"），支持中小企业创新发展，深化新三板改革，打造服务创新型中小企业主阵地。设立北交所是中国特色资本市场发展的关键一环，中国特色的资本市场将向着更加市场化、法治化、国际化的方向发展。事实上，30年来中国境内金融业的发展一直呈现京、沪、深三足鼎立的局面。这三个金融中心都具有全国性的影响力和辐射力，上海和深圳是中国的金融市场中心，而北京是全国性的银行中心、金融监管和决策中心。

由于一些历史原因，中国境内仅有沪、深两家证券交易所。中国绝大部分金融市场集中在了上海和深圳两地，而北京并不具备像上海、深圳那样大规模的全国性金融市场，金融市场发展层次较为单一。不过，北京在产权交易市场发展方面走在了全国前列，建立了包括物权、债权、股权、知识产权、环境排污权等在内的综合产权交易体系，形成了较为成熟的商业模式和业务品种体系。无论是金融中心城市的金融竞争力还是从金融资源的集聚程度，北京、上海和深圳都处于我国金融中心城市的龙头地位。因此，从设立交易所的基础来看，北京具有天然的优势。

作为中国的政治中心，北京在金融监管方面拥有显著优势。中国金融监管的主体机关——"一委一行两会"，以及中国银行业协会、中国证券业协会、中国证券投资基金业协会、中国上市公司协会等超十家国家级金融行业协会和组织，中国前五大金融机构，中国四大资产管理公司，中国20%的世界500强企业总部，如高盛、安盛、摩根大通，新三板市场，"亚投行"的总部，均驻扎在北京。北京成为中国金融决策、政策信息发布中心。从现有格局看，北京作为监管机构集聚的金融中枢，已经是事实上的国家金融管理中心。

从金融机构实力来看，北京作为中国境内三大全国性金融中心之一，已经集聚了一定数量的金融机构，其金融机构实力名列全国前茅。北京、上海和深圳在金融机构整体实力方面分别排名全国前三名，但三者之间形成了较为明显的差异。三大全国性金融中心中北京的金融机构实力是最强的，无论是金融机构整体实力还是银行、保险分行业机构实力均远超过上海和深圳。北京作为金融决策中心，拥有其他城市无可比拟的总部经济优势。大量的金融机构总部集聚在北京，产生了信息的"外溢效应"，进而能吸引更多的总部机构集聚，包括外资金融机构和跨国企业，从而使北京的总部经济优势不断得到加强。

10年前，我去美国沃顿商学院做访问学者，得以近距离观察美国的资本市场。从美国发展经验看，一个完整的资本市场应当包括多层次市场体系的协调发展，以满足不同类型、不同规模、不同发展阶段企业的融资需求。美国经济的持续增长与这种完善的资本市场体系也有着密不可分的关系。以我们熟知的纳斯达克为例，纳斯达克对上市企业没有多少条条框框的要求。要在纳斯达克上市，公司业绩乏善可陈不是问题，纳斯达克需要的是最具创新能力的公司。① 纳斯达克挂牌的速度很快，但退市的速度更快。从1985年到2008年，美国纳斯达克有11 820家公司IPO，但同期退市数达到12 965家，净增长为负数。这种残酷的淘汰制导致纳斯达克80%是"僵尸"公司。② 但数十年来，纳斯达克也为美国培育了一批世界顶级企业，其中苹果、FACEBOOK、微软、谷歌和英特尔等七家纳斯达克公司的市值占比接近一半，这些企业代表了美国经济的新高度。

纵观纳斯达克的历史，创新是其核心和精髓。20世纪80年代是美国个人计算机突飞的时代。1986年，微软上市让纳斯达克掀起了一个小高潮。个人计算机的基础设施逐步完善后，互联网内容服务显得极度匮乏。1996年雅虎登陆纳斯达克，1997年亚马逊登陆纳斯达克。互联网的内容供应商在2000年被引爆。虽然2001年纳斯达克泡沫被刺破，但并没有阻挡互联网企业上市的热情。③ 2004年谷歌在纳斯达克上市之后，成为巨大的造富机器，上千名员工一夜之间就变成了亿万富翁。2012年FACEBOOK这个移动互联网时代的巨无霸登陆纳斯达克，纳斯达克的神话依然在演绎。纵观整个纳斯达克的发展史，其实就是一部互联网明星企业的发展史。

如果从1990年沪、深证券交易所成立时点算起，中国的资本市场也已经有了31年的历史。在这31年中，主板、中小板（现已合并至深圳主板）、创业板和科创板相继推出。截至2021年9月下旬，沪、深证券交易所上市公司总数接近4 500家，其中

---

① 京东在纳斯达克上市时的全球路演中，刘强东强调了其商业模式和竞争对手阿里巴巴的不同之处，以及公司的三个优势：移动业务、和腾讯结盟以及物流网络。相比短期盈利，这种独特的商业模式对美国资本市场的投资者更具吸引力。

② "纳斯达克真相：23年1.3万家退市 八成是僵尸公司"，三板富。

③ 2002年，Netflix上市；2003年12月，携程登陆纳斯达克。2004年5月，盛大网络登陆纳斯达克。

深市 2 505 家，沪市 1 988 家；两市总市值为 88 万亿元人民币。中国经济的增长不仅需要大中型成熟企业的支撑，也需要大量中小企业成为经济增长的新动力。为了实现创新推动下的经济结构转型和产业升级，中国正大力促进中小微企业尤其是创新型中小微企业的发展。据统计，创新型中小企业虽然仅占中小企业总数的 3%，但是却贡献了超过 50% 的创新成果，主要涉及生物医药、新能源、新材料、信息技术等高新技术行业。随着创业板、科创板的设立，一批创新型企业得以上市融资。但由于中国经济体量巨大，创业板和科创板的上市要求相对较高，大量具有活力和创新力的中小企业仍然难以获得上市机会。而放眼全球，新经济浪潮席卷而来，新能源、新材料、半导体材料、信息技术、医疗健康等行业持续大幅增长，新兴科技创新企业逐步成为经济重要组成部分。

北交所的设立是资本市场发展史上的里程碑事件，将形成京、沪、深三地交易所功能互补、各具特色、各显优势的证券市场新格局。上交所在区位上重点服务长三角，在定位上服务硬科技；深交所在区位上重点服务大湾区，在定位上服务新经济；而北交所则在区位上重点服务京津冀及整个北方地区，在定位上服务创新型中小民营企业。北交所的设立对北京金融中心的建设以及全国资本市场发展具有重要意义。

首先，将新三板精选层变更设立为北京证券交易所，是新形势下全面深化资本市场改革的重要举措。北交所将"以现有的新三板精选层为基础组建"，总体平移精选层各项基础制度，并同步试点证券发行注册制。北交所仍是新三板的一部分，与创新层、基础层一起组成"升级版"新三板。"深化新三板改革，设立北京证券交易所，是资本市场更好地支持中小企业发展壮大的内在需要，是落实国家创新驱动发展战略的必然要求，是新形势下全面深化资本市场改革的重要举措。"新三板主要针对的是中小微型的企业，经营范围为组织安排非上市股份公司股份的公开转让，为非上市股份公司融资、并购等相关业务提供服务等。自设立以来，新三板在扩大资本市场覆盖面、培育"小特精专"方面发挥了重要作用。相关统计数据显示，截至 2021 年 5 月底，新三板累计服务 1.34 万家企业，存量挂牌公司 7 519 家，其中现代服务业和先进制造业占比 71.3%。为了贯彻国家创新驱动发展战略，更好地支持中小企业创新发展，有必要进一步深化新三板改革，突破体制上的发展瓶颈，加快建设一个主要为创新型中小企业量身打造的北京证券交易所。

其次，有助于建设更加完善的资本市场体系。建立多层次的资本市场体系，从新三板、北交所到科创板、创业板、主板，企业的准入机制越来越严格。从投资者和投资机构的角度来说，投资的风险偏好程度不一样，为满足不同投资者、投资机构的需求，应该完善目前资本市场的市场体系，增设北交所就是认定了目前新三板精选层企业的上市主体地位，丰富了资本市场的层次体系，从制度上为不同风险偏好者提供足够多种类的投资品种和交易场所。2013年新三板扩容以来，由于对投资者的限制以及新三板企业众多，没有实施分级分类管理，导致满足条件的投资者积极性不高，从而市场交易活跃度、成交量等较低。对于已经参与的投资者、投资机构来说不能充分享受企业成长带来的收益，投资者及机构没有一个完善的退出机制，无法实现收益兑现，从而进一步影响参与的热度，对于新三板中小企业的融资需求是一个极大的打击。设立北交所是中央对于优化中小企业融资环境的重要举措，是将精选层的中小企业升级到上市主体地位，同时创新层企业也有较大的上升空间，让优秀的创新型的中小型企业能够充分享受资本市场改革带来的融资红利。

再次，北交所将聚焦服务创新型中小企业。北交所将实现与沪、深证券交易所错位发展，服务对象更早、更小、更新。目前，我国已有1.4亿个市场主体，其中大部分是中小企业。创新型中小企业的数量不断增长，在推动经济增长、促进科技创新、增加就业等方面具有重要作用。根据2021年7月19日工业和信息化部公布第三批专精特新"小巨人"企业名单，我国"小巨人"企业数量已达4 762家。根据已披露2021年半年报的企业数据显示，380家"小巨人"挂牌公司在新三板已经获得了较好发展，创新能力显著提高，公司研发费用同比增长33.7%，研发强度近6%。北交所的设立，不仅可以承载更大的融资规模，畅通资本流通机制，还可以为这类中小企业构建更为有力的信用增长通道。

最后，北交所的设立有助于服务更多创新型企业，实现从中国制造到中国创造。创新型中小企业是促就业、稳民生、促发展、推创新的基础力量，是目前我国市场主体的最重要的组成部分之一。根据相关调查数据，中小企业贡献了全国50%以上的税收、60%以上的GDP、70%以上的技术创新、80%劳动就业。足以见得，中小企业发展，尤其是创新型中小企业对于我国经济发展的重要性。改革开放以来，中国的经济实现了跨越式的发展，GDP目前稳居世界第二。我们从全球产业链的底端通过自身的创新能力不断跃迁，在诸多领域达到甚至超过欧美国家的技术水平，打破了长期以来的技术封锁。但我们也要清晰认识目前的发展现状，在部分领域仍然面临严密的技术封锁，特别是中美贸易战以来，在芯片、半导体等领域我国很多企业的发展面临挑战。促进中小型企业尤其是创新型中小企业的发展，需要不断优化改善中小型企业的发展融资环境，实现从"中国制造"到"中国创造"的改变，最终实现中华民族伟大复兴的中国梦。

中国经济过去十多年来的高增长，主要依靠基础投资、出口这两大引擎拉动。但近年来这两大引擎运转的力度在相继减弱，GDP的增速也从2007年的两位数14%降到了2018年的7%以下，加上近两年受全球疫情的影响，中国急需新的驱动力来促进经济持续增长。依靠科技进步和自主创新，提高企业的全要素生产率将是支撑宏观经济增长保持在合理区间的重要途径。未来世界各主要经济体的竞争也将集中在新一代信息技术，高端装备制造，新材料、新能源及节能环保，以及生物医药等高新技术产业和战略性新兴产业。打造一个规范、透明、开放、有活力、有韧性的资本市场是对国家技术进步和经济转型升级的强有力保障，而北交所将在深化资本市场改革和助力中小企业融资方面发挥不可替代的作用。

一方面，北交所肩负资本市场改革的重任。资本市场在金融运行中具有牵一发而动全身的作用，要推动中国经济的可持续增长，就要通过深化改革，打造一个规范、透明、开放、有活力、有韧性的资本市场。设立北交所，可以有效利用资本市场对风险偏好的多样性，使得各类"专精特新"创新企业募集到足够的资本，支撑中国经济在下一个经济长周期中获得增长动力。

另一方面，北交所肩负服务中小企业的重任。众所周知，在国内上一轮以重化工业为主导的经济增长当中，虽然资本市场也发挥了作用，但是主板市场的基本制度存有先天缺陷，即偏于行政化，尤其是 IPO 的审批制。国家给予北交所新的战略定位，即实现服务好中小企业，直接面向专精特新"小巨人"企业，与我国当前自主创新、推动产业结构升级的国家战略一脉相承。

总之，从欧美等发达国家对创新领域的发展策略来看，中小企业的发展是国家经济增长的基础与动力。今后，中国经济转型的主要发力点将集中在新一代信息技术、高端装备制造、新能源、新材料、生物医药等中高端产业，科技含量高，设备工艺先进，管理体系完善，市场竞争力强。中国资本市场的发展必须顺应经济发展大局，为经济的增速换挡与结构调整提供最强劲的资本市场动力。

在新时代、新经济背景下，中国资本市场迎来发展新机遇，在顺利实现中国经济由高速增长向高质量发展转变过程中，继续推进资本市场改革步伐，增强中国实体经济资源配置能力，优化产业结构，形成发展新动能，为中国经济长期持续健康发展提供保障。我们坚信，北交所的设立必将为中国资本市场的发展注入新的活水源泉。

何诚颖
2021 年 9 月 29 日于深圳

前　言

当今世界正经历百年未有之大变局，一方面是新一轮科技革命和产业变革深入发展，数字时代加速到来，生产生活方式将发生前所未有的改革。另一方面，经济全球化正在遭遇逆流，保护主义、单边主义上升，产业链正在经历重构。为提升资本市场服务实体经济能力，护航经济转型升级，2019年以来我国多层次资本市场体系不断完善，先后推出了科创板与注册制改革，启动了新三板精选层，并设立北交所。这些措施放松了企业上市要求，提高了企业上市效率，大大提高了直接融资规模，支持了创新型企业，尤其是中小型创新企业的融资压力。资本市场的风云变幻，有的已经超越了我们的历史经验和对以往市场的认知，需要学界和业界的广泛探讨和深入研究；而所有企业无一能够脱离，必将被资本市场的浪潮裹挟前行。

新三板在2015年刚推出时就是最火爆的市场，发展至今也是争议最多的市场。挂牌企业从最开始的1 500多家到目前的7 000多家，数量超过了沪、深两市总和，总市值逾3万亿元。而从交投火爆到陷入流动性危机，却只经历了半年的时间，是对挂牌企业和投资者的双重洗礼。但是，挂牌的企业仍然前赴后继，做市、定增、分层等话题将新三板推上一波又一波的热度和高度。这一切的背后是什么？随着新三板分层制度的改革以及创新层、精选层和转板制度的推出，新三板流动性大大改善，北交所的成立再次点燃了新三板市场热情，新三板迎来了高光时刻。它给已挂牌或拟挂牌新三板的企业带来了机遇。

对于企业而言，深刻理解北交所的定位、发展方向与前景，及时把握北交所这一融资平台的机会具有深刻的现实意义。我们注意到，市面上专门针对北交所的图书并不多，更勿论资本市场瞬息万变，要理解和研究北交所，必须吃透最新的政策，使用最新的数据。在这样的背景下，我们决定写一本服务于北交所挂牌企业的书，希望能给企业提供一本在北交所市场中运作的实务手册，其中既包含北交所一般性的流程和规范，也包括实务操作的技巧和案例，还包括对市场的剖析和把控，以此来告诉企业，什么是北交所，为什么要在北交所挂牌，如何挂牌，以及挂牌后该怎么做等。

为了解答这些问题，我们从千头万绪的与资本相关的知识海洋中梳理出两篇共十五章内容。其中上篇为北交所政策解读，内容包括北交所设立总体情况、IPO规则、交易规则、持续督导规则、再融资与重组、退市规则的全过程详细政策阐述，最后还针对北交所的可能投资机会进行了分析。下篇为北交所的基础——新三板的分析，包括什么是新三板及为什么选择新三板，如何在新三板挂牌和进行股份交易，如何在新三板定向增发、并购重组和股权激励等资本运作，分层通道的铺设以及新三板可能风险的防控。全书通过时间上的纵向对比和与海内外市场的横向对比，向读者介绍了北交所的发展背景、进程、市场地位、未来趋势和制度优势等。全书还非常重视实务操作层面，尽可能地用平实的语言、翔实的案例和最新的数据，从制度解读、市场现状、关键问题、实务操作流程、相关案例入手分析，全面服务于企业。

值得指出的是，本书不仅仅是一本北交所政策解读方面的指引，还囊括了作者对于北交所基础——新三板的发展历程、市场现状、存在的问题以及发展趋势的剖析和思考。无论是拟在北交所挂牌的企业，还是希望在北交所中挖掘投资价值的投资者，当您在资本市场披荆斩棘寻找出路、抑或乘风破浪驶向财富彼岸时，本书会成为您前行的指引和助手。相信读者在开卷阅读的过程中，也可以感受到本书对于北交所市场的深刻理解。

希望读者在阅读思考之余，能提出您的宝贵意见。

本书由何诚颖牵头策划，文璋撰写了本书的大纲，组织了写作工作并进行了全书统稿，参与写作的还有徐向阳、龚映清、张立超、刘英、冯春风、李勇、冯鲍、汪天琦、张左敏旸、黄轲、文璋、耿晓旭、黄庆成、余鸿宁、刘明晗、黄昌杰等。在写作过程中，我们得到了许多领导和专家的大力支持和关怀，在此谨向他们表达诚挚的谢意。

何诚颖

2021年9月

目 录

上篇 北交所政策解读

第 1 章 北交所设立总体情况 — 3
- 1.1 设立情况与政策意义 — 3
- 1.2 发展定位与发展目标 — 7
- 1.3 基础制度体系及内容说明 — 10
- 1.4 北交所主要规则要点 — 21

第 2 章 北交所 IPO 规则解读 — 27
- 2.1 要点概述 — 27
- 2.2 标准及发行条件 — 30
- 2.3 新三板基础层和创新层进入标准 — 33
- 2.4 审核与注册程序 — 36

第 3 章 北交所交易规则解读 — 38
- 3.1 要点概览 — 38
- 3.2 交易规则 — 39

第 4 章 北交所持续督导规则解读 — 42
- 4.1 北交所持续监管办法主要内容与相关要点 — 42
- 4.2 北交所上市规则主要内容与相关要点 — 51

第 5 章 北交所再融资与重组规则解读 — 58
- 5.1 北交所再融资规则解读 — 58
- 5.2 北交所重组审核规则解读 — 69

第6章 北交所退市规则解读   77

  6.1   退市标准：建立多元化的退市指标体系   77

  6.2   退市程序：将退市风险警示作为强制退市的先导   87

  6.3   退市去向：充分体现"分类纾解、充分缓释"的创新探索   90

第7章 北交所投资地图   96

  7.1   北交所与"专精特新"   96

  7.2   北交所潜在企业名录   104

  7.3   北交所"专精特新"投资地图   111

下篇   北交所基础——新三板

第8章 什么是新三板   124

  8.1   新三板的历史沿革   124

  8.2   新三板在我国多层次资本市场中的定位   125

  8.3   新三板市场的跨越式发展   126

第9章 为什么选择新三板   128

  9.1   中国企业可以在哪里上市   128

  9.2   各上市板块的制度比较   137

  9.3   哪些企业适合挂牌新三板   148

第10章 如何在新三板挂牌   150

  10.1   新三板的挂牌条件   150

  10.2   券商对企业挂牌新三板的要求   154

  10.3   挂牌前的准备工作   156

  10.4   新三板企业公司治理结构   163

  10.5   新三板的挂牌流程和费用   165

第11章 新三板股份交易   169

  11.1   交易方式的确定与变更   169

  11.2   做市交易   171

  11.3   竞价转让   179

11.4　新三板的投资者概况　　　　　　　　　　　　　180
　　11.5　新三板企业估值概况　　　　　　　　　　　　　182

第 12 章　新三板企业资本运作：定向增发　　　　　　　186
　　12.1　定向增发的融资优势　　　　　　　　　　　　　186
　　12.2　定向增发的制度和流程　　　　　　　　　　　　192
　　12.3　参与定增的投资者及定价方式　　　　　　　　　193
　　12.4　新三板定向增发市场分析　　　　　　　　　　　194
　　12.5　融资方式的创新方向——优先股　　　　　　　　196

第 13 章　新三板企业资本运作：并购重组　　　　　　　199
　　13.1　并购重组的制度　　　　　　　　　　　　　　　199
　　13.2　新三板并购与被并购企业的特征分析　　　　　　203
　　13.3　新三板企业并购模式　　　　　　　　　　　　　204

第 14 章　新三板企业资本运作：股权激励　　　　　　　206
　　14.1　新三板企业股权激励方面的法律法规　　　　　　206
　　14.2　股权激励的实务要点　　　　　　　　　　　　　208
　　14.3　新三板股权激励模式　　　　　　　　　　　　　211

第 15 章　新三板分层　　　　　　　　　　　　　　　　213
　　15.1　现行新三板分层的制度安排　　　　　　　　　　213
　　15.2　精选层　　　　　　　　　　　　　　　　　　　219
　　15.3　企业如何铺设精选层通道　　　　　　　　　　　220
　　15.4　转板的展望　　　　　　　　　　　　　　　　　224

附录　北交所相关法规规章索引　　　　　　　　　　　　226

参考文献　　　　　　　　　　　　　　　　　　　　　　231

后记　　　　　　　　　　　　　　　　　　　　　　　　236

上篇

北交所政策解读

第1章 北交所设立总体情况

1.1 设立情况与政策意义

1.1.1 北交所设立情况

1.1.1.1 北交所设立的时代背景

第一，金融供给侧改革，其核心在于提升企业直接融资比例，降低债务融资杠杆。目前，我国直接融资的比重约为20%，而发达国家占比超过50%，因而有巨大发展潜力。我国需要提高直接融资比重，加强对实体经济与中小企业的金融支持。已有的沪、深证券交易所主要面对大中型企业，北交所将有力弥补我国对中小企业融资的短板。

第二，推动中小企业发展。中小企业是中国经济的基本盘，扶持中小企业发展能带来大量就业机会，推动经济实现高质量发展。中小企业数量占我国企业总数的99.8%，贡献了全国50%以上的税收、60%以上的GDP、70%以上的技术创新成果和80%以上的劳动力就业，助力中小企业发展能为中国经济注入活力。

第三，顺应以国内大循环为主体、国内国际双循环相互促进的新发展格局。科技一直是大国竞争的主战场，我国也亟须为科技类企业提供创新型的资本市场，更好地将优质创新型公司留在境内上市，让国人分享企业高速成长的成果。同时，构建"以国内大循环为主体、国内国际双循环相互促进"的新发展格局，必须鼓励扶持创新企业发展，在技术创新、产业升级上遵循比较优势，充分利用国内国际两个市场、两种资源，用科技与创新力量持续释放中国经济的内生增长动力。

1.1.1.2　北交所设立的过程

2021年9月2日，习近平总书记宣布设立北京证券交易所。习近平总书记在"2021年中国国际服务贸易交易会全球服务贸易峰会"上致辞，指出将继续支持中小企业创新发展，深化新三板改革，设立北京证券交易所，打造服务创新型中小企业主阵地。

2021年9月2日，中国证监会负责人就深化新三板改革设立北京证券交易所答记者问。深化新三板改革，设立北京证券交易所，是实施国家创新驱动发展战略、持续培育发展新动能的重要举措，也是深化金融供给侧结构性改革、完善多层次资本市场体系的重要内容，对于更好发挥资本市场功能作用、促进科技与资本融合、支持中小企业创新发展具有重要意义。

2021年9月2日，全国中小企业股份转让系统有限责任公司（简称"全国股转公司"）党委召开专题会议研究落实高质量建设北京证券交易所工作。全国股转公司将从制度安排、组织体系、技术系统、交易运行、市场动员、新闻宣传等方面全力以赴落实好深化新三板改革、设立北京证券交易所各项工作，全力保障北京证券交易所顺利开市、平稳运行，切实发挥好服务创新型中小企业功能。

2021年9月3日，中国证监会就北京证券交易所有关基础制度安排向社会公开征求意见。中国证监会起草形成了《北京证券交易所向不特定合格投资者公开发行股票注册管理办法（试行）》《北京证券交易所上市公司证券发行注册管理办法（试行）》《北京证券交易所上市公司持续监管办法（试行）》，同步修订了《证券交易所管理办法》，向社会公开征求意见。

2021年9月5日，北京证券交易所关于上市规则、交易规则和会员管理规则公开征求意见。向社会公开征求意见的有《北京证券交易所股票上市规则（试行）》（征求意见稿）、《北京证券交易所交易规则（试行）》（征求意见稿）和《北京证券交易所会员管理规则（试行）》（征求意见稿）等业务规则。

2021年9月10日，北京证券交易所官方网站上线试运行。北交所官方网站（www.bse.cn）于2021年9月10日上线试运行，初期包含"业务规则""投资者教育""交易所简介和要闻"等三个内容模块，未来将陆续上线发行上市专区、上市公司信息披露、行情信息揭示、统计数据发布、法规制度展示等内容和功能。

2021年9月10日，北京证券交易所就公开发行并上市、上市公司再融资和重大资产重组审核规则公开征求意见。北交所起草了3个审核相关基本业务规则，分别为《北京证券交易所向不特定合格投资者公开发行股票并上市审核规则（试行）》《北京证券交易所上市公司证券发行上市审核规则（试行）》《北京证券交易所上市公司重大资产重组审核规则（试行）》，于2021年9月10日起向市场公开征求意见。

2021年9月17日，北京证券交易所发布投资者适当性管理办法。北交所制定并公布了《北京证券交易所投资者适当性管理办法（试行）》《北京证券交易所投资者适当性管理业务指南》，明确个人投资者准入的资金门槛为证券资产50万元，机构投资者准入不设置资金门槛。

2021年9月22日，北京证券交易所发布开展开市仿真测试和开市全网测试通知。为验证各市场参与者技术系统对于北京证券交易所开市各类业务的技术准备情况，北交所于2021年9月22日至2021年9月24日开展了开市仿真测试，于2021年9月25日开展第一次开市全网测试，于2021年10月9日开展第二次开市全网测试。

1.1.1.3　北交所设立的后续工作

为确保北京证券交易所改革平稳落地，按照稳中求进的工作总要求，坚持"建制度、不干预、零容忍"的方针，遵循"四个敬畏、一个合力"的监管理念，中国证监会将强化底线思维，在保障市场稳定运行的基础上，稳妥审慎推进以下各项工作，努力打造服务创新型中小企业的主阵地，把"大事办稳、好事办好"。

（1）抓紧出台各项规则，为北京证券交易所提供制度保障。依据《证券法》，中国证监会将出台涉及发行上市、持续融资、日常监管以及交易所管理等方面的行政规章，同时配套出台相关规范性文件和自律规则，初步构建一套适合中小企业特点的发行上市制度和信息披露制度，为北京证券交易所建设夯实制度基础。目前已经就行政规章向社会公开征求意见，后续还将就规范性文件和自律规则陆续向社会公开征求意见。

（2）组织做好技术系统准备工作，保障北京证券交易所平稳开市。中国证监会将指导全国股转公司、中国证券登记结算有限责任公司（以下简称"中国结算"）等相关单位，以精选层技术系统为基础，抓紧推进相关技术系统改造工作，尽快完成测试准备，与证券公司实现对接，为开市交易做好技术准备。

（3）抓紧完成北京证券交易所主体设立。中国证监会将指导全国股转公司，按照《公司法》《证券法》《证券交易所管理办法》等相关规定，尽快完成北京证券交易所工商注册登记，取得交易所法人资格，建立健全公司治理机制和内部管理制度，为后续推进各项工作提供基础。

（4）加强合力，营造良好的政策环境。中国证监会将主动加强与相关部委的沟通协作，努力形成工作合力，持续完善促进中小企业创新发展的政策体系，不断提升资本市场服务实体经济和创新型中小企业高质量发展的能力。

改革过程中，中国证监会将持续加强市场监测，密切关注市场运行情况，严防借机炒作概念，严厉打击内幕交易、市场操纵、虚假披露等违法违规行为，保障市场稳定运行，为北京证券交易所改革平稳落地创造良好市场环境。

1.1.2 政策意义

1.1.2.1 持续深化新三板改革

新三板是资本市场服务中小企业的重要探索，自2013年正式运营以来，大力简政放权，持续改革创新，不断探索内部分层管理。2016年初步划分为创新层、基础层；2020年设立精选层，同时引入转板上市、公开发行和连续竞价交易，逐步形成了与不同层次企业状况相适应的差异化发行、交易等基础制度，建立了"基础层、创新层、精选层"层层递进的市场结构，可以为不同阶段、不同类型的中小企业提供全口径服务。其中，精选层经过一年来的实践，已经初步具备了服务中小企业的公开市场功能。

截至2021年9月3日，新三板共有7 306家挂牌公司，其中精选层、创新层、基础层分别为66家、1 250家、5 988家，总市值共2.1万亿元。覆盖主要行业包括制造业，信息传输、软件和信息技术服务业等。2021年前8个月新三板成交金额合计1 387亿元，日均成交额8.6亿元，其中做市交易占比25%。

北京证券交易所的设立，是持续深化新三板改革的积极探索，将进一步破除新三板建设的政策障碍，围绕"专精特新"中小企业发展需求，夯实市场服务功能，完善政策支持体系，形成科技、创新和资本的聚集效应，逐步发展成为服务创新型中小企业的主阵地。

1.1.2.2 完善多层次资本市场体系

建立一个多层次的资本市场体系是十分有必要的。

其一，企业所处的生命周期来看，要求发展多层次性资本市场。不同成长周期的企业，所需要的资金数量也不同，所蕴含的风险差异较大，需要有不同风险层次的市场与之配套。

其二，不同投资主体的需求，要求发展多层次性的资本市场。不同投资主体的投资偏好不一样，其对投资产品的需求也就不一样。而单一的资本市场结构是不能满足投资者需求的，因此要加强多层次资本市场建设。

其三，基于化解金融体系风险的需要。我国金融结构一个突出性的问题是直接金融比重过低，而间接金融主要是依赖银行融资，融资结构单一，融资体系多元化进程缓慢。资本市场多层次的缺失是造成这种不合理金融结构的重要原因，蕴含着较大的金融风险，制约着我国经济的进一步健康发展。

北京证券交易所的设立，是深化金融供给侧结构性改革、完善多层次资本市场体系的重要内容。将北交所纳入中国资本市场体系版图，有助于构建更具包容性和适应性的多层次资本市场体系，强化直接融资对实体经济的支持，进而实现持续提升市场功能，激发市场活力，构建资本市场新发展格局。

1.1.2.3 促进中小企业创新高质量发展

习近平总书记高度重视中小企业发展,明确指出"我国中小企业有灵气、有活力,善于迎难而上、自强不息",强调"中小企业能办大事",中央经济工作会议、"十四五"规划均对服务中小企业创新发展作出重要部署。

北京证券交易所的设立,是实施国家创新驱动发展战略、持续培育发展新动能的重要举措。通过满足创新型中小企业多元化融资需求,提供多种融资品种选择、建立各类制度安排和灵活的发行机制,降低中小企业融资成本,北京证券交易所增强了对中小企业金融对支持,对于更好发挥资本市场功能作用、促进科技与资本融合、支持中小企业创新发展具有重要意义(见图1-1)。

图1-1 "北交所创立的意义"

1.2 发展定位与发展目标

1.2.1 北交所发展定位

北京证券交易所的定位是"服务创新型中小企业,尊重创新型中小企业发展规律和成长阶段,提升制度包容性和精准性"。北交所将推动健全资本市场服务中小企业创新发展的全链条制度体系,着力打造符合中国国情、有效服务专精特新中小企业的资本市场专业化发展平台，努力建设一个规范、透明、开放、有活力、有韧性的资本市场，更好地服务实体经济高质量发展。

- 从融资端看，北京证券交易所主要服务创新型中小企业。这些企业在具备较强创新能力和较大发展潜力的同时，也非常需要专业化的金融支持。
- 从投资端看，北京证券交易所以合格投资者为主。合格投资者的投资偏好和行为特征与一般散户存在较大差异，交易相对低频理性，持股期限相对较长，更加关注企业成长带来的中长期收益。

北京证券交易所将坚持以中小企业需求为基础，以中小企业能够以合理价格取得融资、买卖双方的正常交易需求能够得到满足为目标，不断提升市场功能、完善市场生态，实现持续健康发展。

基于"服务创新型中小企业的主阵地"的定位，北交所需要处理好"两个关系"：一是北交所与沪深证券交易所、区域性股权市场坚持错位发展与互联互通，发挥好转板上市功能；二是北交所与新三板现有创新层、基础层坚持统筹协调与制度联动，维护市场结构平衡。

从市场功能上看，北交所设立后，将形成京、沪、深三地交易所功能互补、各具特色、各显优势的证券市场新格局。沪、深市场的主板主要为成熟的大中型企业服务；科创板为硬科技板块的企业服务；创业板为高新技术企业、战略新兴产业企业服务；而北交所将定位为"服务创新型中小企业的主阵地"，聚焦创新型中小企业，服务对象"更早、更小、更新"。以市值指标为例，北交所对申报企业预计市值最低要求为不低于 2 亿元人民币，科创板最低要求为市值 10 亿元人民币，创业板带有市值要求的标准中最低要求同为市值不低于 10 亿元人民币。由此可见，北交所可以在更早的阶段为更小的企业提供服务。

从区域上看，北交所成立后，我国交易所版图将全覆盖长三角、珠三角、京津冀三大主要城市群，与我国城市群发展战略相配合，有利于促进区域协调发展。

北交所的成立有利于构建大中小企业良性互动、协同发展新格局，进一步完善服务不同层次、不同发展阶段企业融资需求的资本市场基础设施。

1.2.2　发展目标

（1）构建一套契合创新型中小企业特点的，涵盖发行上市、交易、退市、持续监管、投资者适当性管理等基础制度安排，提升多层次资本市场发展普惠金融的能力。

新三板经过不断改革创新，已经形成了"基础层""创新层""精选层"三个市场层次，与不同发展阶段、不同类型中小企业的市场需求相匹配。精选层 2020 年 7 月

27日开市以来，公开发行、连续竞价等各项市场化的制度安排初步经受住了市场检验，融资和交易功能有效发挥，定价和成交效率明显提升，吸引了一批"小而美"的优质中小企业，平均市盈率超过33倍，平均市值超过25亿元，市场表现良好，具备了变更设立为北京证券交易所的制度基础、企业基础和市场基础。

通过组建北交所，整体承接精选层，将精选层现有挂牌公司全部转为北交所上市公司，新增上市公司由符合条件的创新层挂牌公司产生。从企业发展阶段和市场实际情况出发，新三板基础层、创新层仍作为依据《证券法》设立的全国性证券交易场所，创新层、基础层挂牌公司仍为非上市公众公司，同时不断提升各项制度安排对中小企业需求的适应性，持续完善市场服务功能。

北交所的设立，主要是立足多层次资本市场的整体格局，对新三板市场进行优化升级，不仅符合中小企业的实际需要，也符合我国多层次资本市场建设的现实情况。

（2）畅通北交所在多层次资本市场的纽带作用，形成相互补充、相互促进的中小企业直接融资成长路径。

创新层、基础层是北交所上市公司的来源，主要对不同成长阶段、不同类型的中小企业进行培育和规范，提供更加包容、精准的市场服务，推动中小企业更早熟悉、更早进入资本市场，增强信息披露意识，涵养公司治理文化，利用直接融资不断成长，源源不断地为北交所输送优质上市资源。

北交所设立后，由全国股转公司统筹管理，仍将坚持与创新层、基础层统筹协调和制度联动，维护市场结构平衡。通过坚持差异化的制度安排，突出市场特色。北交所将实现与沪、深证券交易所错位发展、互联互通。北交所将发挥纽带作用，促进形成各有侧重、相互补充的中国特色多层次资本市场体系。

（3）培育一批专精特新中小企业，形成创新创业热情高涨、合格投资者踊跃参与、中介机构归位尽责的良性市场生态。

专精特新中小企业，是指具备专业化、精细化、特色化、新颖化优势的中小企业。

- "专"，是指采用专项技术或工艺通过专业化生产制造的专用性强、专业特点明显、市场专业性强的产品。其主要特征是产品用途的专门性、生产工艺的专业性、技术的专有性和产品在细分市场中具有专业化发展优势。

- "精"，是指采用先进适用技术或工艺，按照精益求精的理念，建立精细高效的管理制度和流程，通过精细化管理，精心设计生产的精良产品。其主要特征是产品的精致性、工艺技术的精深性和企业的精细化管理。

- "特"，是指采用独特的工艺、技术、配方或特殊原料研制生产的，具有地域特点或具有特殊功能的产品。其主要特征是产品或服务的特色化。

- "新"，是指依靠自主创新、转化科技成果、联合创新或引进消化吸收再创新方式研制生产的，具有自主知识产权的高新技术产品。其主要特征是产品（技术）的创新性、先进性，具有较高的技术含量，较高的附加值和显著的经济、社会效益。

北交所承接在创新层、基础层发展壮大的创新型中小企业，主要是提供更加高效的公开市场融资交易服务，对创新层、基础层形成示范引领和"反哺"功能，激发新三板整体市场活力，提升对初创期中小企业的吸引力，推动形成创新创业热情高涨、合格投资者踊跃参与、挂牌企业积极向上的良好市场生态，助力培育一批专精特新中小企业。

1.3 基础制度体系及内容说明

1.3.1 证监会部门规章

2021年9月3日，中国证监会就《北京证券交易所向不特定合格投资者公开发行股票注册管理办法（试行）》（以下简称《北交所发行注册办法》）、《北京证券交易所上市公司证券发行注册管理办法（试行）》（以下简称《北交所再融资办法》）、《北京证券交易所上市公司持续监管办法（试行）》（以下简称《北交所持续监管办法》），及修订后的《证券交易所管理办法》《非上市公众公司监督管理办法》《非上市公众公司信息披露管理办法》等6项制度向社会公开征求意见。

2021年9月17日，中国证监会就《公开发行证券的公司信息披露内容与格式准则第 X 号——北京证券交易所公司招股说明书》等11项配套规范性文件公开征求意见，对北交所上市公司招股说明书、募集说明书、发行情况报告书、年度报告、中期报告、权益变动报告书、收购报告书、重组报告书等信息披露文件的披露内容和格式提出了明确要求。上述17项规章制度、规范性文件初步构建了北京证券交易所发行融资、持续监管、交易所治理等基础制度体系。

1.3.2 交易所规则

2021年9月5日，北交所就其起草的《北京证券交易所股票上市规则（试行）》（征求意见稿）、《北京证券交易所交易规则（试行）》（征求意见稿）和《北京证券交易所会员管理规则（试行）》（征求意见稿）等业务规则，向社会公开征求意见。

2021年9月10日，北交所就其起草的《北京证券交易所向不特定合格投资者公开发行股票并上市审核规则（试行）》（征求意见稿）、《北京证券交易所上市公司证券发行上市审核规则（试行）》（征求意见稿）和《北京证券交易所上市公司重大资产重组审核规则（试行）》（征求意见稿）等业务规则，向社会公开征求意见。

2021年9月17日，北交所发布《北京证券交易所投资者适当性管理办法（试行）》。

上述7项规范性文件构成了北交所自身规范市场运行的基础制度体系。

北交所总体业务规则体系见图1-1。

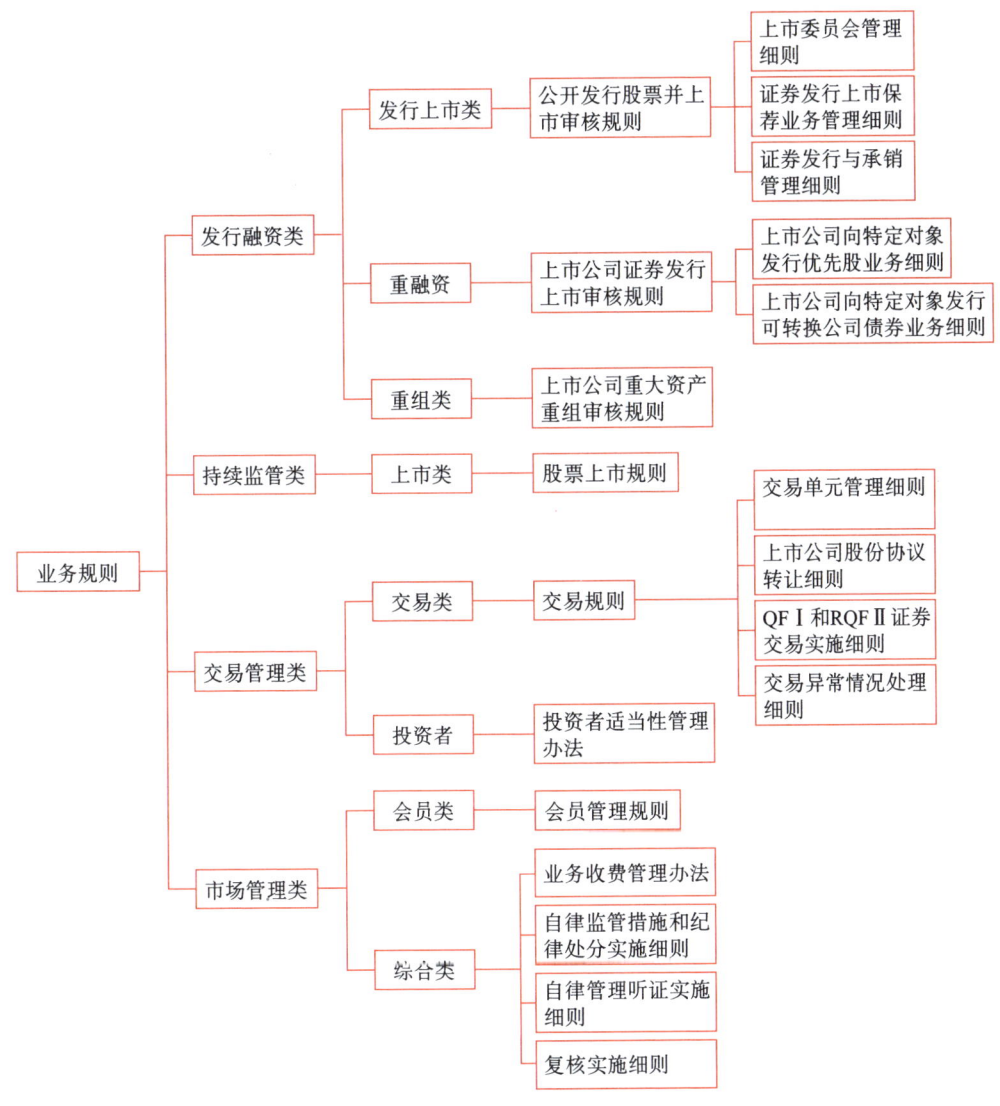

图1-1 北交所业务规则体系示意图

资料来源：北交所官网。

1.3.2.1 北京证券交易所向不特定合格投资者公开发行股票注册管理办法（试行）》

《北京证券交易所向不特定合格投资者公开发行股票注册管理办法（试行)》共8章58条，分为总则、发行条件、注册程序、信息披露、发行上市保荐的特别规定、发行承销、监督管理与法律责任以及附则。

（1）关于发行注册总体要求：对立法依据、适用范围、北交所市场定位、审核注册安排等总体要求予以明确；同时，按照注册制要求，进一步厘清、强化各方责任。

- 发行人为信息披露第一责任人，应当真实、准确、完整地披露信息；
- 保荐人需对申请文件进行全面核查验证并对真实性、准确性、完整性负责；
- 证券服务机构对与其专业职责有关的内容负责。

（2）关于发行条件：在公司治理、企业经营、财务会计等方面设置较为包容的发行条件。强化规范要求，明确发行人及其控股股东、实际控制人存在重大违法违规行为的，不得公开发行股票。

（3）关于审核注册程序：企业公开发行应当经董事会、股东大会审议，其中股东大会应当对中小股东表决情况单独计票并披露。北交所受理企业公开发行申请，审核判断企业是否符合发行上市条件和信息披露要求，并向中国证监会报送审核意见和发行人注册申请文件。中国证监会对北交所审核质量和发行条件、信息披露的重要方面进行把关，作出是否同意注册的决定。对审核注册各环节时限、中止和终止情形作出明确规定，提升透明度。

（4）关于信息披露要求：中国证监会依法制定相关信息披露规则，并授权北交所提出细化和补充要求。建立发行上市预披露制度，发行人应当在北交所受理环节、提交证监会注册环节以及发行环节按要求披露招股说明书、发行保荐书等相关文件。

（5）关于保荐和承销责任：明确北交所发行上市保荐适用《证券发行上市保荐业务管理办法》，同时对保荐人的履职要求以及保荐持续督导期限进行规定。北交所公开发行应当由证券公司承销，发行人可以选择直接定价、竞价以及询价等方式定价，证监会授权北交所制定发行承销业务规则。

（6）关于各方法律责任：加强自律监管，由北交所和证券业协会对发行上市承销过程中相关违法违规行为采取自律管理措施。强化行政监管"硬"约束，证监会可以对发行人、中介机构以及责任人员，采取较长时间不予受理、市场禁入等严厉措施，以及予以行政处罚、依法移送司法机关追究刑事责任等处理。

1.3.2.2 《北京证券交易所上市公司证券发行注册管理办法（试行）》

《北京证券交易所上市公司证券发行注册管理办法（试行)》共6章76条，分为总则、发行条件、发行程序、信息披露、监督管理与法律责任以及附则。

（1）关于再融资制度总体要求：对立法依据、适用范围、融资品种、审核注册安排等总体要求予以明确；同时，按照注册制要求，进一步厘清、强化上市公司、保荐人、证券服务机构等各方责任。

（2）关于分类设置发行条件：分别设定上市公司定向发行股票、公开发行股票以及发行可转债的条件；同时，明确禁止保底承诺、规范财务投资等方面的监管要求。

（3）关于发行程序：上市公司再融资应当经董事会、股东大会审议，监事会应当提出书面审核意见。建立北交所审核与证监会注册两环节各有侧重、相互衔接的审核注册程序，明确各环节时限要求，提升审核透明度。明确发行定价、限售要求。其中：

- 公开发行不低于市价发行，可以采取询价、竞价或直接定价的发行方式；
- 定向发行要求不低于市价八折发行，原则上应当通过竞价方式确定发行对象和发行价格，普通投资者限售不少于 6 个月。

（4）关于信息披露要求：上市公司应当通过临时报告的形式及时披露董事会、股东大会、受理、审核、注册等发行进展情况；同时，在提交证监会注册环节以及发行环节按要求披露募集说明书、发行保荐书等相关文件。

1.3.2.3 《北京证券交易所上市公司持续监管办法（试行）》

《北京证券交易所上市公司持续监管办法（试行）》共 8 章 33 条，分别规定北交所上市公司的公司治理、信息披露、股份减持、股权激励、重大资产重组等事项。

（1）关于公司治理：督促公司保持健全、有效、透明的治理体系，进一步压实控股股东和实际控制人的主体责任，并对董事会专门委员会、现金分红等特殊要求进行特别规定。

（2）关于信息披露：规定控股股东和实际控制人义务，对重大事项披露、行业信息披露、风险披露、非交易时段披露以及豁免披露等内容作出安排，构建灵活、包容的信息披露体系。

（3）关于股份减持：放宽对主要股东、实际控制人和董监高减持时间和数量的限制，改为预先披露要求；同时，适当延长未盈利企业股份锁定期，做好减持与限售之间的平衡。

（4）关于股权激励：借鉴科创板和创业板经验，允许满足一定条件的主要股东、实际控制人等作为激励对象，在股权激励价格和比例等方面延续新三板现行规定，满足中小企业需要更加灵活的股权激励形式以及稳定团队、持续发展的需求。

1.3.2.4 《证券交易所管理办法》（修订稿）

《证券交易所管理办法》（修订稿）共修订 31 条。主要内容：

（1）规定公司制证券交易所的组织结构，明确股东会、董事会、监事会、总经理的产生及职能。

（2）明确和完善有关监管安排。规定证券交易所制定或者修改有关业务规则时，应当由证券交易所理事会或者董事会通过，并报中国证监会批准。规定公司制证券交易所的董事长、副董事长、监事长由中国证监会提名，分别由董事会、监事会通过。

（3）明确部分条款的适用安排。对于现行规定的"证券交易所的收支结余不得分配给会员"以及"席位"等表述，明确其仅适用于会员制证券交易所。明确公司制证券交易所董事、监事及高级管理人员须遵守诚实信用义务、兼职和回避规定等。

1.3.2.5 《公开发行证券的公司信息披露内容与格式准则第 X 号——北京证券交易所公司招股说明书》

在北交所发行上市、股权融资、持续监管等制度框架基础上，立足于北交所服务创新型中小企业的市场定位，证监会配套起草了 11 个北交所上市公司信息披露内容与格式准则文件，规范公开发行并上市、上市公司证券发行、定期报告、收购重组等方面信息披露行为。

（1）关于招股说明书及申请文件：

一是要求发行人重点披露业务与技术、公司治理、财务会计信息和募集资金运用等方面的信息，信息披露需真实、准确、完整，简明清晰、通俗易懂。

二是立足"层层递进"市场结构，强化北交所与新三板创新层、基础层有机联系，对曾在挂牌期间合规披露的信息（如历史沿革信息），在招股说明书中适度精简，降低发行人信息披露成本。

三是贯彻注册制改革要求，推动各方归位尽责，压实发行人信息披露第一责任，明确控股股东、实际控制人连带责任，强化保荐人、证券服务机构等核查把关责任。

（2）关于证券发行募集说明书及申请文件：按不同的发行方式和融资品种，分别规范公开发行和定向发行普通股、定向发行可转债和定向发行优先股的募集说明书信息披露内容和申请文件编报要求。

一是依照北交所"小额、快速、灵活、多元"的再融资制度设计理念，针对不同发行方式、融资品种合理设定信息披露的要点和重点，兼顾中小企业披露成本和投资者决策需求，畅顺融资渠道。

二是对照沪、深证券交易所上市公司持续融资的监管规定，细化关联交易、定价合理性等事项核查披露要求，强化中小股东权益保护。

三是精简申请文件，将募集资金可行性分析报告等申请文件转化为募集说明书中的信息披露要求，引导上市公司向投资者作公开披露。

（3）关于定期报告：分别规范北交所上市公司年报和半年报的编制和披露要求，并授权北交所制定定期报告摘要披露内容。北交所定期报告格式准则总体平移精选层公司披露规则，较沪、深证券交易所保留了一些特色化安排。

一是缩减专项报告编报要求，不强制要求编制内控评价报告、内控审计报告和退市专项报告。

二是整合内容压缩篇幅，将违规担保、重大担保等披露内容合并、精简，在重大事件章节集中披露，更便于投资者阅读理解。

三是细化与投资决策密切相关的重要内容，对于研发情况、未盈利原因分析及改善策略等披露要求，进行了更为详细的规定。

（4）关于收购重组：收购重组文件要求分别明确收购中权益变动报告书、收购报告书、要约收购报告书、董事会报告书和进行重大资产重组中重组报告书和重组预案等文件的编报和披露要求。

一是保留平移精选层的规则体例和原则性要求，沿用原有挂牌公司收购重组格式准则的章节结构，将沪、深证券交易所上市公司现行权益变动报告书等四项准则整合为一，对不同报告书的披露要求分别进行专章规定，文件相对简明、清晰。

二是充分借鉴沪、深证券交易所上市公司成熟规则，内容上参照沪、深证券交易所上市公司相关格式准则的要求作出统一规定，收购重组中披露文件类型、名称、主要内容、披露时间保持一致，便于市场主体理解操作。

三是充分考虑了中小企业的特点并进行差异化规定，如将收购准则中重大交易披露标准与日常监管中重大关联交易的标准取齐一致，更加符合企业实际情况，也保持北交所规则间有序衔接。

（5）关于定向发行可转债融资等：

一是尊重投融资双方意思自治，除票面金额、债券期限等少部分债券条款统一规定外，票面利率、转股价格、赎回回售等事项由公司根据自身情况及投资者商谈情况自主协商决定。

二是强化对投资者决策有用信息和重要信息的披露，要求发行人列明报告期主要财务数据和偿债能力指标并逐年比较，并有针对性地披露本次定向发行可转债对公司的影响。

三是落实对投资者合法权益的保护，要求披露保护债券持有人权利的具体安排，明确如改变募资用途应赋予持有人回售权利，强调各方对本次发行相关义务和责任作出明确承诺。

1.3.2.6 《北京证券交易所股票上市规则（试行）》（征求意见稿）

《北京证券交易所股票上市规则（试行）》（征求意见稿）共13章366条，包括总则、股票上市、上市保荐和持续督导、公司治理、信息披露一般规定、定期报告、应披露的交易、应披露的其他重大事项、停复牌、退市、日常监管和违规处理、释义、附则等章节。

（1）关于股票发行上市要求：

一是平移精选层进入条件作为上市条件。新三板精选层进入条件经过一年多的实践检验，其包容性、精准度和适应性受到市场各方普遍认可。为实现平稳过渡，北交所上市条件中各类指标及其具体数值，与精选层进入条件保持延续。在新三板连续挂牌满12个月的创新层挂牌公司，符合预计市值、财务标准等条件，经中国证监会注册，完成向不特定合格投资者公开发行后，公众股东持股比例等达到相应要求的，可以在北交所上市。

二是建立符合北交所上市公司特点的限售减持安排。北交所上市公司的股份限售和减持安排总体上保持精选层要求不变，控股股东、实际控制人、10%以上股东所持公开发行前股份在上市后仍限售12个月。同时，为落实《公司法》规定，吸收上市公司减持规定的制度理念，进行了三项调整：其一，明确公司董监高所持股份上市后限售12个月的法定要求；其二，增加大股东、董监高不得减持情形；其三，细化减持信息预披露要求。

（2）关于中介机构责任：考虑到北交所上市公司均来源于新三板挂牌公司，因此公开发行并上市的持续督导期设定为股票上市当年剩余时间及其后两个完整会计年度；上市公司发行新股的，为股票上市当年剩余时间及其后一个完整会计年度。此外，考虑到北交所上市公司实行严格的准入审核，采用成熟有效的持续监管安排，因此不再实行主办券商"终身"持续督导，进一步凸显上市公司作为信息披露和规范运作第一责任人的法律地位。

（3）关于上市公司治理规范：

一是确立治理基本框架。充分吸收上市公司治理最佳实践与中小企业治理特点，系统、全面地规定股东大会、董事会、监事会和高级管理人员的运作规范，对于董事、监事、高级管理人员的履职要求以及股东权利等作出规定，细化和丰富了独立董事发表意见情形，明确投资者关系管理要求，确立北交所上市公司治理基本框架。

二是重点约束关键主体。对于控股股东、实际控制人、收购人等对于公司决策影响大、可能滥用支配或优势地位侵害上市公司和中小股东权益的关键主体，该股票上市规则从严禁资金占用和违规担保、防范不当关联交易和新增同业竞争、严格承诺履行等方面予以重点约束，并明确将资金占用主体范围扩大到控股股东、实际控制人及其关联方，紧盯"关键少数"。

三是体现中小企业特色。该股票上市规则既符合上市公司运行一般规律，又体现中小企业特点。在现金分红、社会责任等方面，充分考虑北交所上市公司的履行能力和发展阶段特点，在明确回报股东和履行社会责任原则性要求的基础上，不对现金分红比例、社会责任履行方式等进行强制性规定。

(4) 关于信息披露监管：

一是进一步丰富信息披露的总体要求。进一步明确了自愿披露、豁免披露、暂缓披露、行业和风险信息披露等方面的具体要求，提高信息披露质量。同时，建立了内幕信息知情人管理和报备制度，从机制上严防内幕交易等违法行为。

二是进一步完善交易事项的披露规定。细化对于各类重大事项及关联交易的具体披露标准和决策程序要求，强化独立董事监督作用；同时，将对子公司的投资、委托理财等交易事项豁免或别除适用，合理把握信息披露监管强度。

三是进一步细化重大事项的披露内容。重点加强对于股票异常波动和传闻澄清、股份质押和司法冻结等事项的披露要求，并落实上位法授权规定，明确股权激励和员工持股计划的具体披露安排。

(5) 关于停复牌安排：为保障投资者交易权利，该股票上市规则贯彻"少停、短停、分阶段停"的监管原则，要求上市公司不得滥用停复牌损害投资者的合法权益，不得利用停牌替代信息保密。在具体制度安排，停牌情形基本沿用新三板现行安排，保持适度灵活，各类情形的停牌时长与上市公司现行制度相一致，其中因筹划重大资产重组或发行股份购买资产的，停牌时间不超过 10 个交易日；筹划控制权变更、要约收购等事项的，停牌时间不超过 5 个交易日；上市公司破产重整的，原则上不超过 5 个交易日。连续停牌时间原则上不得超过 25 个交易日。

(6) 关于退市机制：

一是建立多元组合的退市指标。借鉴近期退市制度改革的经验，既充分包容中小企业经营活动天然存在的波动性较大、经营业绩易受外部环境影响的特点，避免市场"大进大出"，也坚决出清重大违法、丧失持续经营能力等极端情形的公司，明确了主动退市与强制退市安排。其中，强制退市分为交易类、财务类、规范类和重大违法类等四类情形。

二是明确退市流程。上市公司出现财务状况异常或者其他异常情况导致其股票存在被强制退市风险的，对股票交易实施退市风险警示。强制退市由北交所上市委员会审议，北交所结合上市委员会审议意见作出决定。公司被强制退市后，符合新三板基本挂牌条件或创新层条件的，可以进入相应层级挂牌交易；不符合新三板挂牌条件，且股东人数超过 200 人的，转入退市公司板块。此外，北交所退市公司符合重新上市条件的，可以申请重新上市。

1.3.2.7 《北京证券交易所交易规则（试行）》（征求意见稿）

《北京证券交易所交易规则（试行）》（征求意见稿）共 10 章 115 条。包括总则、交易市场、证券交易、其他交易事项、交易信息、交易行为监督、交易异常情况处理、交易纠纷、交易费用、附则。该交易规则主要内容：

（1）实行30%的价格涨跌幅限制，给予市场充分的价格博弈空间，保障价格发现效率。

（2）上市首日不设涨跌幅限制，实施临时停牌机制，即当盘中成交价格较开盘价首次上涨或下跌达到或超过30%、60%时，盘中临时停牌10分钟，复牌时进行集合竞价。

（3）连续竞价期间，对限价申报设置基准价格±5%的申报有效价格范围，对市价申报采取限价保护措施。

（4）买卖申报的最低数量为100股，每笔申报可以1股为单位递增。

（5）单笔申报数量不低于10万股或成交金额不低于100万元的，可以进行大宗交易。

（6）该交易规则还为北交所引入做市机制，实行混合交易预留了制度空间。

1.3.2.8　《北京证券交易所会员管理规则（试行）》（征求意见稿）

《北京证券交易所会员管理规则（试行）》（征求意见稿）共9章112条，包括总则、会员资格管理、业务管理、客户管理、证券交易信息管理、交易及相关系统管理、纠纷解决、监督管理及附则。主要明确了以下内容：

（1）建立了会员资格与日常管理制度，明确了会员资格取得、灭失的条件和程序，并对会员日常业务管理机制提出要求。

（2）明确了会员合规管理与风险控制的要求，重点加强交易风险防控，健全信息隔离制度。

（3）强化会员客户管理职责，要求会员对客户与产品进行适当性匹配，引导投资者理性参与证券交易，充分保护投资者合法权益。

（4）规范了信息使用和技术系统管理，要求会员有效管理客户使用交易信息行为，不得滥用证券交易信息，保障交易及相关系统的持续稳定运行。

（5）加强会员监督管理，明确交易所可对会员进行现场和非现场检查，对违反业务规则的情形采取自律监管措施或纪律处分。

1.3.2.9　《北京证券交易所向不特定合格投资者公开发行股票并上市审核规则（试行）》（征求意见稿）（以下简称《北交所发行上市审核规则》）

《北交所发行上市审核规则》共7章67条，包括总则、申请与受理、审核内容与方式、审核程序、特殊情形处理、自律管理和附则。

（1）关于交易所审核：重点对发行人是否符合发行条件、上市条件和信息披露要求进行审核，通过一轮或多轮的审核问询，督促发行人真实、准确、完整地披露信息，督促保荐机构、证券服务机构切实履行信息披露的把关责任，提高信息披露质量，以便投资者在信息充分的情况下作出投资决策。

（2）关于审核程序：设立发行上市审核机构，对发行人的发行上市申请文件进行审核，出具审核报告，提请上市委员会审议。北交所结合上市委员会意见，出具发行人符合发行条件、上市条件和信息披露要求的审核意见或者作出终止发行上市审核的决定。北交所出具同意发行上市的审核意见的，连同发行上市申请文件和相关审核资料报送向中国证监会履行注册程序。中国证监会按照规定进行注册，进一步提出反馈意见的，北交所将反馈意见告知发行人及中介机构。

（3）关于审核时限：北交所自受理之日起2个月内出具发行人符合发行条件、上市条件和信息披露要求的审核意见或者作出终止发行上市审核的决定，发行人及中介机构回复问询的时间不计算在内，且回复时间总计不超过3个月，并就不计算在前述时限内的具体情形进行了规定。此外，上市委员会可以对发行人的发行上市申请暂缓审议，暂缓审议时间不超过2个月。

1.3.2.10 《北京证券交易所上市公司证券发行上市审核规则（试行）》（征求意见稿）(以下简称《北交所再融资审核规则》)

《北交所再融资审核规则》共6章61条，包括总则、审核内容与要求、审核程序、特殊情形处理、自律管理和附则。

（1）关于交易所审核职责：北交所对上市公司证券发行上市的审核，重点关注上市公司是否符合发行条件，中介机构是否就本次证券发行上市申请发表明确意见且具备充分的理由和依据。北交所对信息披露的审核，重点关注上市公司信息披露是否符合证监会和北交所的信息披露要求，发行上市申请文件及信息披露是否达到充分、一致、可理解要求。

（2）关于审核程序：上市公司发行股票的，北交所自受理之日起2个月内出具符合发行条件、上市条件和信息披露要求的审核意见或者作出终止发行上市审核的决定。上市公司向不特定合格投资者公开发行股票的，审核机构提出初步审核意见后，提请上市委员会审议；向特定对象发行股票的，简化审核程序，无须提请上市委员会审议。审核过程中的重大事项报告、中止与终止审核、复审等程序参照适用北交所向不特定合格投资者公开发行股票并上市的相关规定。

（3）关于审核时限。在上市公司证券发行上市一般程序中，北交所在收到申请文件后5个工作日内作出是否受理的决定，15个工作日内发出首轮问询；上市公司及其中介机构在收到问询之日起20个工作日内提交回复文件，预计无法回复的，可以延期20个工作日，问询回复总时间不超过2个月。在保障审核效率、明确审核预期的同时，提高问询和回复质量。

（4）关于平移新三板制度安排。对于符合《北交所再融资审核规则》相关条件的自办发行，简化申请材料和申报安排；对于符合条件的授权发行，设置了快速、便捷的简易审核要求，以支持创新型中小企业融资发展。

1.3.2.11 《北京证券交易所上市公司重大资产重组审核规则（试行）》（征求意见稿）（以下简称《北交所重组审核规则》）

《北交所重组审核规则》共8章72条，包括总则、重组标准与条件、重组信息披露要求、重组审核内容与方式、重组审核程序、持续督导、自律管理和附则。

（1）关于起草的思路：北京证券交易所落实试点注册制要求，力求建立以信息披露为核心，高效规范的并购重组机制，推动提高北交所上市公司质量。《北交所重组审核规则》制定过程中，主要遵循以下思路：

一是坚持以信息披露为核心。贯彻注册制理念，审核要求与公开发行并上市及上市公司证券发行保持一致，坚持以信息披露为核心，通过问询督促上市公司、交易对方等相关主体真实、准确、完整地进行信息披露。

二是坚持包容性、适应性的制度安排。充分考虑创新型中小企业特点，在重组认定标准、并购重组委员会（以下简称"并购重组委"）审议及注册范围等方面坚持合理性和必要性原则，防范并购风险与提升市场效率并重，支持企业利用重组做大做强。

三是坚持审核公开透明。将申请受理、审核问询、并购重组委审议等重要节点和流程的相关信息向市场公开，接受社会监督，同时吸收借鉴科创板、创业板试点经验，规定审核时限，明确市场预期。

（2）关于审核方式与关注重点：《北交所重组审核规则》规定，北交所对上市公司重组申请文件进行审核，通过一轮或多轮的审核问询，督促上市公司真实、准确、完整地披露信息，督促独立财务顾问、证券服务机构切实履行信息披露的把关责任。此外还细化了重组信息披露重点内容，在重组审核中重点关注本次交易的合法合规性、交易的必要性、定价的公允性、业绩承诺是否切实可行，以及交易是否有利于增强公司持续经营能力。

（3）关于并购重组委：《北交所重组审核规则》规定，北交所设立并购重组委，对审核机构出具的审核报告及上市公司申请文件进行审议，以加强风险把控。北交所结合并购重组委审议意见，出具同意发行股份购买资产或者重组上市的审核意见，或者作出终止审核的决定；对上市公司不涉及股份发行的重组上市申请，北交所结合并购重组委审议意见，作出同意重组上市或者终止审核的决定。

（4）关于重大资产重组认定标准。结合中小企业生产经营特点，进一步明确"日常经营行为"的具体内涵，将能够充分说明合理性和必要性的现金购买土地、厂房、机械设备等行为视为日常经营行为，不纳入重组管理。

（5）关于审核时限要求。北交所上市公司申请发行股份购买资产的，北交所自受理之日起2个月内出具同意发行股份购买资产的审核意见或者作出终止审核的决定；

申请重组上市,不涉及股份发行的,北交所自受理之日起 3 个月内作出同意重组上市的决定或者终止审核的决定,涉及股份发行的,北交所审核和中国证监会注册的时间总计不超过 3 个月。北交所上市公司申请发行股份购买资产的,回复问询的时间总计不得超过 1 个月;申请重组上市的,回复问询的时间总计不得超过 3 个月。延期不得超过 1 个月。

(6) 关于中介机构职责。《北交所重组审核规则》细化独立财务顾问在持续督导环节的履职要求,强调对于标的资产存在重大财务造假嫌疑、上市公司可能无法有效控制标的资产、标的资产可能存在未披露担保、非经营性资金占用或重大未披露质押等情形,独立财务顾问应当对北交所上市公司或标的资产进行现场核查,出具核查报告并披露。对于上市公司实施重组上市的,独立财务顾问应当遵守《北京证券交易所股票上市规则(试行)》(征求意见稿)关于股票公开发行并在北交所上市持续督导的规定,以及《上市公司重大资产重组管理办法》《上市公司并购重组财务顾问业务管理办法》规定的持续督导职责。

1.3.2.12 《北京证券交易所投资者适当性管理办法(试行)》

《北京证券交易所投资者适当性管理办法(试行)》共 24 条。

(1) 明确个人投资者参与北交所股票交易条件:会员应当根据中国证监会有关规定及本办法要求,建立健全投资者分类、产品或服务分级和适当性匹配等内部管理制度,明确匹配依据、方法、流程等。

(2) 会员应当重点评估个人投资者是否了解北交所股票交易的业务规则与流程,以及是否充分知晓北交所股票投资风险。评估结果及适当性匹配意见应当告知投资者。

1.4 北交所主要规则要点

1.4.1 上市标准延用精选层四套标准

上市标准延用精选层四套标准(见表 1-1)。

表 1-1　　　　　　　　　　　　精选层四套标准

标准	标准1： 市值＋净利润＋ROE	标准2： 市值＋营业收入＋ 经营活动现金流	标准2： 市值＋营业收入＋ 研发投入	标准4： 市值＋研发投入
市值	市值不低于2亿元	市值不低于4亿元	市值不低于8亿元	市值不低于15亿元
营业收入		最近两年营业收入平均不低于1亿元且最近一年增长率不低于30%	最近一年营业收入不低于2亿元	
其他	最近两年净利润均不低于1 500万元且加权平均净资产收益率平均不低于8%，或者最近一年净利润不低于2 500万元且加权平均净资产收益率不低于8%	最近一年经营活动产生的现金流量净额为正	最近两年研发投入合计占最近两年营业收入合计比例不低于8%	最近两年研发投入合计不低于5 000万元

除了上述四套标准，发行人申请上市还应当应当符合下列条件：

（1）最近一年期末净资产不低于5 000万元。

（2）公开发行的股份不少于100万股，发行对象不少于100人。

（3）公开发行后，公司股本总额不少于3 000万元。

（4）公开发行后，公司股东人数不少于200人，公众股东持股比例不低于公司股本总额的25%；公司股本总额超过4亿元的，公众股东持股比例不低于公司股本总额的10%

（5）中国证监会和全国股转公司规定的其他条件。

新三板基础层和创新层进入标准见表1-2。

表 1-2　　　　　　　　　　新三板基础层和创新层进入标准

基础层挂牌条件	(1) 依法设立且存续满两年。 (2) 业务明确，具有持续经营能力；公司治理机制健全，合法规范经营；股权明晰，股票发行和转让行为合法合规。 (3) 主办券商推荐并持续督导

续表

基础层—创新层挂牌条件	（1）基础层进入创新层前提条件：公司挂牌以来完成过定向发行股票（含优先股），且发行融资金额累计不低于1 000万元。符合全国股转系统基础层投资者适当性条件的合格投资者人数不少于50人；最近一年期末净资产不为负值。 （2）基础层进入创新层3套标准（3选1）。 标准1：最近两年净利润均不低于1 000万元，最近两年加权平均净资产收益率平均不低于8%，股本总额不少于2 000万元； 标准2：最近两年营业收入平均不低于6 000万元，且持续增长，年均复合增长率不低于50%，股本总额不少于2 000万元； 标准3：最近有成交的60个做市或者集合竞价交易日的平均市值不低于6亿元，股本总额不少于5 000万元；采取做市交易方式的，做市商家数不少于6家
创新层挂牌条件	（1）满足挂牌进入基础层条件。 （2）符合基础层进入创新层3套标准的标准1或标准2；或在挂牌时即采取做市交易方式，完成挂牌同时定向发行股票后，公司股票市值不低于6亿元，股本总额不少于5 000万元，做市商家数不少于6家，且做市商做市库存股均通过本次定向发行取得。 （3）完成挂牌同时定向发行股票，且融资金额不低于1 000万元。 （4）完成挂牌同时定向发行股票后，符合全国股转系统基础层投资者适当性条件的合格投资者人数不少于50人。 （5）最近一年期末净资产不为负值

1.4.2 北交所交易规则安排

按照精选层各项制度基本平移至北交所的总体思路，北交所交易制度整体延续精选层相关安排，不改变投资者交易习惯，不增加市场负担，体现中小企业股票交易特点，确保市场交易的稳定性和连续性（见表1-3）。

表1-3　　　　　　　　　　北交所交易规则安排

交易方式	竞价交易（可引入做市商机制）、大宗交易、盘后固定价格交易、中国证监会批准的其他交易方式
交易时间	每周一至周五为交易日，采取竞价交易方式的，每个交易日的9：15~9：25为开盘集合竞价时间，9：30~11：30、13：00~14：57为连续竞价时间，14：57~15：00为收盘集合竞价时间
委托	投资者可以采用限价委托和市价委托方式委托会员买卖证券

续表

申报	(1) 竞价交易申报的时间为每个交易日9：15~9：25、9：30~11：30、13：00~15：00； (2) 竞价交易单笔申报数量应当不低于100股，不超过100万股；卖出时余额不足100股的部分应当一次性申报卖出； (3) 股票交易的申报价格最小变动单位为0.01元人民币； (4) 涨跌幅限制比例为30%。 股票交易无价格涨跌幅限制的情形： ①向不特定合格投资者公开发行的股票上市交易首日（不包括增发） ②退市整理期首日 (5) 连续竞价阶段限价申报的要求： ①不高于买入基准价格的105%或以上10个最小价格变动单位（以孰高为准）； ②不低于卖出基准价格的95%或以下10个最小价格变动单位（以孰低为准）
竞价	证券竞价交易采用集合竞价和连续竞价两种方式
成交	竞价交易按价格优先、时间优先的原则撮合成交
大宗交易	(1) 股票交易单笔申报数量不低于10万股，或者交易金额不低于100万元人民币 (2) 投资者可以采用成交确认委托方式委托会员进行大宗交易 (3) 有价格涨跌幅限制的股票，成交价格由双方在当日价格涨跌幅限制范围内确定；无价格涨跌幅限制的股票，成交价格应当不高于前收盘价的130%或当日已成交的最高价格中的较高者，且不低于前收盘价的70%或当日已成交的最低价格中的较低者
开盘价与收盘价	(1) 开盘价通过开盘集合竞价方式产生。不能通过开盘集合竞价产生的，以当日第一笔成交价为开盘价。 (2) 收盘价通过收盘集合竞价方式产生。收盘集合竞价不能产生收盘价或未进行收盘集合竞价的，以该交易日最后一笔成交价为收盘价
挂牌、摘牌、停牌与复牌	以下情况可以对其实施盘中临时停牌： (1) 盘中交易价格较当日开盘价首次上涨或下跌达到或超过30%； (2) 盘中交易价格较当日开盘价首次上涨或下跌达到或超过60%； (3) 单次临时停牌的持续时间为10分钟，股票停牌时间跨越14：57的，于14：57复牌并对已接受的申报进行复牌集合竞价，再进行收盘集合竞价
除权与除息	上市证券发生权益分派、公积金转增股本、配股等情况，北交所在权益登记日的次一交易日对该证券作除权除息处理
转托管	投资者买入的证券可以通过原买入证券的交易单元委托卖出，也可以向原买入证券的交易单元发出转托管指令，转托管完成后，在转入的交易单元委托卖出

1.4.3　信息披露、公司治理等方面的共性和特色

北交所上市公司在信息披露、公司治理等方面，与沪、深证券交易所上市公司既

有共性，也有较大差异：

- 共性方面：北交所上市规则遵循上市公司监管一般规律，落实上市公司监管的法定职责，充分吸收上市公司监管的成熟经验，接轨现行上市公司主要监管安排，保持与沪、深证券交易所在信息披露和公司治理标准方面的总体一致性。
- 特色方面：北交所上市规则充分吸收了精选层前期实践经验，承袭契合创新型中小企业特点的监管制度，形成了体现北交所市场定位和特色的差异化制度安排，有效平衡了中小企业在资本市场的规范成本与收益。例如，对现金分红比例不作硬性要求，鼓励公司根据自身实际"量力而为"；对于股权激励，允许在充分披露并履行相应程序的前提下，合理设置低于股票市价的期权行权价格，以增强激励功效。

1.4.4　持续监管方面相较于精选层四大调整

精选层公司比照上市公司监管，具有转换为上市公司的良好基础。在充分考虑北交所上市公司监管的新形势、新要求，北交所在精选层监管经验基础上做了以下调整：

（1）公司治理标准更加优化：

《北京证券交易所股票上市规则（试行）》吸收借鉴上市公司治理经验，充分考虑中小企业治理特点，增加了独立董事应当发表意见的情形，推动独立董事发挥更大作用；将资金占用主体范围扩大到控股股东、实际控制人及其关联方，紧盯"关键少数"；明确了不得新增影响持续经营能力的同业竞争，确保上市公司独立性。

（2）信息披露要求更加具体：

坚持以信息披露为中心的监管理念，对真实、准确、完整、及时、公平的信息披露原则进行细化解释，便于信息披露义务人准确把握；细化了自愿披露、豁免披露、暂缓披露、行业和风险信息披露等具体要求，提高披露针对性和有效性；建立了统一的内幕信息知情人管理和报备制度，严防内幕交易等违法行为。

（3）停复牌管理更加严格：

贯彻"少停、短停、分阶段停"的监管原则，要求上市公司不得滥用停复牌机制，不得利用停牌替代信息保密，确保市场交易的连续性，保障投资者交易权利。筹划重大资产重组或发行股份购买资产的，停牌时间压缩至不超过 10 个交易日，筹划其他重大事项不超过 5 个交易日，因特殊情形延期复牌的，连续停牌总时长不超过 25 个交易日。

（4）主体责任更加清晰：

北交所不再实行主办券商"终身"持续督导，由保荐机构履行规定期限内的持续督导职责。这主要考虑到，北交所上市公司均来源于新三板挂牌满 1 年的创新层公司，上市时通过了严格的准入审核,并经过了较长时间的市场检验,与证券交易所的实践安排保持一致,不再实施主办券商持续督导制度。这有利于进一步明确上市公司作为规范运作第一责任人的主体地位,增强上市公司不断提高自身质量的内生动力;有利于进一步压实中介机构责任,激励中介机构加大对中小企业普惠金融投入,与新三板基础层、创新层的主办券商机制形成服务合力。需要强调的是,为确保平稳过渡,在北交所开市初期,上市公司与主办券商已签订的持续督导协议应继续执行,信息披露和日常业务仍按现行模式办理,北交所将尽快明确后续衔接安排。

1.4.5 多元化退市标准

第一,退市标准,即"谁应退"。明确了主动退市与强制退市安排。其中,强制退市分为交易类、财务类、规范类和重大违法类等四类情形。

第二,退市程序,即"怎么退"。上市公司出现财务状况异常或者其他异常情况导致其股票存在被强制退市风险的,对股票交易实施退市风险警示强制退市由北交所上市委员会审议,北交所结合上市委员会审议意见作出决定。

第三,退市去向,即"退到哪"。公司被强制退市后,符合新三板基本挂牌条件或创新层条件的,可以进入相应层级挂牌交易。不符合新三板挂牌条件,且股东人数超过 200 人的,转入退市公司板块。北交所退市公司符合重新上市条件的,可以申请重新上市。

1.4.6 实施交易所公司制下的会员管理

北交所作为公司制交易所实行会员管理,会员是证券公司开展业务的资格载体。北交所实行会员管理:

(1) 落实上位法的要求。《证券法》规定了证券交易所应当制定会员管理规则;《证券交易所管理办法》就证券交易所对会员的监管职责予以规范,授权证券交易所规定会员种类、资格及权利义务。

(2) 便于市场理解。在公司制下,交易所对参与市场业务的证券公司的监管要求,与会员制交易所对会员的监管要求总体一致。从市场参与者的角度看,公司制交易所对参与业务的证券公司使用"会员"的表述,便于接受和理解。

(3) 符合境内外公司制交易所的实践。境内外公司制交易所对参与市场业务的证券公司实施会员管理已有成熟经验,《北京证券交易所会员管理规则(试行)》予以了充分借鉴。

第 2 章　北交所 IPO 规则解读

2.1　要点概述

2.1.1　北交所上市规则出台背景与原则

2.1.1.1　背景

自 1990 年上交所设立以来，证券市场不断改革。2018 年之后，科创板的设立和注册制改革更是市场化改革的重要一步。北京证券交易所采取注册制也是证券市场市场化改革的深化，在丰富场内市场的同时有助于进一步推动证券市场改革。

"十四五"规划中着重强调创新型中小企业的发展，政治局会议和中央经济工作会议均强调了对中小企业的支持，并且是一而再再而三地强调。但十几年来对小微企业的金融政策都是慎中又慎。目前主要政策金融手段是引导银行向小微企业投放信贷。但中小企业尤其是创新型中小企业，面临极大的不确定性，投入资金必须有足够的风险补偿才能入场，银行面临坏账的风险更大。在资本监管约束下，银行资金追求高回报低风险的投资才是符合资本趋利避害的本性。政策上引导银行资金以低成本投向小微企业一定程度上扭曲了激励机制，增加了银行不良的风险，也容易为市场埋下雷区。

国际上的经验证明，股权市场是处理这种高风险的投资项目更加有效的方式。在当下支持小微企业的政策导向下，设立北京证券交易所将有效提升股权融资能力，有助于缓解激励扭曲。从条件上看，科创板的运行已经为注册制提供了经验，减少硬性财务条件，强调透明性监管，也更加有利于创新型企业上市融资。北交所在这个节点上筹备成立是必要的，也是顺应中国经济发展的。

2021年9月2日，习近平总书记在2021年中国国际服务贸易交易会全球服务贸易峰会上宣布，将深化新三板改革，设立北京证券交易所。9月3日，中国证监会以精选层各项制度为基础，起草形成了《北京证券交易所股票上市规则（试行）》（征求意见稿），其核心目的是建立以该上市规则为核心的持续监管自律规则体系，规范上市公司及相关各方行为，提高上市公司质量并保护投资者合法权。北交所的设立目的是打造服务创新型中小企业主阵地。企业筹备上市，选择合适的板块至关重要。目前中国沪深板块中，科创板聚焦"科技"定位，创业板支持成长型创新创业企业，而北交所则主要为"专精特新"中小企业。因此，企业应综合考虑所在行业、主营业务、业务模式、发展阶段、科技含量或创新性与各板块的匹配程度进行优选规划。在中国证监会的指导下，北交所将严格遵循《证券法》，按照分步实施、循序渐进的原则，总体平移精选层各项基础制度，坚持北京证券交易所上市公司由创新层公司产生，维持新三板基础层、创新层与北京证券交易所"层层递进"的市场结构，同步试点证券发行注册制，在新时期下的中国特色资本市场找准自身的定位，发挥应有的效果与作用。在中国资本市场发展了三十年的背景下，北交所的成立也是补足中国一直以来迫切需要解决但又难以解决的小微企业融资定价问题，是发展多层次资本市场不可缺少的重要一环。

2.1.1.2 原则

遵循上市公司自律监管的法定要求和一般规律，保持各证券交易所监管标准的总体一致性。契合创新型中小企业特点，新三板精选层各项制度整体平移至北交所并衔接北交所试点注册制，建立了从股票上市、上市后持续监管到退市出清的全链条监管安排。

一是明确定位。北京证券交易所牢牢坚持服务创新型中小企业的市场定位，尊重创新型中小企业发展规律和成长，在此基础上提升制度包容性和精准性。

二是处理好与其他交易所的关系。一是北京证券交易所与沪、深证券交易所以及区域性股权市场坚持错位发展与互相沟通交流，发挥好转板上市功能，促进资本市场多层次发展；二是北京证券交易所与新三板现有创新层、基础层坚持统筹协调与制度联动，维护市场结构平衡，防止资本市场失衡。

三是实现其独特的目标。包括构建立一套契合创新型中小企业特点的，涵盖发行上市、交易、退市、持续监管、投资者适当性管理的基础制度安排，补足中国目前多层次资本市场发展普惠金融的不足；发挥北京证券交易所在多层次资本市场的纽带作用，形成相互补充、相互促进的中小企业直接融资成长线路；最后培育一批"专精特新"的中小企业，形成创业热情激昂、合格投资者踊跃参与、中介机构尽职尽责的良性市场生态，打造具备中国特色的资本市场。

2.1.2 北交所上市规则要点

2.1.2.1 注册发行

坚持以信息披露为中心，对真实、准确、完整、及时、公平的信息披露原则进行细化解释；细化了自愿披露、豁免披露、暂缓披露、行业和风险信息披露等具体要求；建立了统一的内幕信息知情人管理和报备制度，严防内幕交易等违法行为。设置更加简便、包容、精准的发行条件，建立北交所审核和证监会注册各有侧重、相互衔接的审核注册流程。

2.1.2.2 上市门槛

北交所的上市条件是：

（1）发行人为在全国股转系统连续挂牌满12个月的创新层挂牌公司。

（2）符合中国证券监督管理委员会规定的发行条件。

（3）最近一年期末净资产不低于5 000万元。

（4）向不特定合格投资者公开发行的股份不少于100万股，发行对象不少于100人。

（5）公开发行后，公司股本总额不少于3 000万元。

（6）公开发行后，公司股东人数不少于200人，公众股东持股比例不低于公司股本总额的25%；公司股本总额超过4亿元的，公众股东持股比例不低于公司股本总额10%。

（7）市值及财务指标符合本规则规定的标准。

（8）本所规定的其他上市条件。

2.1.2.3 总体平移

北交所上市标准为精选层准入标准的平移，即在新三板连续挂牌满12个月的创新层挂牌公司，且符合四套市值及财务标准之一即可上市。不再实行主办券商"终身"持续督导，公开发行并上市的持续督导期设定为股票上市当年剩余时间及其后2个完整会计年度；上市公司发行新股的，为股票上市当年剩余时间及其后1个完整会计年度，也不再实行主办券商"终身"持续督导。

2.1.2.4 中介责任

明确了保荐机构承担上市保荐及保荐期内持续督导责任的各项具体要求，督促中介机构归位尽责，明确保荐机构承担上市保荐及保荐期内持续督导责任的各项具体要求，压实保荐机构责任，保障注册制改革。北交所不再实行主办券商"终身"持续督导,由保荐机构履行规定期限内的持续督导职责。

2.1.2.5 法律监管

加强自律监管,强化行政监管"硬"约束并加大行政、刑事追责力度。北交所将贯彻"少停、短停、分阶段停"的监管原则,要求上市公司不得滥用停复牌机制,不得利用停牌替代信息保密。筹划重大资产重组或发行股份购买资产的,停牌时间压缩至不超过10个交易日,筹划其他重大事项不超过5个交易日,因特殊情形延期复牌的,连续停牌总时长不超过25个交易日。另外,北交所上市规则中还优化了公司治理标准,增加了独立董事应当发表意见的情形,推动独立董事发挥更大作用。将资金占用主体范围扩大到了控股股东、实际控制人及其关联方,紧盯"关键少数",并明确了不得新增影响持续经营能力的同业竞争,确保上市公司独立性。

2.1.2.6 多元退市标准

贯彻"建制度、不干预、零容忍"方针,北交所借鉴退市制度改革经验,在充分保障合格投资者合法权益的基础上,扩大包容性,即包容中小公司天然存在的业绩易受外部影响等特点,避免市场大幅波动;同时,坚决清退出现重大违法、丧失持续经营能力等极端恶劣情形的公司。

(1) 退市标准

北交所上市规则征求意见稿明确了主动退市与强制退市安排。强制退市分为交易类、财务类、规范类和重大违法类等四类情形,北交所为此构建了多元丰富的指标组合。其中,财务类强制退市考察期为2年,指标并不交叉适用。

(2) 退市程序

上市规则征求意见稿规定了退市风险警示,作为强制退市的先导制度,明确强制退市由上市委员会严格审议,以确保退市决定的审慎性。

(3) 退市去向

北交所充分发挥与新三板市场一体发展的制度优势,对于退市公司,符合全国股转系统基础层挂牌条件或创新层条件的,鼓励进入相应层级挂牌交易继续发展;而对于存在重大违法等情形的公司,不符合挂牌条件的,转入退市公司板块。

2.2 标准及发行条件

北京证券交易所IPO流程与投资者熟知的A股IPO相同,监管要求也几乎相同。都需要四个流程:

第一阶段:财务顾问阶段。券商等中介机构将根据IPO的要求对各类公司进行金融和法律规范。

第二阶段：辅导阶段。拟上市企业需要在中介机构的辅导下，到当地证监局进行辅导备案。咨询时间在3~6个月之间。

第三阶段：保荐阶段。中介机构通过尽职调查，准备申请文书，核实并反馈。

第四阶段：承销和上市。

因此，北京证券交易所IPO时间分为四个阶段。一般情况下，为满足北京证券交易所IPO申请要求，需聘请中介机构自报告期第一年起进入现场整改。申请材料的准备时间一般在半年以上。从上市规则的征求意见稿的内容来看，北京证券交易所IPO的审议时间为2个月，比其他板块的审议时间短了1个月。北京证券交易所IPO实行注册制，即北京证券交易所审核+中国证监会注册。时间上，北京证券交易所审核2个月，证监会登记20个工作日。券商等中介机构回应反馈的时间未计算在内。因此，理论上，如果想在北京证券交易所上市，从申报到上市的时间很可能在6~8个月之间。

北交所定位是充分发挥对全国股转系统的示范引领作用，深入贯彻创新驱动发展战略，聚焦实体经济，主要服务创新型中小企业，重点支持先进制造业和现代服务业等领域，促进经济高质量发展。在北交所上市的潜在标的是除了已经在新三板创新层挂牌的优质企业外，也包括"专精特新"企业上市，其正在与工信部进行对接。

根据《北京证券交易所向不特定合格投资者公开发行股票注册管理办法（试行）》（征求意见稿）、《北京证券交易所股票上市规则（试行）》（征求意见稿），试图在创新层挂牌上市的在北交所的发行条件为在全国股转系统连续挂牌满12个月的创新层挂牌公司。

在业务及组织方面，发行人应具备以下四个要求：

（1）具备健全且运行良好的组织机构；

（2）具有持续经营能力，财务状况良好；

（3）最近三年财务会计报告无虚假记载，被出具无保留意见审计报告；

（4）依法规范经营。

在合法合规方面，发行人应做到以下三点：

（1）发行人及其控股股东、实际控制人近三年内不存在贪污、贿赂、侵占财产、挪用财产或者破坏社会主义市场经济秩序的刑事犯罪，不存在欺诈发行、重大信息披露违法或者其他涉及5类安全领域的重大违法行为，并且在近一年内未受到中国证监会行政处罚。

（2）不存在被证监会行政处罚或被立案侦查、立案调查尚未有明确结论等情形；

不存在被列入失信被执行人名单且情形尚未消除不存在未按照《证券法》规定在每个会计年度结束之日起4个月内编制并披露年度报告，或者未在每个会计年度的上半年结束之日起2个月内编制并披露中期报告的行为。

（3）不存在中国证监会和本所规定的，对发行人经营稳定性、直接面向市场独立持续经营的能力具有重大不利影响，或者存在发行人利益受到损害等其他情形。

根据《北京证券交易所股票上市规则（试行）》（征求意见稿），发行人申请在北交所公开发行并上市，市值和财务指标应当至少符合下列标准中的一项：

（1）"市值+净利润+ROE"

根据试行规则，市值不低于2亿元，最近两年净利润均不低于1500万元且加权平均净资产收益率平均不低于8%。或者最近一年净利润不低于2500万元且加权平均净资产收益率不低于8%。

标准（1）侧重财务指标，市值仅起辅助作用。

（2）"市值+营业收入+经营活动现金流"

市值不低于4亿元，最近两年营业收入平均不低于1亿元且最近一年增长率不低于30%以及最近一年经营活动产生的现金流量净额为正。

标准（2）则关注市值标准，适用于盈利模式清晰、业务快速发展的企业。

（3）"市值+营业收入+研发投入"

市值不低于8亿元，最近一年营业收入不低于2亿元且最近两年研发投入合计占最近两年营业收入合计比例不低于8%。

标准（3）针对具有一定研发能力且研发成果已初步实现业务收入的企业倾斜。

（4）市值+研发投入

市值不低于15亿元且最近两年研发投入合计不低于5000万元。

标准（4）主要面向市场高度认可、研发创新能力强的创新型未盈利企业。

通过上述四套不同的标准，我们可以发现北交所的包容性更强，真正做到了针对不同类型的企业实行不同的规则，极大地补足了原有资本市场的短板，为建立中国特色的多层次资本市场迈出了坚实的一步。

在上市路径上，三板企业与非三板企业有所不同。对于三板企业而言，北交所总体平移精选层各项基础制度，坚持上市公司由创新层公司产生。精选层企业可以整体平移至北交所直接上市，而其他企业可以在创新层运行满12个月申请进入北交所实现上市。而对于非三板企业而言，非三板企业可以选择在三板的基础层或创新层挂牌，再申请进入北交所实现上市。

2.3 新三板基础层和创新层进入标准

2.3.1 北交所 IPO 规则要点概览

北交所起草了《北京证券交易所股票上市规则（试行）》（征求意见稿）：建立以上市规则为核心的持续监管自律规则体系，规范上市公司及相关各方行为，提高上市公司质量，保护投资者合法权益。北交所 IPO 规则遵循上市公司自律监管的法定要求和一般规律，保持各证券交易所监管标准的总体一致性，契合创新型中小企业特点，新三板精选层各项制度整体平移至北交所，衔接北交所试点注册制，建立了从股票上市、上市后持续监管到退市出清的全链条监管安排原则法律监。

北交所上市规则在注册发行、上市门槛、总体平移、中介责任和法律监督等方面进行了规范。

（1）在注册发行方面，坚持以信息披露为中心，设置更加简便、包容、精准的发行条件，建立北交所审核和证监会注册各有侧重、相互衔接的审核注册流程。

（2）在上市门槛方面，北交所申请 IPO，必须是新三板挂牌满 12 个月的创新层企业。

（3）在总体平移方面，在发行条件、定价机制、信息披露等方面总体平移精选层现行安排。

（4）在中介责任方面，明确了保荐机构承担上市保荐及保荐期内持续督导责任的各项具体要求，督促中介机构归位尽责，把好"入口关"。

（5）在法律监管方面，加强自律监管，强化行政监管"硬"约束，加大行政、刑事追责力度。

2.3.2 新三板基础层和创新层进入标准

北交所充分发挥对全国股转系统的示范引领作用，深入贯彻创新驱动发展战略，聚焦实体经济，主要服务创新型中小企业，重点支持先进制造业和现代服务业等领域，促进经济高质量发展。除了已经在新三板创新层挂牌的优质企业外，北交所也欢迎"专精特新"企业上市。根据全国股转系统将所有在新三板挂牌的公司，划分为创新层和基础层两个层级，符合不同标准的挂牌公司分别纳入创新层或基础层管理。

根据《北京证券交易所向不特定合格投资者公开发行股票注册管理办法》（征求意见稿）、《北京证券交易所股票上市规则（试行）》，北交所发行条件如下：

2.3.2.1　挂牌进入基础层条件

（1）依法设立且存续满两年。

（2）业务明确，具有持续经营能力；公司治理机制健全，合法规范经营；股权明晰，股票发行和转让行为合法合规。

（3）主办券商推荐并持续督导。

2.3.2.2　基础层进入创新层前提条件

（1）公司挂牌以来完成过定向发行股票（含优先股），且发行融资金额累计不低于1 000万元。

（2）符合全国股转系统基础层投资者适当性条件的合格投资者人数不少于50人。

（3）最近一年期末净资产不为负值。

2.3.2.3　基础层进入创新层三套标准（三选一）

（1）标准1：最近两年净利润均不低于1 000万元，最近两年加权平均净资产收益率平均不低于8%，股本总额不少于2 000万元。

（2）标准2：最近两年营业收入平均不低于6 000万元，且持续增长，年均复合增长率不低于50%，股本总额不少于2 000万元。

（3）标准3：最近有成交的60个做市或者集合竞价交易日的平均市值不低于6亿元，股本总额不少于5 000万元；采取做市交易方式的，做市商家数不少于6家。

2.3.2.4　挂牌直接进入创新层条件

（1）满足挂牌进入基础层条件。

（2）符合基础层进入创新层三套标准的标准1或标准2；或在挂牌时即采取做市交易方式，完成挂牌同时定向发行股票后，公司股票市值不低于6亿元，股本总额不少于5 000万元，做市商家数不少于6家，且做市商做市库存股均通过本次定向发行取得。

（3）完成挂牌同时定向发行股票，且融资金额不低于1 000万元。

（4）完成挂牌同时定向发行股票后，符合全国股转系统基础层投资者适当性条件的合格投资者人数不少于50人。

（5）最近一年期末净资产不为负值。

2.3.2.5　挂牌进入创新层条件

（1）发行人应当为在全国股转系统连续挂牌满12个月的创新层挂牌公司。

（2）业务及组织。

（3）具备健全且运行良好的组织机构。

（4）具有持续经营能力，财务状况良好。

（5）最近三年财务会计报告无虚假记载，被出具无保留意见审计报告。

（6）依法规范经营。

（7）发行人及其控股股东、实际控制人：近三年内不存在贪污、贿赂、侵占财产、挪用财产或者破坏社会主义市场经济秩序的刑事犯罪，不存在欺诈发行、重大信息披露违法或者其他涉及 5 类安全领域的重大违法行为。

（8）近一年内未受到中国证监会行政处罚；不存在被证监会行政处罚或被立案侦查、立案调查尚未有明确结论等情形；不存在被列入失信被执行人名单且情形尚未消除。

（9）不存在未按照《证券法》规定在每个会计年度结束之日起 4 个月内编制并披露年度报告，或者未在每个会计年度的上半年结束之日起 2 个月内编制并披露中期报告的行为。

（10）不存在中国证监会和本所规定的，对发行人经营稳定性、直接面向市场独立持续经营的能力具有重大不利影响，或者存在发行人利益受到损害等其他情形。

2.3.2.6　市值和财务指标条件

（1）标准一："市值+净利润+ROE"

市值不低于 2 亿元，最近两年净利润均不低于 1 500 万元且加权平均净资产收益率平均不低于 8%；或最近一年净利润不低于 2 500 万元且加权平均净资产收益率不低于 8%。

（2）标准二："市值+营业收入+经营活动现金流"

市值不低于 4 亿元，最近两年营业收入平均不低于 1 亿元且最近一年增长率不低于 30%，最近一年经营活动产生的现金流量净额为正。

（3）标准三："市值+营业收入+研发投入"

市值不低于 8 亿元，最近一年营业收入不低于 2 亿元，最近两年研发投入合计占最近两年营业收入合计比例不低于 8%。

（4）标准四："市值+研发投入"

市值不低于 15 亿元、最近两年研发投入合计不低于 5 000 万元。

除了上述四套标准，发行人申请上市还应当应当符合下列条件：

- 最近一年期末净资产不低于 5 000 万元；
- 公开发行的股份不少于 100 万股，发行对象不少于 100 人；
- 公开发行后，公司股本总额不少于 3 000 万元；
- 公开发行后，公司股东人数不少于 200 人，公众股东持股比例不低于公司股本总额的 25%；
- 公司股本总额超过 4 亿元的，公众股东持股比例不低于公司股本总额的 10%；
- 中国证监会和全国股转公司规定的其他条件。

2.4 审核与注册程序

北交所 IPO 审核于注册遵循以下程序（见图 2-1）：

预申报→申报→受理→报送工作底稿→问询→问询回复→现场检查→上市委员会审议→证监会注册→启动发行工作。

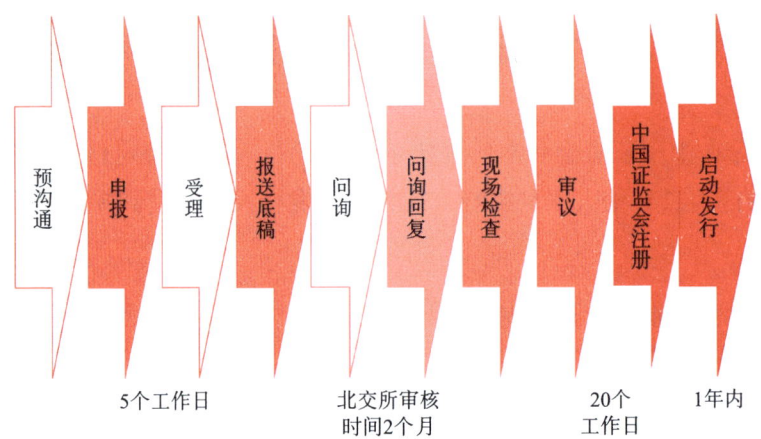

图 2-1 北交所 IPO 审核与注册程序

具体程序如下：

（1）北交所企业发行上市由北交所审核，并在证监会进行注册。北交所可以设立行业咨询委员会，负责为发行上市审核提供专业咨询和政策建议。

（2）上市委员会：北交所设立独立的审核部门，负责审核发行人公开发行并上市申请。

（3）设立上市委员会，负责对审核部门出具的审核报告和发行人的申请文件提出审议意见。

（4）问询：北交所主要通过向发行人提出审核问询、发行人回答问题方式开展审核工作，判断发行人是否符合发行条件、上市条件和信息披露要求。

（5）现场检查：北交所通过对发行人实施现场检查，要求保荐人和证券服务机构对有关事项进行专项核查等方式要求发行人补充。

（6）中国证监会注册：中国证监会收到北交所报送的相关审核资料后，履行发行注册程序。

（7）重新提交申请：北交所认为发行人不符合发行条件或者信息披露要求，作出终止发行上市审核决定，或者中国证监会作出不予注册决定的，自决定作出之日起 6 个月后，发行人可以再次提出公开发行股票并上市申请。

第 3 章　北交所交易规则解读

3.1　要点概览

按照精选层各项制度基本平移至北交所的总体思路，北交所交易制度整体延续精选层相关安排，不改变投资者交易习惯，不增加市场负担，体现中小企业股票交易特点，确保市场交易的稳定性和连续性。

（1）价格涨跌幅限制

实行 30% 的价格涨跌幅限制，给予市场充分的价格博弈空间，保障价格发现效率。

（2）连续竞价阶段限价申报

连续竞价期间，对限价申报设置基准价格 ±5% 的申报有效价格范围，对市价申报采取限价保护措施。

（3）申报数量

买卖申报的最低数量为 100 股，每笔申报可以 1 股为单位递增。

（4）大宗交易与做市机制

单笔申报数量不低于 10 万股或成交金额不低于 100 万元的，可以进行大宗交易同时还为引入做市机制，实行混合交易预留了制度空间。

（5）停牌机制

当盘中成交价格较开盘价首次上涨或下跌达到或超过 30%、60% 时，盘中临时停牌 10 分钟，复牌时进行集合竞价。

3.2 交易规则

（1）交易方式

竞价交易（可引入做市商机制）、大宗交易、盘后固定价格交易、中国证监会批准的其他交易方式。

（2）交易时间

每周一至周五。采取竞价交易方式的，每个交易日的9:15~9:25为开盘集合竞价时间，9:30~11:30、13:00~14:57为连续竞价时间，14:57~15:00为收盘集合竞价时间。

（3）委托

投资者可以采用限价委托和市价委托方式委托会员买卖证券。

（4）申报

竞价交易申报的时间为每个交易日9:15~9:25、9:30~11:30、13:00~15:00。

竞价交易单笔申报数量应当不低于100股，不超过100万股；卖出时余额不足100股的部分应当一次性申报卖出。

股票交易的申报价格最小变动单位为0.01元人民币。

涨跌幅限制比例为30%。股票交易无价格涨跌幅限制的情形：

①向不特定合格投资者公开发行的股票上市交易首日（不包括增发）；

②退市整理期首日。

连续竞价阶段限价申报的要求：①不高于买入基准价格的105%或以上10个最小价格变动单位（以孰高为准）；②不低于卖出基准价格的95%或以下10个最小价格变动单位（以孰低为准）。

（5）竞价

证券竞价交易采用集合竞价和连续竞价两种方式。

（6）成交

竞价交易按价格优先、时间优先的原则撮合成交。

（7）大宗交易

股票交易单笔申报数量不低于10万股，或者交易金额不低于100万元人民币。

投资者可以采用成交确认委托方式委托会员进行大宗交易。

有价格涨跌幅限制的股票，成交价格由双方在当日价格涨跌幅限制范围内确定；无价格涨跌幅限制的股票，成交价格应当不高于前收盘价的130%或当日已成交的最高价格中的较高者，且不低于前收盘价的 70% 或当日已成交的最低价格中的较低者。

（8）开盘价与收盘价

开盘价通过开盘集合竞价方式产生。不能通过开盘集合竞价产生的，以当日第一笔成交价为开盘价。

收盘价通过收盘集合竞价方式产生。收盘集合竞价不能产生收盘价或未进行收盘集合竞价的，以该交易日最后一笔成交价为收盘价。

（9）挂牌、摘牌、停牌与复牌

以下情况可以对其实施盘中临时停牌：

盘中交易价格较当日开盘价首次上涨或下跌达到或超过 30%。

盘中交易价格较当日开盘价首次上涨或下跌达到或超过 60%。

单次临时停牌的持续时间为 10 分钟，股票停牌时间跨越 14:57 的，于 14:57 复牌并对已接受的申报进行复牌集合竞价，再进行收盘集合竞价。

（10）除权与除息

上市证券发生权益分派、公积金转增股本、配股等情况，北交所在权益登记日的次一交易日对该证券作除权除息处理。

（11）转托管

投资者买入的证券可以通过原买入证券的交易单元委托卖出，也可以向原买入证券的交易单元发出转托管指令，转托管完成后，在转入的交易单元委托卖出。

（12）北交所与科创板、创业板比较（见表 3-1）

表 3-1　　　　　　北交所交易规则与科创板、创业板比较

	北交所	科创板	创业板
交易方式	• 竞价交易（可以引入做市商机制） • 大宗交易 • 盘后固定价格交易 • 中国证监会批准的其他交易方式	• 竞价交易（条件成熟时引入做市商机制） • 大宗交易 • 盘后固定价格交易	• 竞价交易 • 大宗交易 • 盘后固定价格交易
涨跌幅限制	• 涨跌幅限制比例为 30% • 股票交易无价格涨跌幅限制的情形 • 向不特定合格投资者公开发行的股票上市交易首日（不包括增发） • 退市整理期首日	• 涨跌幅限制比例为 20% • 首次公开发行上市的股票，上市后的前 5 个交易日不设价格涨跌幅限制	• 涨跌幅限制比例 20% • 首次公开发行上市的股票，上市后的前 5 个交易日不设价格涨跌幅限制

续表

	北交所	科创板	创业板
连续竞价阶段限价申报	• 不高于买入基准价格的105%或以上10个最小价格变动单位（以孰高为准） • 不低于卖出基准价格的95%或以下10个最小价格变动单位（以孰低为准）	• 买入申报价格不得高于买入基准价格的102% • 卖出申报价格不得低于卖出基准价格的98%	• 买入申报价格不得高于买入基准价格的102% • 卖出申报价格不得低于卖出基准价格的98%
大宗交易	• 单笔申报数量不低于10万股，或者交易金额不低于额不低于100万元人民币 • 投资者可以采用成交确认委托方式委托会员进行大宗交易	• A股单笔申报数量不低于30万股，或金额不低于200万元人民币；B股单笔买卖申报数量应当不低于30万股，或者交易金额不低于20万元美元 • 意向申报、成交申报、固定价格申报、上交所认可的其他大宗交易申报	• A股单笔交易数量不低于30万股，或者交易金额不低于200万元人民币；B股单笔交易数量不低于3万股，或者交易金额不低于20万元港币 • 采用协议大宗交易和盘后定价大宗交易方式
申报数量	• 买卖申报的最低数量为100股，每笔申报可以1股为单位递增	• 通过竞价交易买入股票或基金的，申报数量应当为100股（份）或其整数倍	• 通过竞价交易买入股票或基金的，申报数量应当为100股（份）或其整数倍

第4章 北交所持续督导规则解读

4.1 北交所持续监管办法主要内容与相关要点

4.1.1 主要内容

《北京证券交易所上市公司持续监管办法（试行）》（征求意见稿）

第一章 总则

第一条 为了规范企业股票在北京证券交易所（以下简称北交所）上市后相关各方的行为，支持引导创新型中小企业更好地发展，保护投资者合法权益，根据《中华人民共和国证券法》（以下简称《证券法》）、《中华人民共和国公司法》以及相关法律法规，制定本办法。

第二条 中国证券监督管理委员会（以下简称中国证监会）根据《证券法》等法律法规、本办法和中国证监会的其他相关规定，对北交所上市公司（以下简称上市公司）及相关主体进行监督管理。

中国证监会其他相关规定与本办法规定不一致的，适用本办法。

中国证监会根据北交所以服务创新型中小企业为主的特点和市场运行情况，适时完善相关具体制度安排。

第三条 北交所根据《证券交易所管理办法》、本办法等有关规定，建立以上市规则为中心的持续监管规则体系，在公司治理、持续信息披露、股份减持、股权激励、员工持股计划、重大资产重组、退市等方面制定具体实施规则。上市公司应当遵守北交所持续监管实施规则。

北交所应当履行一线监管职责，加强信息披露与二级市场交易监管联动，加大现场检查力度，强化监管问询，切实防范和打击内幕交易与操纵市场行为，督促上市公司提高信息披露质量。

第二章　公司治理

第四条　上市公司应当增强公众公司意识，保持健全、有效、透明的治理体系和监督机制，保证股东大会、董事会、监事会规范运作，督促董事、监事和高级管理人员履行忠实、勤勉义务，明确纠纷解决机制，保障全体股东合法权利，积极履行社会责任，保护利益相关者的基本权益。

上市公司控股股东、实际控制人应当诚实守信，依法行使权利，严格履行承诺，维持公司独立性，维护公司和全体股东的共同利益。

第五条　上市公司应当设立独立董事。独立董事不得在上市公司兼任除董事会专门委员会委员外的其他职务，不得与其所受聘上市公司及上市公司主要股东存在可能妨碍其进行独立客观判断的关系。独立董事的选任、履职应当符合中国证监会和北交所的有关规定。

第六条　鼓励上市公司根据需要设立审计、战略、提名、薪酬与考核等专门委员会，专门委员会对董事会负责，依照公司章程和董事会授权履行职责。专门委员会成员全部由董事构成，其中审计委员会、提名委员会、薪酬与考核委员会中独立董事应当占多数并担任召集人，审计委员会的召集人应当为会计专业人士。

第七条　上市公司应当积极回报股东，根据自身条件和发展阶段，在公司章程中规定现金分红、股份回购等股东回报政策并严格执行。北交所可以制定股东回报相关规则。

第八条　上市公司应当建立完善募集资金管理使用制度。募集资金的存储、使用、变更和持续披露等具体规则由北交所制定。

第九条　上市公司存在特别表决权股份的，应当在公司章程中规定特别表决权股份的持有人资格、特别表决权股份拥有的表决权数量与普通股份拥有的表决权数量的比例安排、持有人所持特别表决权股份能够参与表决的股东大会事项范围、特别表决权股份锁定安排及转让限制、特别表决权股份与普通股份的转换情形等事项。

上市公司应当在定期报告中持续披露特别表决权安排的情况；特别表决权安排发生重大变化的，应当及时披露。

第三章　信息披露

第十条　上市公司和相关信息披露义务人应当及时、公平地披露所有可能对证券交易价格或者投资决策有较大影响的事项，保证所披露信息的真实、准确、完整，不存在虚假记载、误导性陈述或者重大遗漏。

上市公司应当建立并执行信息披露事务管理制度，增强信息披露的透明度。上市公司董事长对信息披露事务管理承担首要责任，董事会秘书负责组织和协调公司信息披露事务、办理信息对外公布等相关事宜。

第十一条　上市公司筹划的重大事项存在较大不确定性，立即披露可能会损害公司利益或者误导投资者，且有关内幕信息知情人已书面承诺保密的，上市公司可以暂不披露，但最迟应当在该重大事项形成最终决议、签署最终协议或者交易确定能够达成时对外披露；已经泄密或者确实难以保密的，上市公司应当立即披露该信息。

第十二条　上市公司应当结合所属行业的特点，充分披露行业经营信息，便于投资者合理决策。

第十三条　上市公司应当充分披露可能对公司核心竞争力、经营活动和未来发展产生重大不利影响的风险因素。

上市公司尚未盈利的，应当充分披露尚未盈利的成因，以及对公司现金流、业务拓展、人才吸引、团队稳定性、研发投入、战略性投入、生产经营可持续性等方面的影响。

第十四条　上市公司和相关信息披露义务人确有需要的，可以在非交易时段对外发布重大信息，但应当在下一交易时段开始前披露相关公告，不得以新闻发布或者答记者问等形式代替信息披露。

第十五条　上市公司和相关信息披露义务人适用中国证监会、北交所相关信息披露规定，可能导致其难以反映经营活动的实际情况、难以符合行业监管要求等有关规定的，可以依照相关规定暂缓适用或者免于适用，但是应当充分说明原因和替代方案。中国证监会、北交所认为依法不应当调整适用的，上市公司和相关信息披露义务人应当执行相关规定。

第十六条　上市公司的控股股东、实际控制人应当配合上市公司履行信息披露义务，不得要求或者协助上市公司隐瞒应当披露的信息。

第十七条　上市公司应当在符合《证券法》规定的信息披露平台发布信息，在其他媒体披露信息的时间不得早于在符合《证券法》规定的信息披露平台披露的时间，并确保披露内容的一致性。

第四章　股份减持

第十八条　股份锁定期届满后，上市公司控股股东、实际控制人、董事、监事、高级管理人员及其他股东减持上市前已发行的股份以及上市公司向特定对象发行的股份，应当遵守北交所有关减持方式、程序、价格、比例以及后续转让等事项的规定。

第十九条　上市时未盈利的公司，其控股股东、实际控制人、董事、监事、高级管理人员所持向不特定合格投资者公开发行并上市前的股份锁定期应当适当延长，具体期限由北交所规定。

第二十条　上市公司股东、实际控制人、董事、监事、高级管理人员减持股份应当按照中国证监会和北交所的要求及时履行信息披露义务。

持股百分之五以上股东、实际控制人、董事、监事、高级管理人员计划通过北交所集中竞价交易减持股份，应当在首次卖出的十五个交易日前预先披露减持计划，并按照北交所的规定披露减持计划实施情况，持股百分之五以上股东、实际控制人减持其在北交所上市和全国股转系统挂牌期间，以竞价、做市交易方式买入的除外。

持股百分之五以上股东、实际控制人、董事、监事、高级管理人员拟在三个月内通过北交所集中竞价交易减持股份的总数超过公司股份总数百分之一的，除应按照本条第二款的规定履行信息披露义务外，还应当在首次卖出的三十个交易日前预先披露减持计划。

第五章 股权激励

第二十一条 上市公司以本公司股票为标的实施股权激励的，应当设置合理的公司业绩和个人绩效等考核指标，有利于促进公司持续发展。

第二十二条 单独或合计持有上市公司百分之五以上股份的股东或实际控制人及其配偶、父母、子女，作为董事、高级管理人员、核心技术人员或者核心业务人员的，可以成为激励对象。

上市公司应当充分说明前款规定人员成为激励对象的必要性、合理性。

第二十三条 上市公司向激励对象授予的限制性股票的价格低于市场参考价百分之五十的，或者股票期权的行权价格低于市场参考价的，应当符合北交所相关规定，并应当说明定价依据及定价方式。

出现前款规定情形的，上市公司应当聘请独立财务顾问，对股权激励计划的可行性、相关定价依据和定价方法的合理性、是否有利于公司持续发展、是否损害股东利益等发表意见。

第二十四条 上市公司全部在有效期内的股权激励计划所涉及的标的股票总数，累计不得超过公司股本总额的百分之三十。经股东大会特别决议批准，单个激励对象通过全部在有效期内的股权激励计划获授的本公司股票，累计可以超过公司股本总额的百分之一。

第二十五条 上市公司开展员工持股计划的具体实施规则，由北交所根据中国证监会的相关规定另行制定。

第六章 重大资产重组

第二十六条 上市公司实施重大资产重组或者发行股份购买资产的，标的资产应当符合北交所相关行业要求，或者与上市公司处于同行业或上下游。

第二十七条 上市公司实施重大资产重组的标准，按照《上市公司重大资产重组管理办法》（以下简称《重组办法》）第十二条予以认定，其中营业收入指标执行下列标准：购买、出售的资产在最近一个会计年度所产生的营业收入占上市公司同期经审计的合并财务会计报告营业收入的比例达到百分之五十以上，且超过五千万元人民币。

上市公司实施重大资产重组，构成《重组办法》第十三条规定的交易情形的，置入资产的具体条件由北交所制定。

第二十八条 上市公司发行股份购买资产的，发行股份的价格不得低于市场参考价的百分之八十，市场参考价按照《重组办法》的规定计算。

第二十九条　北交所对重大资产重组进行审核，并对信息披露、持续督导等进行自律管理。

涉及发行股份购买资产的，北交所审核通过后，报中国证监会履行注册程序。

第七章　其他事项

第三十条　上市公司控股股东、实际控制人质押公司股份的，应当合理使用融入资金，维持公司控制权和生产经营稳定，不得侵害公司利益或者向公司转移风险，并依据中国证监会、北交所的规定履行信息披露义务。

第三十一条　上市公司及其股东、实际控制人、董事、监事、高级管理人员、其他信息披露义务人、内幕信息知情人等相关主体违反本办法，证券公司、证券服务机构及其人员未勤勉尽责且情节严重的，中国证监会根据《证券法》等法律法规和中国证监会其他有关规定，依法追究其法律责任。

第三十二条　中国证监会将遵守本办法的情况记入证券市场诚信档案，会同有关部门加强信息共享，依法依规实施守信激励与失信惩戒。

第八章　附　　则

第三十三条　本办法自公布之日起施行。

4.1.2　相关要点

为贯彻落实习近平总书记关于"深化新三板改革，设立北京证券交易所"的重要指示精神和党中央、国务院的决策部署，为完善顶层设计，中国证监会以《证券法》《公司法》等法律法规为依据，在延续现行上市公司持续监管规则的基础上，结合北交所上市公司的特点，作出针对性的监管制度安排，起草了《北京证券交易所上市公司持续监管办法（试行）》（以下简称《北交所持续监管办法》），为中小企业在北交所上市提供了公司治理的规范指引。

2019年9月3日，中国证监会发布了《关于就〈北京证券交易所向不特定合格投资者公开发行股注册管理办法（试行）〉等规章公开征求意见的通知》。其中，为规范北交所上市公司上市后相关各方行为、支持引导创新型中小企业更好地发展、保护投资者合法权益，中国证监会就《北京证券交易所上市公司持续监管办法（试行）》（征求意见稿）向社会公众征求意见。

《北交所持续监管办法》一共8章33条，分别在公司治理、信息披露、股份减持、股权激励、重大资产重组等方面对北交所上市公司进行了规定。

4.1.2.1　公司治理

《北交所持续监管办法》在公司治理层面规定三会运作、独立董事任选机制，进一步明确控股股东和实际控制人的主体责任、进一步完善了募集资金管理使用制度，并特别规定了董事会专门委员会制度，鼓励上市公司根据需要设立审计、战略、提名、薪酬与考核等专门委员会，并规定专门委员会对董事会负责。

（1）鼓励设置董事会专门委员会

《北交所持续监管办法》第六条鼓励上市公司根据需要设立审计、战略、提名、薪酬与考核等专门委员会，专门委员会对董事会负责，依照公司章程和董事会授权履行职责。专门委员会成员全部由董事构成，其中审计委员会、提名委员会、薪酬与考核委员会中独立董事应当占多数并担任召集人，审计委员会的召集人应当为会计专业人士。

董事会专门委员会的设立有助于北交所上市公司进一步完善公司的治理结构，强化董事会决策能力，科学优化董事会的构成，使其更好地为股东会负责。

对于沪、深证券交易所的上市公司来说，监管层面要求公司必须设立审计委员会，战略、提名、薪酬与考核等专门委员会不做要求。但沪、深证券交易所上市公司一般都会设立完整的审计、战略、提名、薪酬与考核委员会。对于北交所上市公司来说，上述董事会专门委员会的设立仅仅为倡议性的。

虽然《北交所持续监管办法》中董事会专门委员会的设立是鼓励性质的，但值得关注的是，该规则是北交所关注其上市公司监管合理性、专业性、科学性的重要信号。与此同时，考虑到北交所上市公司未来的转板需求，公司需要按照不同板块的上市标准提前进行规范以及提前做好转板的准备。因此，在具备条件的情况下，建议中小企业在北交所上市前建立相应的董事会专门委员会。

（2）表决权差异安排的持续监管

《北交所持续监管办法》第九条规定，上市公司存在特别表决权股份的，应当在公司章程中规定特别表决权股份的持有人资格、特别表决权股份拥有的表决权数量与普通股份拥有的表决权数量的比例安排、持有人所持特别表决权股份能够参与表决的股东大会事项范围、特别表决权股份锁定安排及转让限制、特别表决权股份与普通股份的转换情形等事项。上市公司应当在定期报告中持续披露特别表决权安排的情况；特别表决权安排发生重大变化的，应当及时披露。

上述要求与科创板、创业板的要求基本相同，其主要目的是防止特别表决权被滥用，要求公司建立健全特别表决权制度。

4.1.2.2 信息披露

《北交所持续监管办法》借鉴创业板、科创板的监管机制，规定控股股东和实际控制人的配合义务，并且对重大事项披露规则特殊情况说明制度。在适用中国证监会、北交所信息披露规定可能导致难以反映经营活动的实际情况、难以符合行业监管要求的情况下,披露义务人在充分说明原因和替代方案后,可对有关规定暂缓使用或免于适用。

关于信息披露的内容,北交所持续监管办法基本平移了《科创板上市公司持续监管办法》,中小企业在适应北交所上市时应充分借鉴科创板、创业板上市已有经验,充分履行信息披露义务。

4.1.2.3 股份减持

北交所前身为新三板精选层或创新层公司,市场流动性以及减持套利的空间有限,因此《北交所持续监管办法》放宽了对持股5%以上股东、实际控制人、董事、监事、高级管理人员在减持时间上以及数量上的限制,修改为在首次卖出的15个交易日前预先披露减持计划,并按照北交所的规定披露减持计划实施情况。

如果在3个月内,通过北交所集中竞价交易减持股份的总数超过公司股份总数1%的,除应按照上述规定履行信息披露义务外,还应当在首次卖出的30个交易日前预先披露减持计划,除竞价、做市交易方式买入的除外。

同时《北交所持续监管办法》也适当延长了未盈利公司控股股东、实际控制人、董事、监事、高级管理人员所持向不特定合格投资者公开发行并上市前的股份锁定期。

对于持股5%以上股东、控股股东/实际控制人、董事、监事、高级管理人员通过集中竞价方式的减持程序,将北交所与沪、深证券交易所相关内容进行对比如表4-1所示:

表4-1　　　　　　　北交所与沪、深证券交易所减持程序对比

对象	北交所	沪、深证券交易所
持股5%以上股东,控股股东/实际控制人 董监高	(1)在首次卖出股份的15个交易日前预先披露减持计划,每次披露的减持时间区间不得超过6个月; (2)拟在3个月内卖出股份总数超过公司股份总数1%的,除按照规定履行前述披露义务外,还应当在首次卖出的30个交易日前预先披露减持计划; (3)董监高还应按照《公司法》的要求履行减持程序	(1)在任意连续90个自然日内,减持股份的总数不得超过公司股份总数的1%; (2)在首次卖出的15个交易日前向交易所报告减持计划,在交易所备案并予以公告。每次披露的减持时间区间不得超过6个月; (3)董监高需按照《公司法》要求履行减持程序,在任期届满期离职的,应当在其就任时确定的任期内及任期届满后6个月内继续遵守相关规定; (4)在首次卖出15个交易日前向交易所报告减持计划,在交易所备案并予以公告。每次披露的减持时间区间不得超过6个月

其中，《公司法》规定，董监高减持公司股份的，每年转让的股份不得超过其所持有公司股份总数的 25%。离职半年内，不得转让其所持公司股份。

4.1.2.4 股权激励

《北交所持续监管办法》在股权激励制度的设计上基本借鉴了创业板与科创板，允许持有 5% 以上股份的股东、实际控制人、董监高、核心技术人员或核心业务人员作为激励对象，在股权激励的价格和比例上基本延续了新三板现行规则，员工持股计划由北交所根据中国证监会的相关规定另行制定。

（1）激励对象

《北交所持续监管办法》第二十二条规定，单独或合计持有上市公司 5% 以上股份的股东或实际控制人及其配偶、父母、子女，作为董事、高级管理人员、核心技术人员或者核心业务人员的，可以成为激励对象。上市公司应当充分说明前款规定人员成为激励对象的必要性、合理性。

在激励对象上，该规定充分融合了科创板与创业板已有经验，并在其基础上进行了一定的延伸，能够充分发挥股权激励的真正作用。

（2）授予价格

《北交所持续监管办法》第二十三条规定，上市公司向激励对象授予的限制性股票的价格低于市场参考价 50% 的，或者股票期权的行权价格低于市场参考价的，应当符合北交所相关规定，并应当说明定价依据及定价方式。出现前款规定情形的，上市公司应当聘请独立财务顾问，对股权激励计划的可行性、相关定价依据和定价方法的合理性、是否有利于公司持续发展、是否损害股东利益等发表意见。

该规定延续了新三板的现行规定，符合中小企业持续发展的需求。

（3）激励比例

《北交所持续监管办法》第二十四条规定，上市公司全部在有效期内的股权激励计划所涉及的标的股票总数，累计不得超过公司股本总额的 30%。经股东大会特别决议批准，单个激励对象通过全部在有效期内的股权激励计划获授的本公司股票，累计可以超过公司股本总额的 1%。

科创板与创业板的上市公司股权激励计划所涉及的股票总数不得超过公司股本总额的 20%。北交所上市公司可用于股权激励的股份比例要多于科创板、创业板的上市公司，更进一步地满足了中小企业股权激励的需求。

4.1.2.5 重大资产重组

《北交所持续监管办法》在重大资产重组方面引用《上市公司重大资产重组管理办法》第十二条、第十三条规定，结合中小企业现状及发展特点，对重大资产重组认定标准中营业收入指标标准进行了强调说明，明确营收收入指标标准为：购买、出售的资产在最近一个会计年度所产生的营业收入占上市公司同期经审计的合并财务会计报告营业收入的比例达到50%以上，且超过5 000万元人民币。中小企业在北交所上市进行重大资产重组时应重点关注北交所对于重大资产重组的认定标准、标的资产等相关行业规定，注重审核注册等程序性规定。

（1）重组标的

《北交所持续监管办法》第二十六条规定，上市公司实施重大资产重组或者发行股份购买资产的，标的资产应当符合北交所相关行业要求，或者与上市公司处于同行业或上下游。

（2）重组标准

《北交所持续监管办法》第二十七条规定，上市公司实施重大资产重组的标准，按照《上市公司重大资产重组管理办法》第十二条予以认定，其中营业收入指标执行下列标准：购买、出售的资产在最近一个会计年度所产生的营业收入占上市公司同期经审计的合并财务会计报告营业收入的比例达到50%以上，且超过5 000万元人民币。

资产总额指标：购买、出售的资产总额占上市公司最近一个会计年度经审计的合并财务会计报告期末资产总额的比例达到50%以上。

资产净额指标：购买、出售的资产净额占上市公司最近一个会计年度经审计的合并财务会计报告期末净资产额的比例达到50%以上，且超过5 000万元人民币。

（3）发行底价

《北交所持续监管办法》第二十六条规定，上市公司发行股份购买资产的，发行股份的价格不得低于市场参考价的80%，市场参考价为本次发行股份购买资产的董事会决议公告日前20个交易日、60个交易日或者120个交易日的公司股票交易均价之一。

（4）审核注册程序

北交所对重大资产重组进行审核，并对信息披露、持续督导等进行自律管理。

4.1.2.6 要点小结

融资难一直是困扰中小企业生存发展亟须解决的问题，北交所的设立进一步完善了中国资本市场多层级的融资渠道，在一定程度上解决了中小企业的融资问题。《北交所持续监管办法》在一定程度上考虑到了北交所上市公司的特点，在重大资产重组、股权激励、股份减持等方面放宽了要求。北交所根据自身定位，坚持服务中小企业发展，尊重中小企业的生长规律，提升了中国资本市场的包容性，为中国中小企业的发展提供了一个广阔的平台。

4.2 北交所上市规则主要内容与相关要点

制定上市规则，作为全面规范上市公司及相关主体行为的基本业务法则，是境内外证券交易所的通行做法。《北京证券交易所股票上市规则（试行）》（以下简称《北交所上市规则》）由北京证券交易所于 2021 年 9 月 5 日发布，为了规范北京证券交易所股票上市和持续监管事宜，维护证券市场公开、公平、公正，保护投资者的合法权益，根据《公司法》《证券法》《证券交易所管理办法》以及《北京证券交易所上市公司持续监管办法（试行）》等法律法规、部门规章制定的规则。

4.2.1 主要内容

在结构上，《北交所上市规则》由发行上市、持续监管、退市机制、自律监管和违规处理等四部分组成。其中：

- 发行上市包括上市条件与程序、上市保荐与持续督导、募集资金管理等内容，主要与发行审核制度相衔接；
- 持续监管包括公司治理机制、定期报告和临时报告披露、股票停复牌等制度；
- 退市机制主要规定主动退市和强制退市的情形和程序等事项；
- 自律监管和违规处理主要明确了对违规行为的各类监管措施和纪律处分。

此外，《北交所上市规则》还充分考虑了与北交所试点注册制的有效衔接，各项监管安排与注册制下更加市场化的发行上市制度相匹配。图 4 – 1 展示了《北交所上市规则》的主要结构。

本部分归纳了募集资金管理、股份变动管理、保荐持续督导、公司治理、信息披露、停牌和复牌以及退市七方面主要内容，并简要说明。本章第二节将对相关要点进一步阐述。

（1）募集资金管理：对临时补充流动资金的期限、额度等方面适度弹性安排，便于公司规范透明又灵活自主地安排资金。

（2）股份变动管理：北交所上市公司的股份限售和减持安排总体上保持精选层要求不变；吸收上市公司减持规定的制度理念，进行以下调整：

- 明确公司董监高所持股份上市后限售 12 个月的法定要求；

图 4-1 《北交所上市规则》的主要结构

- 增加大股东、董监高不得减持情形。

（3）保荐持续督导：

- 公开发行并上市的持续督导期设定为股票上市当年剩余时间及其后 2 个完整会计年度；
- 上市公司发行新股的，为股票上市当年剩余时间及其后 1 个完整会计年度；
- 不再实行主办券商"终身"持续督导。

（4）公司治理：

- 确立治理基本框架；
- 重点约束关键主体；
- 体现中小企业特色。

（5）信息披露：

- 进一步丰富信息披露的总体要求；
- 进一步完善交易事项的披露规定；
- 进一步细化信息披露重大事项的披露内容。

（6）停牌和复牌：贯彻"少停、短停、分阶段停"的监管原则；停牌情形基本沿用新三板现行安排，保持适度灵活，各类情形的停牌时长与上市公司现行制度相一致。

（7）退市：建立多元组合的退市指标，明确了主动退市与强制退市安排；明确退市流程。

4.2.2 相关要点

4.2.2.1 募集资金管理

募集资金管理的要点是临时补充流动资金，具体来说：

（1）暂时闲置的募集资金可暂时用于补充流动资金。暂时补充流动资金，仅限于与主营业务相关的生产经营使用，不得通过直接或间接安排用于新股配售、申购，或用于股票及其衍生品种、可转换公司债券等的交易。

（2）闲置募集资金暂时用于补充流动资金的，应当经发行人董事会审议通过并披露，独立董事和保荐机构应当发表明确同意意见并披露。单次补充流动资金最长不得超过12个月。

4.2.2.2 股份变动管理

股份变动管理的要点包括上市后限售12个月、增加股东不得减持情形、增加董监高不得减持情形。

（1）上市后限售12个月的具体情形包括：

①上市公司控股股东、实际控制人及其亲属，以及上市前直接持有10%以上股份的股东或虽未直接持有但可实际支配10%以上股份表决权的相关主体，持有或控制的本公司向不特定合格投资者公开发行前的股份，自公开发行并上市之日起12个月内不得转让或委托他人代为管理；

②上市公司董事、监事、高级管理人员持有的本公司股份，按照《公司法》规定，自上市之日起12个月内不得转让，在任职期间每年转让的股份不超过其所持本公司股份总数的25%，离职后6个月内不得转让。

（2）具有下列情形之一的，上市公司控股股东和持股5%以上的股东（以下统称"大股东"）、实际控制人不得减持其所持有的本公司股份：

①上市公司或其大股东、实际控制人因涉嫌证券期货违法犯罪，在被中国证监会及其派出机构立案调查或者被司法机关立案侦查期间，以及在行政处罚决定、刑事判决作出之后未满6个月的；

②大股东、实际控制人因违反本所业务规则，被本所公开谴责未满3个月的；

③中国证监会及本所规定的其他情形。

（3）上市公司董事、监事、高级管理人员具有下列情形之一的，不得减持其所持有的本公司股份：

①因涉嫌证券期货违法犯罪，在被中国证监会及其派出机构立案调查或者被司法机关立案侦查期间，以及在行政处罚决定、刑事判决作出之后未满 6 个月的；

②因违反本所规则，被本所公开谴责未满 3 个月的；

③中国证监会及本所规定的其他情形。

4.2.2.3 保荐持续督导

保荐持续督导的要点是不再实行主办券商"终身"持续督导，具体来说：

（1）公开发行并上市的发行人应当聘请在申报时为其提供持续督导服务的主办券商担任保荐机构，主办券商不具有保荐业务资格的，可以由其控股的具有保荐业务资格的子公司担任；

（2）公开发行并上市的，持续督导期间为股票上市当年剩余时间及其后 2 个完整会计年度；上市后发行新股的，持续督导期间为股票上市当年剩余时间及其后 1 个完整会计年度。持续督导期间自股票上市之日计算。

4.2.2.4 公司治理

北交所上市公司监管制度以遵循上市公司监管基本要求为前提，同时充分考虑了北交所服务创新型中小企业的市场定位，总结吸收了精选层运行以来的监管实践。一方面，《北交所上市规则》遵循上市公司监管的一般规律，落实上市公司监管的法定职责，充分吸收成熟经验，保持与沪、深证券交易所在信息披露和公司治理标准方面要求的总体一致性。另一方面，《北交所上市规则》做出特色化、差异化的制度安排，有效平衡中小企业在资本市场的规范成本与收益。表 4-2 给出了北交所公司治理方面的要点。

表 4-2　　　　　　　　北交所上市规则中公司治理方面的要点

确立治理基本框架	系统、全面的规定股东大会、董事会、监事会和高级管理人员的运作规范
	对于董事、监事、高级管理人员的履职要求以及股东权利等作出规定
	细化和丰富了独董发表意见情形
	明确投资者关系管理要求
重点约束关键主体	对于控股股东、实际控制人、收购人等关键主体： • 严禁资金占用和违规担保； • 防范不当关联交易和同业竞争； • 严格承诺履行等方面予以重点约束
	明确将资金占用主体范围扩大到控股股东、实际控制人及其关联方，紧盯"关键少数"
体现中小企业特色	不对现金分红比例、社会责任履行方式等作强制性规定，鼓励公司"量力而为"
	在募集资金管理，特别是临时补充流动资金的期限、额度等方面适度弹性安排

4.2.2.5 信息披露

《北交所上市规则》进一步丰富了信息披露的总体要求：细化了自愿披露、豁免披露、暂缓披露、行业和风险信息披露具体要求；建立了统一的内幕信息知情人管理和报备制度，严防内幕交易等违法行为；进一步完善交易事项、重大事项的披露规定。表4-3给出了北交所信息披露方面的要点。

表4-3　　　　　　　　北交所上市规则中信息披露方面的要点

信息披露 （总体要求）	自愿披露	信息披露义务人可以自愿披露与投资者作出价值判断和投资决策有关的信息，应当遵守公平信息披露原则，保持信息披露的完整性、持续性和一致性，避免选择性信息披露，不得与依法披露的信息相冲突，不得误导投资者，不得利用自愿性信息披露从事市场操纵、内幕交易或者其他违法违规行为
	豁免披露、暂缓披露	信息披露义务人拟披露的信息属于商业秘密、商业敏感信息，按照本规则披露或者履行相关义务可能引致不当竞争、损害公司及投资者利益或者误导投资者的，可以按照北交所相关规定暂缓或者豁免披露该信息上市公司和相关信息披露义务人应当审慎确定信息披露暂缓、豁免事项，不得随意扩大暂缓、豁免事项的范围
	调整适用	上市公司及相关信息披露义务人适用北交所相关信息披露要求，可能导致其难以反映经营活动的实际情况、难以符合行业监管要求等有关规定的，可以向北交所申请调整适用，但应充分说明原因和替代方案。北交所认为不应当调整适用的，上市公司及相关信息披露义务人应当执行北交所相关规定
	行业和风险信息披露	上市公司应当结合所属行业的特点，按照中国证监会和本所相关规定，充分披露行业经营信息，便于投资者合理决策。上市公司应当充分披露可能对公司核心竞争力、经营活动和未来发展产生重大不利影响的风险因素
信息披露 （内幕信息）	管理	上市公司应当建立内幕信息管理制度。上市公司及其董事、监事、高级管理人员和其他内幕信息知情人在信息披露前，应当将内幕信息知情人控制在最小范围
	报备	上市公司应当按照中国证监会和北交所相关规定，内幕信息知情人进行登记管理，在披露以下重大事项时，应当按照北交所相关规定报备内幕信息知情人档案
信息披露 （重大事项）	股份质押和司法冻结	上市公司任一股东所持公司5%以上的股份被质押、冻结、司法拍卖、托管、设定信托或被依法限制表决权的，应当及时通知公司并予以披露
	股权激励和员工持股计划	上市公司以限制性股票、股票期权实行股权激励，应当遵守《上市公司股权激励管理办法》《北交所持续监管办法》和中国证监会其他相关规定，以及北交所业务规则

4.2.2.6 停牌和复牌

停牌和复牌的要点是"少停、短停、分阶段停"的监管原则和停牌时长。

（1）"少停、短停、分阶段停"的监管原则包括：

①公司应当维护证券交易的连续性，谨慎申请停牌，不得滥用停牌或者复牌损害投资者的合法权益。

②上市公司及其股东、实际控制人、董事、监事、高级管理人员和其他交易各方，以及提供服务的证券公司、证券服务机构等，在筹划重大事项过程中，应当严格履行保密义务，做好信息管理和内幕信息知情人登记工作，不得以停牌代替公司及有关各方在筹划重大事项过程中的信息保密义务。

（2）停牌时长包括：

①上市公司因筹划重大资产重组或发行股份购买资产的，可以申请停牌，停牌时间不超过 10 个交易日。公司应当在停牌期限届满前披露经董事会审议通过的重组预案或者报告书，并申请复牌；未能按期披露重组预案或者报告书的，应当终止筹划本次重组并申请复牌。

②公司可以在披露重组预案或者报书后，以对相关方案作出重大调整为由申请停牌，停牌时间不超过 5 个交易日。公司应当及时披露重大调整的具体情况、当前进展、后续安排以及尚需履行的程序等事项，并申请复牌。

③上市公司筹划控制权变更、要约收购等事项的，原则上应当分阶段披露筹划进展，确有需要申请停牌的，停牌时间不超过 5 个交易日。

④上市公司破产重整期间，应当分阶段披露重整事项进展，并充分提示相关风险，确有需要申请停牌的，应当披露停牌具体事由、重整事项进展和预计复牌时间等内容，停牌时间原则上不超过 5 个交易日。

⑤上市公司无法在停牌期限届满前完成相关事项筹划，但国家有关部门对相关事项的停复牌时间另有要求的，公司可以在充分披露筹划事项进展、继续停牌的原因和预计复牌时间后向本所申请继续停牌，但连续停牌时间原则上不得超过 25 个交易日。涉及国家重大战略项目、国家军工秘密等事项，对停复牌时间另有要求的从其要求。

4.2.2.7　退市

退市的要点是退市标准、退市程序和退市取向。

（1）"退市标准"明确了主动退市与强制退市安排。其中，强制退市分为交易类、财务类、规范类和重大违法类等四类情形（见表 4-4）。

表 4-4　　　　　　　　　　　强制退市情形

序号	情形	内容
①	交易类情形	股票价格、股东人数、市值等指标，考察期均为连续 60 个交易日
②	财务类情形	净利润为负值且营业收入低 5 000 万元、净资产为负、财务会计报告被出具无法表示意见或否定意见等指标，考察期为 2 年，指标不交叉适用
③	规范类情形	未按规定披露定期报告、财务会计报告存在重大会计差错或者虚假记载、信息披露或者规范运作存在重大缺陷等
④	重大违法类情形	公共安全重大违法和欺诈发行等情形

（2）退市程序要点包括：

①上市公司出现财务状况异常或者其他异常情况导致其股票存在被强制退市风险的，对股票交易实施退市风险警示；

②强制退市由北交所上市委员会审议，北交所结合上市委员会审议意见作出决定。

（3）退市去向要点包括：

①公司被强制退市后，符合新三板基本挂牌条件或创新层条件的，可以进入相应层级挂牌交易；

②不符合新三板挂牌条件，且股东人数超过200人的，转入退市公司板块；

③北交所退市公司符合重新上市条件的，可以申请重新上市。

第 5 章　北交所再融资与重组规则解读

5.1　北交所再融资规则解读

5.1.1　《北交所再融资办法》：建立和完善契合创新型中小企业特点的持续融资机制

根据深化新三板改革、将精选层变更设立为北交所并试点注册制的总体要求，为构建"小额、快速、灵活、多元"的再融资制度，支持创新型中小企业利用北交所做优做强，保护投资者合法权益和社会公共利益，证监会起草了《北京证券交易所上市公司证券发行注册管理办法（试行）》（以下简称《北交所再融资办法》），规范北交所上市公司证券发行行为。该办法已经 2021 年 10 月 28 日中国证券监督管理委员会 2021 年第 6 次委务会议审议通过，自 2021 年 11 月 15 日起施行。

5.1.1.1　主要原则

《北交所再融资办法》坚持市场化、法治化方向，在深入总结新三板发行监管实践的基础上，吸收借鉴成熟市场做法，建立和完善契合创新型中小企业特点的持续融资机制。《北交所再融资办法》起草过程中主要遵循了以下原则：

（1）借鉴沪、深证券交易所成熟做法，明确北交所再融资基本要求。落实《证券法》关于证券发行注册制的各项要求，吸收借鉴科创板、创业板再融资制度的成熟做法，明确发行条件、发行程序、信息披露、监督管理等方面的基本要求，构建北交所再融资制度的基本框架。

（2）突出北交所市场特色，契合创新型中小企业需求。充分尊重企业发展规律和成长阶段，满足创新型中小企业多元化的融资需求，提供普通股、可转债、优先股等多种融资品种选择，建立健全向不特定合格投资者公开发行、向特定对象发行等制度安排，引入授权发行、自办发行等灵活的发行机制，降低中小企业融资成本。

（3）强化投资者合法权益保护，设置有针对性的风险防控机制。要求上市公司合理确定募集资金规模，充分披露对外募资的必要性和合理性，保护投资者的知情权。建立新股发行价格与二级市场交易价格挂钩机制，平衡新老股东利益。明确了"以竞价发行为原则，以定价发行为例外"的发行定价机制，防范向关联方低价发行进行利益输送。

5.1.1.2　主要内容

《北交所再融资办法》共6章77条，分为总则、发行条件、发行程序、信息披露、监督管理与法律责任以及附则。

（1）明确再融资制度总体要求。对立法依据、适用范围、融资品种、审核注册安排等总体要求予以明确，同时按照注册制要求，进一步厘清、强化各方责任：

- 上市公司为信息披露第一责任人，应当真实、准确、完整地披露信息；
- 保荐人需对申请文件进行全面核查验证并对真实性、准确性、完整性负责；
- 证券服务机构对与其专业职责有关的内容负责。

（2）依法分类设置发行条件。按照《证券法》规定，经国务院同意，从创新型中小企业实际情况出发，与产品风险特征相匹配，分别设定上市公司定向发行股票、公开发行股票以及发行可转债的条件。同时，明确禁止保底承诺、规范财务投资等方面的监管要求。

（3）构建清晰明确的发行程序。上市公司再融资应当经董事会、股东大会审议，监事会应当提出书面审核意见。建立"北交所审核"与"证监会注册"两环节各有侧重、相互衔接的审核注册程序，明确各环节时限要求，提升审核透明度。明确发行定价、限售要求。其中，公开发行不低于市价发行，可以采取询价、竞价或直接定价的发行方式；定向发行要求不低于市价八折发行，原则上应当通过竞价方式确定发行对象和发行价格，普通投资者限售不少于6个月。

（4）强化信息披露要求。上市公司应当按照募集说明书准则等要求编制并披露信息，注重以投资者需求为导向，根据自身特点，有针对性地披露发行相关信息。证监会依法制定相关信息披露规则，并授权北交所提出细化和补充要求。上市公司应当通过临时报告的形式及时披露董事会、股东大会、受理、审核、注册等发行进展情况，同时在提交证监会注册环节以及发行环节按要求披露募集说明书、发行保荐书等相关文件。

（5）强化各方责任追究。多措并举加大违法违规追责力度，切实提高违法成本。加强自律监管，由北交所和中国证券业协会对再融资过程中相关违法违规行为采取自律管理措施。强化行政监管"硬"约束，证监会可以对上市公司、中介机构以及责任人员，采取较长时间不予受理证券发行相关文件、认定为不适当人选、市场禁入等严厉措施。加大行政、刑事追责力度，相关主体依法应予以行政处罚的，证监会依法予以行政处罚，涉嫌犯罪的，依法移送司法机关追究刑事责任。

就发行条件来看，向特定对象发行股票，上市公司向特定对象发行股票，应当符合下列规定：

①具备健全且运行良好的组织机构。

②具有独立、稳定经营能力，不存在对持续经营有重大不利影响的情形。

③最近一年财务会计报告无虚假记载，未被出具否定意见或无法表示意见的审计报告；最近一年财务会计报告被出具保留意见的审计报告，保留意见所涉及事项对上市公司的重大不利影响已经消除。本次发行涉及重大资产重组的除外。

向不特定对象发行股票，发行人申请公开发行股票，应当符合下列规定：

①具备健全且运行良好的组织机构。

②具有持续经营能力，财务状况良好。

③最近三年财务会计报告无虚假记载，被出具无保留意见审计报告。

④依法规范经营。

发行可转债，上市公司发行可转换为股票的公司债券，应当符合下列规定：

①具备健全且运行良好的组织机构。

②最近三年平均可分配利润足以支付公司债券一年的利息。

③具有合理的资产负债结构和正常的现金流量。

④根据发行对象的特定与不特定遵守相应规则。

再融资的具体规则内容涵盖：定价依据、锁定期、保荐要求及授权发行等（见表5-1）。在发行人审议环节，应经过以董事会、监事会、股东大会为代表的发行人审议。如果上市公司拟引入战略投资者的，董事会、股东大会应当将引入战略投资者的事项作为单独议案，就每名战略投资者单独审议。在审核与注册环节，上市公司申请发行证券，应当按照中国证监会有关规定制作注册申请文件，依法由保荐人保荐并向北交所申报。北交所收到注册申请文件后，应当在5个工作日内作出是否受理的决定。注册申请文件受理后，未经中国证监会或者北交所同意，不得改动。发生重大事项的，上市公司、保荐人、证券服务机构应当及时向北交所报告，并按要求更新注册申请文件和信息披露资料。上市公司发行证券的，保荐人应当指定保荐代表人负责具体保荐工作。在保荐要求上，上市公司向前10名股东、实际控制人、董事、监事、高级管理人员及核心员工定向发行股票，连续 12 个月内发行的股份未超过公司总股本 10% 且融资总额不超过 2 000 万元的，无须提供证券公司出具的保荐文件以及律师事务所出具的法律意见书。在定价环节，非公开发行价格不低于定价基准日前 20 个交易日公司股票均价的 80%，公开发行不低于公告招股意向书前 20 个交易日或者前 1 个交易日公司股票均价。在发售环节，非公开发行股票的，上市公司应当以竞价方式确定发行价格和发行对象；非公开发行可转换为股票的公司债券的，上市公司应当采用竞价方式确定利率和发行对象。

表 5-1　　　　　　　　　　北交所再融资具体规则解读

主要规则	具体内容
定价依据	● 非公开发行价格不低于定价基准日前 20 个交易日公司股票均价的 80% ● 公开发行不低于公告招股意向书前 20 个交易日或者前 1 个交易日公司股票均价
锁定期	● 向特定对象发行的股票，自发行结束之日起 6 个月内不得转让 ● 做市商为取得做市库存股参与发行认购的除外，但做市商应当承诺自发行结束之日起 6 个月内不得申请退出为上市公司做市
引入战略投资者	与上市公司具有协同效应，愿意长期持有上市公司较大比例股份，愿意且有能力协助上市公司提升公司治理质量，具有良好诚信记录，最近三年未受到中国证监会行政处罚或被追究刑事责任的投资者： ● 能够为上市公司带来领先的技术资源，增强上市公司的核心竞争力和创新能力，带动上市公司产业技术升级，提升上市公司盈利能力 ● 能够为上市公司带来市场渠道、品牌等战略性资源，促进上市公司市场拓展，推动上市公司销售业绩提升 ● 具备相关产业投资背景，且自愿设定 24 个月及以上限售期的其他长期投资者
无须保荐	● 向前十名股东、实际控制人、董事、监事、高级管理人员及核心员工定向发行股票，连续 12 个月内发行的股份未超过公司总股本 10% 且融资总额不超过 2 000 万元的，无须提供证券公司出具的保荐文件以及律师事务所出具的法律意见书
授权发行	● 上市公司年度股东大会可以授权董事会向特定对象发行累计融资额低于 1 亿元且低于公司净资产 20% 的股票该项授权的有效期不得超过上市公司下一年度股东大会召开日

资料来源：《北京证券交易所上市公司证券发行上市审核规则（试行）》。

上市公司以竞价方式向特定对象发行股票的，在发行期首日前一工作日，上市公司及承销商可以向符合条件的特定对象提供认购邀请书。认购邀请书发送对象至少应当包括：①已经提交认购意向书的投资者；②上市公司前 20 名股东；③合计不少于 10 家证券投资基金管理公司、证券公司或保险机构。认购邀请书发送后，上市公司及承销商应当在认购邀请书约定的时间内收集特定投资者签署的申购报价表。在申购报价期间，上市公司及承销商应当确保任何工作人员不泄露发行对象的申购报价情况。

申购报价结束后,上市公司及承销商应当对有效申购按照报价高低进行累计统计,按照价格优先等董事会确定的原则合理确定发行对象、发行价格和发行股数。

此外,在监督管理环节,对中国证监会、北京证券交易所、中国证券业协会做出了不同的定位和分工。

①中国证监会建立对北交所发行上市审核工作和发行承销过程监管的监督机制,可以对北交所相关工作进行检查或抽查。

②对于中国证监会监督过程中发现的问题,北交所应当整改。北交所应当发挥自律管理作用,对证券发行相关行为进行监督。发现上市公司及其控股股东、实际控制人、董事、监事、高级管理人员以及保荐人、承销商、证券服务机构及其相关执业人员等违反法律、行政法规和中国证监会相关规定的,应当向中国证监会报告,并采取自律管理措施。北交所对证券发行承销过程实施自律管理。发现异常情形或者涉嫌违法违规的,中国证监会可以要求北交所对相关事项进行调查处理,或者直接责令上市公司、承销商暂停或中止发行。

③中国证券业协会应当发挥自律管理作用,对从事证券发行业务的保荐人进行监督,督促其勤勉尽责地履行尽职调查和督导职责。发现保荐人有违反法律、行政法规和中国证监会相关规定的行为,应当向中国证监会报告,并采取自律管理措施。中国证券业协会应当建立对承销商询价、定价、配售行为和询价投资者报价行为的自律管理制度,并加强相关行为的监督检查,发现违规情形的,应当及时采取自律管理措施。

5.1.2.3 《北交所再融资办法》中涉及的法律责任[①]

(1) 北交所发行上市审核工作存在下列情形之一的,由中国证监会责令改正;情节严重的,追究直接责任人员相关责任:

①未按审核标准开展发行上市审核工作;

②未按审核程序开展发行上市审核工作;

③不配合中国证监会对发行上市审核工作和发行承销监管工作的检查、抽查,或者不按中国证监会的整改要求进行整改。

(2) 上市公司在证券发行文件中隐瞒重要事实或者编造重大虚假内容的,中国证监会可以视情节轻重,对上市公司及相关责任人员依法采取责令改正、监管谈话、出具警示函等监管措施,或者采取证券市场禁入的措施。

(3) 上市公司的控股股东、实际控制人违反本办法规定,致使上市公司报送的注册申请文件和披露的信息存在虚假记载、误导性陈述或者重大遗漏,或者组织、指使上市公司进行财务造假、利润操纵或者在发行证券文件中隐瞒重要事实或编造重大虚

---

① 资料来源:《北京证券交易所上市公司证券发行注册管理办法(试行)》(征求意见稿)。

假内容的,中国证监会可以视情节轻重,依法采取责令改正、监管谈话、出具警示函等监管措施,或者采取证券市场禁入的措施。

上市公司的董事、监事和高级管理人员违反本办法规定,致使上市公司报送的注册申请文件和披露的信息存在虚假记载、误导性陈述或者重大遗漏的,中国证监会可以视情节轻重,依法采取责令改正、监管谈话、出具警示函等监管措施,或者采取证券市场禁入的措施。

(4) 保荐人未勤勉尽责,致使上市公司信息披露资料存在虚假记载、误导性陈述或者重大遗漏的,中国证监会可以视情节轻重,对保荐人及相关责任人员依法采取责令改正、监管谈话、出具警示函、暂停保荐业务资格一年到三年、证券市场禁入等措施。

证券服务机构未勤勉尽责,致使上市公司信息披露资料中与其职责有关的内容及其所出具的文件存在虚假记载、误导性陈述或者重大遗漏的,中国证监会可以视情节轻重,对证券服务机构及相关责任人员,依法采取责令改正、监管谈话、出具警示函、证券市场禁入等措施。

(5) 保荐人存在下列情形之一的,中国证监会可以视情节轻重,采取暂停保荐业务资格三个月至三年的监管措施;情节特别严重的,撤销其业务资格:

①伪造或者变造签字、盖章;
②重大事项未报告、未披露;
③以不正当手段干扰审核注册工作;
④不履行其他法定职责。

(6) 上市公司、保荐人、证券服务机构存在以下情形之一的,中国证监会可以视情节轻重,依法采取责令改正、监管谈话、出具警示函等监管措施:

①制作或者出具的文件不齐备或者不符合要求;
②擅自改动注册申请文件、信息披露资料或者其他已提交文件;
③注册申请文件或者信息披露资料存在相互矛盾或者同一事实表述不一致且有实质性差异;
④文件披露的内容表述不清,逻辑混乱,严重影响投资者理解;
⑤未及时报告或者未及时披露重大事项。

(7) 承销商及其直接负责的主管人员和其他责任人员在承销证券过程中,存在违法违规行为的,中国证监会可以视情节轻重,依法采取责令改正、监管谈话、出具警示函等监管措施,或者采取证券市场禁入的措施。

(8) 参与认购的投资者擅自转让限售期限未满的证券的,中国证监会可以视情节轻重,依法采取责令改正、监管谈话、出具警示函等监管措施。

(9) 上市公司及其控股股东和实际控制人、董事、监事、高级管理人员,保荐人、承销商、证券服务机构及其相关执业人员，在证券发行活动中存在其他违反本办法规定行为的，中国证监会可以视情节轻重，依法采取责令改正、监管谈话、出具警示函、责令公开说明、责令定期报告等监管措施，或者采取证券市场禁入的措施。

上市公司及其控股股东、实际控制人、董事、监事、高级管理人员以及保荐人、承销商、证券服务机构及其相关执业人员等违反《证券法》依法应予以行政处罚的，中国证监会将依法予以处罚。涉嫌犯罪的，依法移送司法机关，追究其刑事责任。

5.1.2 《北交所再融资审核规则》：借鉴"两板"再融资制度，突出服务创新型中小企业定位

为落实深化新三板改革，《北京证券交易所上市公司证券发行上市审核规则（试行）》（征求意见稿）（以下简称《北交所再融资审核规则》）意在构建"小额、快速、灵活、多元"的再融资制度，以支持创新型中小企业利用北交所做大做强，进而保护投资者合法权益和社会公共利益。

《北交所再融资审核规则》共6章61条，包括总则、审核内容与要求、审核程序、特殊情形处理、自律管理和附则。该规则不仅借鉴了科创板、创业板成熟的再融资制度，还充分尊重中小企业发展规律和成长阶段多元化的融资需求，提供普通股、可转债、优先股等多种融资品种选择，建立健全向不特定合格投资者公开发行、向特定对象发行等制度安排，引入灵活的发行机制，以降低中小企业融资成本。在投资者合法权益保护机制上，设置了有针对性的风险防控，要求上市公司合理确定募集资金规模，充分披露对外募资的必要性和合理性；并建立新股发行价格与二级市场交易价格挂钩机制，平衡新老股东利益。同时，进一步明确了"以竞价发行为原则，以定价发行为例外"的发行定价机制。

目前，《北交所再融资审核规则》的主要内容与科创板、创业板相关制度安排总体一致。北交所表示，考虑到北交所主要服务创新型中小企业的市场定位，规则也相应作出两方面针对性制度安排，更加体现市场定位和特色。一方面，为与上位法特色机制相匹配，对于符合《北京证券交易所上市公司证券发行注册管理办法（试行）》相关条件的自办发行，简化申请材料和申报安排；对于符合条件的授权发行，设置了快速、便捷的简易审核流程，以支持创新型中小企业融资发展。另一方面，对各类证券发行审核程序一体规定。除明确向不特定合格投资者和向特定对象发行等不同类别的股票发行审核程序外，《北交所再融资审核规则》明确，对可转债、优先股等证券品种的发行审核程序一体适用，便于市场理解运用。

5.1.2.1 《北交所再融资审核规则》五大亮点

（1）明确交易所审核职责。北交所通过审核发行上市申请文件，督促上市公司真

实、准确、完整地披露信息，保荐机构、证券服务机构切实履行信息披露的把关责任；便于投资者在信息充分的情况下作出投资决策。北交所对上市公司证券发行上市的审核，重点关注上市公司是否符合发行条件，中介机构是否就本次证券发行上市申请发表明确意见且具备充分的理由和依据。北交所对信息披露的审核，重点关注上市公司信息披露是否符合证监会和北交所的信息披露要求，发行上市申请文件及信息披露是否达到充分、一致、可理解要求。

（2）确立具体审核程序。上市公司发行股票的，北交所自受理之日起2个月内出具符合发行条件、上市条件和信息披露要求的审核意见或者作出终止发行上市审核的决定。上市公司向不特定合格投资者公开发行股票的，审核机构提出初步审核意见后，提请上市委员会审议；向特定对象发行股票的，简化审核程序，无须提请上市委员会审议。审核过程中的重大事项报告、中止与终止审核、复审等程序参照适用北交所向不特定合格投资者公开发行股票并上市的相关规定。

（3）对审核时限作出安排。在上市公司证券发行上市一般程序中，北交所在收到申请文件后5个工作日内作出是否受理的决定，15个工作日内发出首轮问询；上市公司及其中介机构在收到问询之日起20个工作日内提交回复文件，预计无法回复的，可以延期20个工作日，问询回复总时间不超过2个月。在保障审核效率、明确审核预期的同时，提高问询和回复的质量。

（4）平移新三板特色制度。对于符合《北交所再融资办法》相关条件的自办发行，简化申请材料和申报安排；对于符合条件的授权发行，设置了快速、便捷的简易审核要求，以支持创新型中小企业融资发展。

（5）进一步加强自律监管。在落实注册制以信息披露为核心的审核理念、提高审核效率的同时，强化违规行为的责任追究。规定严重违规行为一定期限内不接受相关主体提交的发行上市申请文件的冷静期安排。此外，考虑到自办发行、简易程序在审核过程中一定程度上简化了监管要求，为防范上市公司监管套利或规避监管，规则明确了两类发行从严事后监管，发现违法违规的，从重处罚，确保监管的平衡。

5.1.2.2 北交所再融资审核程序的一般规定[①]

（1）除北交所另有规定外，上市公司申请发行股票，应当按照规定聘请保荐机构进行保荐，并委托保荐机构通过北交所审核系统报送下列股票发行上市申请文件：

①募集说明书；

②发行保荐书及相关文件；

③上市保荐书；

---

① 资料来源：《北京证券交易所上市公司证券发行上市审核规则（试行）》（征求意见稿）。

④法律意见书、审计报告等证券服务机构出具的文件；

⑤中国证监会或者北交所要求的其他文件。

在北交所上市6个月后，上市公司董事会可以依照《北交所再融资办法》的规定对股票发行上市申请作出决议，本次发行涉及发行股份购买资产的除外。董事会作出决议后，应当及时披露募集说明书草案等文件。

（2）发行上市申请文件的内容应当真实、准确、完整，简明清晰、通俗易懂。自发行上市申请文件申报之日起，上市公司及其控股股东、实际控制人、董事、监事和高级管理人员，以及与本次股票发行上市相关的保荐机构、证券服务机构及其相关人员即须承担相应的法律责任。未经北交所同意，不得对已受理的申请文件进行更改。

（3）北交所收到发行上市申请文件后，对申请文件的齐备性进行核对，并在5个工作日内作出是否受理的决定，本规则另有规定的除外。申请文件齐备的，出具受理通知。申请文件不齐备的，一次性告知需要补正的事项。补正时限最长不得超过30个工作日。多次补正的，补正时间累计计算。上市公司补正申请文件的，北交所收到申请文件的时间以上市公司最终提交补正文件的时间为准。

（4）存在下列情形之一的，北交所不予受理：

①申请文件不齐备且未按要求补正。

②保荐机构、证券服务机构及其相关人员不具备相关资质；或者因证券违法违规，被采取认定为不适当人选、限制业务活动、一定期限内不接受其出具的相关文件等相关措施，尚未解除；或者因公开发行股票并上市、上市公司证券发行、并购重组业务涉嫌违法违规，或其他业务涉嫌违法违规且对市场有重大影响被立案调查、侦查，尚未结案。

③上市公司存在尚未实施完毕的股票发行、可转换为股票的公司债券发行、收购、股票回购等情形。

④北交所规定的其他情形。

（5）北交所受理发行上市申请文件当日，上市公司应通过北交所网站披露募集说明书等申请文件。由于国家秘密、商业秘密等特殊原因导致申请文件中相关信息确实不便披露的，上市公司可以豁免披露，但应当在申请文件中说明未按照规定进行披露的原因。北交所认为需要披露的，上市公司应当披露。

（6）北交所按照收到发行上市申请文件的先后顺序予以受理。北交所发行上市审核机构按照发行上市申请文件受理的先后顺序开始审核。

（7）北交所发行上市审核机构自受理之日起15个工作日内，通过审核系统发出首轮审核问询。

在首轮审核问询发出前，上市公司、保荐机构、证券服务机构及其相关人员不得与审核人员接触，不得以任何形式干扰审核工作。在首轮审核问询发出后，上市公司及其保荐机构、证券服务机构对北交所审核问询存在疑问的，可与北交所发行上市审核机构进行沟通；确需当面沟通的，应当预约。

（8）首轮审核问询回复后，存在下列情形之一的，北交所发行上市审核机构可以继续提出审核问询：

①发现新的需要问询事项；

②上市公司及其保荐机构、证券服务机构的回复未能有针对性地回答北交所审核机构提出的审核问询，或者北交所就其回复需要继续审核问询；

③上市公司的信息披露仍未满足中国证监会和北交所规定的要求；

④北交所认为需要继续审核问询的其他情形。

（9）上市公司及其保荐机构、证券服务机构应当按照审核问询要求进行必要的补充调查和核查，及时、逐项回复审核问询事项，补充或者修改相应申请文件，在收到审核问询之日起20个工作日内通过审核系统提交回复文件。预计难以在规定的时间内回复的，保荐机构应当及时提交延期回复申请，说明延期理由及具体回复时限，延期一般不超过20个工作日。上市公司及其保荐机构、证券服务机构回复北交所审核问询的时间总计不超过2个月。落实上市委员会意见、北交所中止审核、请示有权机关、实施现场检查、要求进行核查等情形，不计算在前款所规定的时限内。

上市公司及其保荐机构、证券服务机构对北交所审核问询的回复是发行上市申请文件的组成部分，上市公司及其保荐机构、证券服务机构应当保证回复的真实、准确、完整。上市公司应当及时披露对北交所的审核问询回复，并在披露后委托保荐机构通过北交所审核系统报送相关文件。

（10）北交所在审核过程中，可以根据需要，约见问询上市公司的控股股东、实际控制人、董事、监事、高级管理人员以及保荐机构、证券服务机构及其相关人员，调阅上市公司、保荐机构、证券服务机构与本次申请相关的资料。

（11）北交所在审核过程中，发现上市公司申请文件存在重大疑问且上市公司及其保荐机构、证券服务机构回复中无法作出合理解释的，可以对上市公司、保荐机构等主体进行现场检查。

（12）上市公司回复北交所审核问询或者发生其他情形时，需更新申请文件的，应当进行修改、更新。

（13）上市公司发行股票的，北交所自受理之日起2个月内出具符合发行条件、上市条件和信息披露要求的审核意见或者作出终止发行上市审核的决定。上市公司及其保荐机构、证券服务机构回复北交所审核问询的时间不计算在本条规定的时限内。

发行上市审核过程的中止审核、请示有权机关、落实上市委员会意见、暂缓审议、处理会后事项、实施现场检查、要求保荐机构、证券服务机构对有关事项进行专项核查，并要求上市公司补充、修改申请文件等情形，不计算在本条规定的时限内。

（14）北交所审核完成，认为符合发行条件、上市条件和信息披露要求的，向中国证监会报送审核意见、相关审核资料和上市公司的股票发行上市申请文件。中国证监会要求北交所进一步问询的，北交所向发行人及保荐机构、证券服务机构提出反馈问题。

中国证监会在注册程序中，决定退回北交所补充审核的，北交所审核机构对要求补充审核的事项重新审核。北交所审核通过的，重新向中国证监会报送审核意见及相关资料；审核不通过的，作出终止发行上市审核的决定。

北交所再融资规则审核程序见图 5-1。

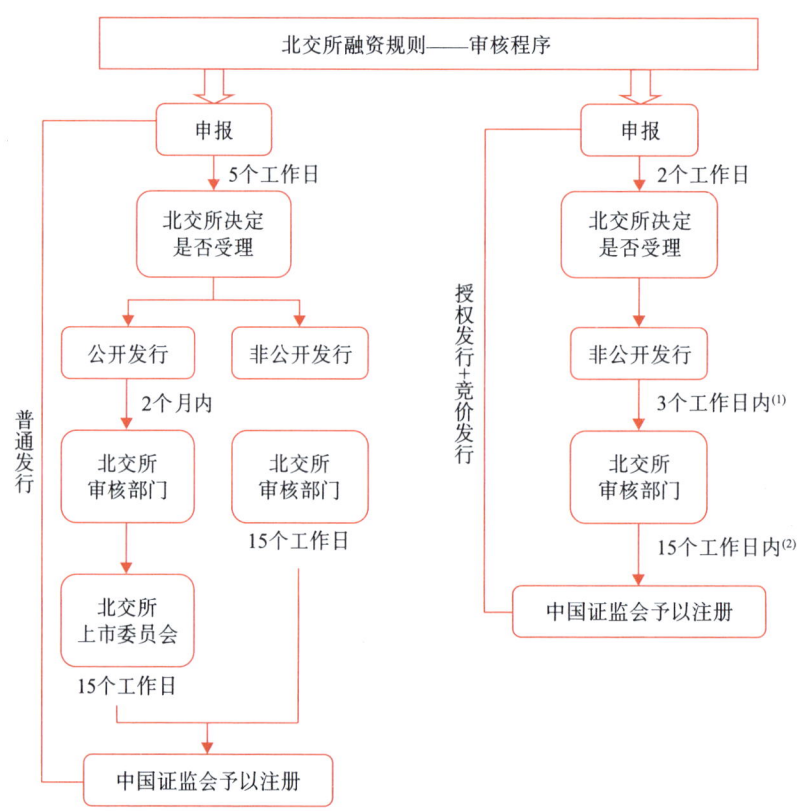

图 5-1 北交所再融资规则审核程序

注：（1）通过对上市公司实施现场检查，要求保荐人和证券服务机构对有关事项进行专项检查等方式要求上市公司补充，修改申请文件的时间不计算在内。

（2）通过要求北交所进一步问询，要求保荐人和证券服务机构对有关事项进行检查，对发行人现场检查等方式要求发行人补充、修改文件时间不计算在内。

5.2 北交所重组审核规则解读

重大资产重组,是指上市公司及其控股或者控制的公司在日常经营活动之外购买、出售资产或者通过其他方式进行资产交易达到规定的比例,导致上市公司的主营业务、资产、收入发生重大变化的资产交易行为。重大资产重组在优化资源配置、推动国企改革、促进产业结构升级等方面发挥了积极作用,也是资本市场研究的热点问题。根据《北京证券交易所上市公司重大资产重组审核规则(试行)》(以下简称《北交所重组审核规则》),北交所建立起高效便捷的审核机制,支持上市公司利用并购重组高质量发展。

《北交所重组审核规则》共 8 章 72 条,包括总则、重组标准与条件、重组信息披露要求、重组审核内容与方式、重组审核程序、持续督导、自律管理和附则(见表 5-2)。《北交所重组审核规则》制定过程中,主要遵循以下思路:

(1)坚持以信息披露为核心。贯彻注册制理念,审核要求与公开发行并上市及上市公司证券发行保持一致,坚持以信息披露为核心,通过问询督促上市公司、交易对方等相关主体真实、准确、完整地进行信息披露。

(2)坚持包容性、适应性的制度安排。充分考虑创新型中小企业特点,在重组认定标准、并购重组委员会审议及注册范围等方面坚持合理性和必要性原则,防范并购风险与提升市场效率并重,支持企业利用重组做大做强。

(3)坚持审核公开透明。将申请受理、审核问询、并购重组委审议等重要节点和流程的相关信息向市场公开,接受社会监督,同时吸收借鉴科创板、创业板试点经验,规定审核时限,明确市场预期。

表 5-2 《北交所重组审核规则》的主要内容

主要内容	具体规定
优化重组认定标准	• 结合中小企业生产经营特点 • 进一步明确日常经营行为的具体内涵 • 将能够充分说明合理性和必要性的现金购买土地、厂房、机械设备等行为视为日常经营行为,不纳入重组管理
明确重组上市标准	• 坚持底线思维 • 明确仅有符合上市条件中净利润或营业收入标准的资产可以实施重组上市 • 有效把控置入资产的经营风险 • 切实保障上市公司质量稳步提升

续表

主要内容	具体规定
完善重组审核机制	• 在上市委员会内部设立并购重组委员会 • 对审核机构出具的审核报告及上市公司申请文件进行审议 • 进一步提高重组审核的专业性、审慎性和权威性 • 加强风险把控
强调审核时限要求	• 申请发行股份购买资产的，2个月内出具审核意见 • 申请重组上市的，3个月内作出审核决定 • 申请发行股份购买资产的，回复问询的时间总计不得超过1个月 • 申请重组上市的，回复问询的时间总计不得超过3个月
落实重组信息披露	• 上市公司、交易对方及有关各方应当依法披露信息 • 为独立财务顾问、证券服务机构及时提供真实、准确、完整的业务运营、财务会计及其他资料 • 全面配合相关机构开展尽职调查和其他相关工作 • 独立财务顾问、证券服务机构应当依法对信息披露进行核查把关
压实中介机构职责	• 细化了独立财务顾问在持续督导环节的履职要求，独立财务顾问应当对北交所上市公司或标的资产进行现场核查，出具核查报告并披露 • 上市公司、交易对方及有关各方有违反相关法律法规的行为等情形的，北交所可以要求限期改正，并可以对其单独或者合并采取《上市规则》规定的自律监管措施或者纪律处分

资料来源：《北京证券交易所上市公司证券发行上市审核规则（试行）》（征求意见稿）。

《北交所重组审核规则》落实上位法要求，通过建立高效便捷的审核机制，支持上市公司利用并购重组高质量发展，主要体现在：一方面进一步优化了重组认定标准。结合中小企业生产经营特点，明确了"日常经营行为"的具体内涵，将能够充分说明合理性和必要性的现金购买土地、厂房、机械设备等行为视为日常经营行为，不纳入重组管理。另一方面，在完善重组审核机制上，北交所在上市委员会内部设立并购重组委员会，对审核机构出具的审核报告及上市公司申请文件进行审议，进一步提高重组审核的专业性、审慎性和权威性，加强风险把控。同时，重组上市的标准也得到相应明确。根据规则，考虑到重组上市的特殊性，北交所坚持底线思维，明确仅有符合上市条件中净利润或营业收入标准的资产可以实施重组上市，有效把控置入资产的经营风险，切实保障上市公司质量稳步提升。此外，借鉴交易所市场实践经验，明确上市公司发行优先股、可转债购买资产或者募集配套资金的，审核程序等参照适用重组审核规则，丰富支付手段，便利市场选择。

5.2.1 优化重组认定标准

结合中小企业生产经营特点，进一步明确上市公司实施重大资产重组的，按照《北京证券交易所上市公司持续监管办法（试行）》（以下简称《北交所持续监管办法》）关于重大资产重组的标准予以认定。上市公司使用现金购买与主营业务和生产经营相关的土地、厂房、机械设备等，充分说明合理性和必要性的，可以视为日常经营行为，不纳入重大资产重组管理。

上市公司实施发行股份购买资产的，应当符合《上市公司重大资产重组管理办法》（以下简称《重组办法》）关于发行股份购买资产的规定，股份发行价格应当符合《北交所持续监管办法》的相关规定。上市公司向特定对象发行可转换为股票的公司债券购买资产的，应当符合《重组办法》《北交所持续监管办法》及中国证监会和北交所关于发行可转换为股票的公司债券购买资产的规定。

5.2.2 明确重组上市标准

上市公司实施重组上市的，标的资产对应的经营实体应当是符合《北京证券交易所向不特定合格投资者公开发行股票注册管理办法（试行）》（以下简称《北交所注册管理办法》）规定的发行条件的股份有限公司或者有限责任公司，不存在《北京证券交易所股票上市规则（试行）》（以下简称《北交所上市规则》）规定的不得申请公开发行并上市的情形，并符合下列条件之一：

（1）最近两年净利润均不低于1 500万元且加权平均净资产收益率平均不低于8%，或者最近一年净利润不低于2 500万元且加权平均净资产收益率不低于8%；

（2）最近两年营业收入平均不低于1亿元，且最近一年营业收入增长率不低于30%，最近 年经营活动产生的现金流量净额为正。

其中，净利润以扣除非经常性损益前后的孰低者为准，所称净利润、营业收入、经营活动产生的现金流量净额均指经审计的数值。

5.2.3 完善重组审核机制

北交所重组审核遵循依法合规、公开透明、便捷高效的原则，对上市公司重组申请文件进行审核，通过一轮或多轮的审核问询，督促上市公司真实、准确、完整地披露信息，提高审核透明度，明确市场预期。北交所实行电子化审核，申请、受理、问询、回复等事项通过北交所并购重组审核业务系统办理。其中，北交所重大资产重组审核机构按照规定对申请文件进行审核，出具审核报告，提出初步审核意见后，提交并购重组委审议，提出审议意见。

同时，《北交所重组审核规则》规定，北交所设立并购重组委，对审核机构出具的审核报告及上市公司申请文件进行审议，以加强风险把控。审议会议过程中，发现上市公司存在法定条件或者信息披露方面的重大事项有待进一步核实，无法形成审议意见的，经会议合议，并购重组委可以对该公司的发行股份购买资产或者重组上市申请暂缓审议，暂缓审议时间不超过 2 个月。对上市公司的同一次申请，只能暂缓审议一次。北交所结合并购重组委审议意见，出具同意发行股份购买资产或者重组上市的审核意见，或者作出终止审核的决定；对上市公司不涉及股份发行的重组上市申请，北交所结合并购重组委审议意见，作出同意重组上市或者终止审核的决定。

5.2.4　强调审核时限要求

重组审核机构按照申请文件受理的先后顺序开始审核。其中，上市公司申请发行股份购买资产的，北交所自受理申请文件之日起 10 个工作日内，发出首轮审核问询；上市公司申请重组上市的，北交所自受理申请文件之日起 20 个工作日内，发出首轮审核问询。在首轮审核问询发出后，上市公司、交易对方、独立财务顾问、证券服务机构对北交所审核问询存在疑问的，可与北交所进行沟通；确需当面沟通的，应当预约。北交所收到上市公司对首轮审核问询的回复后，可以继续提出审核问询。当收到上市公司、交易对方、独立财务顾问、证券服务机构对北交所审核问询的回复后，认为不需要进一步审核问询的，将出具审核报告，并提交并购重组委审议，同时通知上市公司及其独立财务顾问。

审核时限要求方面，北交所上市公司申请发行股份购买资产的，北交所自受理之日起 2 个月内出具同意发行股份购买资产的审核意见或者作出终止审核的决定；申请重组上市的，不涉及股份发行的，北交所自受理之日起 3 个月内作出同意重组上市的决定或者终止审核的决定，涉及股份发行的，北交所审核和中国证监会注册的时间总计不超过 3 个月。北交所上市公司申请发行股份购买资产的，回复问询的时间总计不得超过 1 个月；申请重组上市的，回复问询的时间总计不得超过 3 个月。上市公司难以在前款规定的时限内回复的，可以在期限届满前向北交所申请延期一次，延期时间不超过 1 个月。

重点提示

北交所中止与终止重组审核的几大情形

出现下列情形之一的,上市公司、交易对方、独立财务顾问、证券服务机构应当及时告知北交所,北交所将中止审核:

(1) 本次交易涉嫌内幕交易被中国证监会立案调查或者被司法机关立案侦查,尚未结案;

(2) 上市公司因涉嫌违法违规被行政机关调查,或者被司法机关侦查,尚未结案,对本次交易影响重大;

(3) 上市公司、独立财务顾问、证券服务机构被中国证监会依法采取限制业务活动、责令停业整顿、指定其他机构托管或者接管等监管措施,尚未解除;

(4) 独立财务顾问、证券服务机构或者相关签字人员因公开发行股票并上市、上市公司证券发行、并购重组业务涉嫌违法违规,或者其他业务涉嫌违法违规且对市场有重大影响被中国证监会立案调查,或者被司法机关立案侦查,尚未结案;

(5) 独立财务顾问、证券服务机构的相关签字人员,被中国证监会依法采取市场禁入、认定为不适当人选等监管措施,或者被北交所实施一定期限内不接受其出具的相关文件的纪律处分,尚未解除;

(6) 申请文件中记载的财务资料已过有效期,需要补充提交;

(7) 中国证监会根据《上市公司重大资方重组管理办法》等规定责令暂停重组活动,或者责令相关主体作出公开说明或者披露专业意见;

(8) 上市公司、独立财务顾问主动要求中止审核,理由正当并经北交所同意;

(9) 北交所规定的其他情形。

出现下列情形之一的,北交所将终止审核:

(1) 中国证监会根据《重组办法》等规定,责令上市公司终止重组活动;

(2) 上市公司更换独立财务顾问、对交易方案进行重大调整或者撤回申请文件;

(3) 上市公司未在规定时限内回复北交所审核问询或者未对申请文件作出解释说明、补充修改;

(4) 申请文件内容存在重大缺陷,严重影响北交所正常审核,或者严重影响投资者作出价值判断或者投资决策;

(5) 申请文件被认定存在虚假记载、误导性陈述或者重大遗漏;

(6) 上市公司、交易对方、独立财务顾问、证券服务机构等主体阻碍或者拒绝中国证监会或者北交所依法实施的检查或者核查；

（7）上市公司、交易对方、独立财务顾问、证券服务机构等主体以不正当手段严重干扰北交所审核工作；

（8）前条第一款第三项至第八项规定的中止审核情形未能在 2 个月内消除；

（9）北交所审核不通过。

资料来源：《北京证券交易所上市公司重大资产重组审核规则（试行）》（征求意见稿）。

5.2.5 落实重组信息披露

上市公司在进行重大资产重组过程中，应当对此次交易进行充分说明，并且还要根据公司的情况严格落实信息披露工作，即对符合产业政策以及环保、反垄断和土地管理等方面的法律、行政法规等作出明确规定；同时，还应当说明重组资产时定价公允问题，无损害股东以及上市公司合法权益的现象。重大资产重组时所涉及的资产权属应当清晰，而且资产过户、转移无法律方面的障碍，债权债务关系的处理也应当合法。同时，一定要有利于公司经营能力的持续增强，不存在导致公司重组后资产为现金、无经营业务现象的可能性。还应当有利于公司在资产、业务、财务以及人员和机构等方面与控制人保持独立性。做到既要充分说明，又要进行披露。

《北交所重组审核规则》明确上市公司、交易对方及有关各方应当依法披露信息，并为独立财务顾问、证券服务机构及时提供真实、准确、完整的业务运营、财务会计及其他资料，全面配合相关机构开展尽职调查和其他相关工作。独立财务顾问、证券服务机构应当依法对信息披露进行核查把关。

（1）上市公司应当充分披露重大资产重组交易的必要性，至少包括下列事项：

①是否具有明确可行的发展战略；

②是否存在不当市值管理行为；

③公司控股股东、实际控制人、董事、监事、高级管理人员在本次交易披露前后是否存在股份减持情形或者大比例减持计划；

④本次交易是否具有商业实质，是否存在利益输送的情形；

⑤是否违反国家相关产业政策。

（2）上市公司应当充分披露重大资产重组交易资产定价的合理性，至少包括下列事项：

①资产定价过程是否经过充分的市场博弈，交易价格是否显失公允；

②所选取的评估或者估值方法与标的资产特征的匹配度，评估或者估值参数选取

的合理性；

③标的资产交易作价与历史交易作价是否存在重大差异及存在重大差异的合理性；

④相同或者类似资产在可比交易中的估值水平；

⑤商誉确认是否符合会计准则的规定，是否足额确认可辨认无形资产。

（3）上市公司应当充分披露重大资产重组交易过程中与业绩承诺相关的信息，至少包括下列事项：

①业绩承诺是否合理，是否存在异常增长，是否符合行业发展趋势和业务发展规律；

②交易对方是否按照规定与上市公司签订了明确可行的补偿协议；

③交易对方是否具备相应的履约能力，在承诺期内是否具有明确的履约保障措施。

5.2.6 压实中介机构职责

《北交所重组审核规则》细化了独立财务顾问在持续督导环节的履职要求，强调对于标的资产存在重大财务造假嫌疑、上市公司可能无法有效控制标的资产、标的资产可能存在未披露担保、非经营性资金占用或重大未披露质押等情形，独立财务顾问应当对北交所上市公司或标的资产进行现场核查，出具核查报告并披露。对于上市公司实施重组上市的，独立财务顾问应当遵守《北京证券交易所股票上市规则（试行）》关于股票公开发行并在北交所上市持续督导的规定，以及《上市公司重大资方重组管理办法》《上市公司并购重组财务顾问业务管理办法》规定的持续督导职责。

上市公司、交易对方及有关各方存在未按照相关法律法规报送重大资产重组申请文件、有关报告或者披露重大资产重组信息；申请文件、报送的报告或者披露的信息存在虚假记载、误导性陈述或者重大遗漏；拒绝、阻碍、逃避北交所检查，谎报、隐匿、销毁相关证据材料；以不正当手段严重干扰北交所审核工作；其他违反相关法律法规的行为等情形的，北交所可以要求限期改正，并可以对其单独或者合并采取《北交所上市规则》规定的自律监管措施或者纪律处分。

《北交所重组审核规则》进一步明确，为发行股份购买资产或者重组上市提供服务的独立财务顾问、证券服务机构及其相关人员未履行诚实守信、勤勉尽责义务，违反行业规范、业务规则，或者未依法履行尽职调查、报告和披露以及持续督导职责的，北交所可以视情节轻重对其单独或者合并采取下列自律监管措施或者纪律处分：

（1）口头警示；

（2）约见谈话；

（3）要求提交书面承诺；

（4）出具警示函；

（5）限期改正；

（6）通报批评；

（7）公开谴责；

（8）3个月至3年内不接受独立财务顾问、证券服务机构提交的申请文件或者信息披露文件；

（9）1年至3年内不接受独立财务顾问、证券服务机构相关人员签字的申请文件或者信息披露文件。

第6章 北交所退市规则解读

6.1 退市标准：建立多元化的退市指标体系

6.1.1 退市标准的基本情况

退市制度伴随我国股票发行制度从审批制到注册制的转变，其演变过程基本可以分为萌芽期、多元发展期和持续完善期。

- 以 2001 年中国证监会发布《亏损上市公司暂停上市和终止上市实施办法（修订）》为起点。
- 2012 年第一次改革，构建多元化退市标准体系。
- 2014 年出台《关于改革完善并严格实施上市公司退市制度的若干意见》进一步扩大退市范围，新增"主动退市"和"强制退市"。
- 2018 年对《关于修改〈关于改革完善并严格实施上市公司退市制度的若干意见〉的决定》征求意见，强调了违法行为的退市制度应当严格执行。
- 2019 年，《关于在上海证券交易所设立科创板并试点注册制的实施意见》明确规定科创板严格实施退市制度。
- 2020 年，《创业板改革并试点注册制总体实施方案》又在退市程序、标准及风险警示机制等方面进行了优化安排。
- 2020 年 12 月 31 日，沪、深证券交易所分别正式发布退市新规，新规全面修订了财务指标类、交易指标类、规范类、重大违法类退市标准，在全部板块取消单一连续亏损退市指标，制定扣非净利润与 1 亿营业收入组合财务指标；在保留"面值退市"等交易类退市标准的基础上,设置"3亿市值"标准;增加信息披露及规范运作存在重大缺陷且拒不改正的标准;增加重大违法退市细化认定情形等。同时,根据新《证券法》规定,取消了暂停上市、恢复上市环节,优化退市整理期等,提高退市效率。

随着一系列的试点与制度改革,从严退市已成为我国A股市场监管主基调,退市也将成为常态。国家"十四五"规划建议明确要全面实行股票发行注册制,建立常态化退市机制,提高直接融资比重。退市制度是注册制实施的重要配套制度,有助于保障注册制下市场生态能够实现优胜劣汰的自我净化,实现A股上市公司数量的动态平衡,优化资本市场的资源配置功能。在此过程中,应健全以市场为导向的多元化退市体系,加大市场化指标考核力度,构建差异化的退市标准。经营不规范、甚至触及退市红线的公司,如已有先例存在财务造假、欺诈等重大违规甚至违法行为的公司,持续经营能力面临较大问题且难以在指定时间内找到资金入主的公司,都将面临退市的风险。

基于上述背景,此次《北京证券交易所股票上市规则(试行)》(以下简称《北交所上市规则》)中设立专章对退市的情形和标准进行了详细的规定,明确了北交所强制退市与主动退市的安排,强制退市又分为交易类、财务类、规范类、重大违法类等四类情形,主动退市(见图6-1)。其中,财务类强制退市考察期2年,指标不交叉适用;强制退市由上市委员会审议,确保退市决定的严肃性和审慎性。退市风险警示,作为强制退市的先导制度,既向市场充分揭示风险,也保障投资者的交易权利。同时,特别明确坚决出清重大违法、丧失持续经营能力等极端情形的公司。

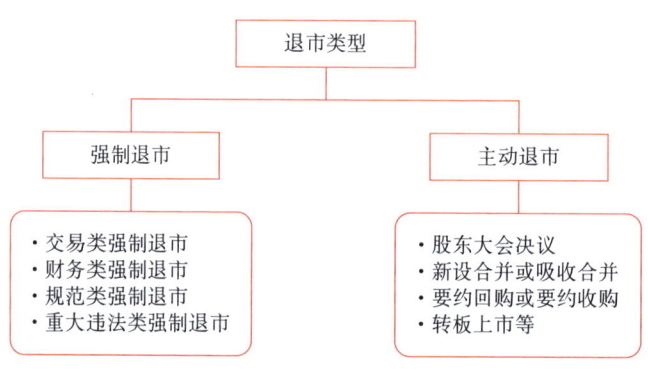

图6-1 北交所退市的主要类型

总体来说,强制退市制度与主动退市制度方面,相比新三板精选层,北交所制度更为细化;相比于科创板与创业板板,北交所强制退市制度更为宽容、主动退市制度更为精简。其中,从交易类指标来看,北交所强制退市指标日期为连续60个交易日,而创业板和科创板多为20个交易日。此外,北交所要求股东人数200人的指标要低于创业板和科创板股东人数400人的要求。预计通过构建多元的退市指标体系,完善定期和即时退市制度，强化市场出清功能，北交所可能成为退市制度的"新试验田"，这意味着我国退市制度将继续深化改革。未来，或将参考纳斯达克证券交易所三大市场的差异化退市制度，形成不同持续挂牌量化标准，提高挂牌公司质量，降低市场交易成本。

> **重点提示**
>
> ### 北交所强制退市的四种情形
>
> 北交所强制退市分为交易类强制退市、财务类强制退市、规范类强制退市和重大违法类强制退市等四类情形。
>
> 1. 交易类强制退市
>
> 上市公司连续60个交易日出现下列情形之一的，北交所决定终止其股票上市：
>
> （1）股票每日收盘价均低于每股面值；
>
> （2）股东人数均少于200人；
>
> （3）按照第四套标准（15亿市值标准）规定上市的公司，股票交易市值均低于3亿元；
>
> （4）北交所认定的其他情形。
>
> 2. 财务类强制退市
>
> 上市公司出现下列情形之一的，北交所对其股票实施退市风险警示：
>
> （1）最近一个会计年度经审计的净利润为负值且营业收入低于5 000万元，或追溯重述后最近一个会计年度净利润为负值且营业收入低于5 000万元；
>
> （2）最近一个会计年度经审计的期末净资产为负值，或追溯重述后最近一个会计年度期末净资产为负值；
>
> （3）最近一个会计年度的财务会计报告被出具无法表示意见或否定意见的审计报告；
>
> （4）中国证监会及其派出机构行政处罚决定书表明公司已披露的最近一个会计年度经审计的年度报告存在虚假记载、误导性陈述或者重大遗漏，导致该年度相关财务指标实际已触及第一、二项情形的；
>
> （5）北交所认定的其他情形。
>
> 本节所述净利润以扣除非经常性损益前后孰低者为准，营业收入应当扣除不具备商业实质的收入。
>
> 3. 规范类强制退市
>
> 上市公司出现下列情形之一的，北交所对其股票实施退市风险警示：

（1）未在法定期限内披露年度报告或者中期报告，且在公司股票停牌2个月内仍未披露；

（2）半数以上董事无法保证公司所披露年度报告或中期报告的真实性、准确性和完整性，且未在法定期限内改正，此后股票停牌2个月内仍未改正；

（3）财务会计报告存在重大会计差错或者虚假记载，被中国证监会及其派出机构责令改正，但公司未在要求期限内改正，且在公司股票停牌2个月内仍未改正；

（4）信息披露或者规范运作等方面存在重大缺陷，被北交所限期改正但公司未在规定期限内改正，且公司在股票停牌2个月内仍未改正；

（5）公司股本总额或公众股东持股比例发生变化，导致连续60个交易日不再具备上市条件，且公司在股票停牌1个月内仍未解决；

（6）公司可能被依法强制解散；

（7）法院依法受理公司重整、和解或破产清算申请；

（8）北交所认定的其他情形。

4. 重大违法类强制退市

重大违法类强制退市，包括下列情形：

（1）涉及国家安全、公共安全、生态安全、生产安全和公众健康安全等领域的重大违法行为被追究法律责任，导致上市公司或其主要子公司依法被吊销营业执照、责令关闭或者被撤销，依法被吊销主营业务生产经营许可证，或存在丧失继续生产经营法律资格的其他情形；

（2）上市公司公开发行并上市，申请或者披露文件存在虚假记载、误导性陈述或重大遗漏，被中国证监会及其派出机构依据《证券法》第一百八十一条作出行政处罚决定，或者被人民法院依据《刑法》第一百六十条作出有罪生效判决；

（3）上市公司发行股份购买资产并构成重组上市，申请或者披露文件存在虚假记载、误导性陈述或者重大遗漏，被中国证监会及其派出机构依据《证券法》第一百八十一条作出行政处罚决定，或者被人民法院依据《刑法》第一百六十条作出有罪生效判决；

（4）上市公司披露的年度报告存在虚假记载、误导性陈述或者重大遗漏，根据中国证监会及其派出机构行政处罚决定认定的事实，导致连续会计年度财务类指标已实际触及财务类退市标准；

（5）北交所认定的其他情形。

资料来源：《北京证券交易所股票上市规则（试行）》。

6.1.2 强制退市情形

北交所强制退市情形分为交易类、财务类、规范类和重大违法类等四类情形。

- 交易类情形包含股票价格、股东人数、市值等指标，考察期均为连续60个交易日。
- 财务类情形包含净利润为负值且营业收入低于5 000万元、净资产为负、财务会计报告被出具无法表示意见或否定意见等指标，考察期为2年，指标不交叉适用。
- 规范类情形包含未按规定披露定期报告、财务会计报告存在重大会计差错或者虚假记载、信息披露或者规范运作存在重大缺陷等。
- 重大违法类情形包含公共安全重大违法和欺诈发行等情形。

具体来看，对于交易类强制退市情形来说，如符合股票每日收盘价均低于每股面值、股东人数均少于200人、股票交易市值均低于3亿元情形之一的，且连续30个交易日出现，应当在次一交易日披露公司股票可能被终止上市的风险提示公告，披露的内容涉及公司股票可能被终止上市的原因，可能被终止上市的时间、影响因素等，公司为消除退市风险已采取或拟采取的措施，公司接受投资者咨询的联系人和联系方式。如果连续60个交易日均出现以上情形之一的，应终止其股票上市。上市公司应当在收到终止决定后的次一交易日内披露相应公告，公告中应当包括以下内容：

（1）终止上市决定的主要内容；

（2）公司股票进入退市整理期的停复牌安排和终止上市日期；

（3）终止上市后的信息披露或保障股东依法查阅公司财务会计报告等知情权的具体安排、股东权益保护相关安排；

（4）终止上市后其股票登记、挂牌交易或转让事宜；

（5）公司联系人与联系方式（见图6-2）。

对于财务类强制退市来说，上市公司出现下列情形之一的，北交所终止其股票上市交易：

（1）最近一个会计年度经审计的净利润为负值且营业收入低于5 000万元，或追溯重述后最近一个会计年度净利润为负值且营业收入低于5 000万元，被实施退市风险警示后，首个会计年度净利润继续为负值且营业收入继续低于5 000万元；

（2）最近一个会计年度经审计的期末净资产为负值，或追溯重述后最近一个会计年度期末净资产为负值，被实施退市风险警示后，首个会计年度净资产继续为负值；

（3）最近一个会计年度的财务会计报告被出具无法表示意见或否定意见的审计报告，被实施退市风险警示后，首个会计年度的财务会计报告继续被出具无法表示意见

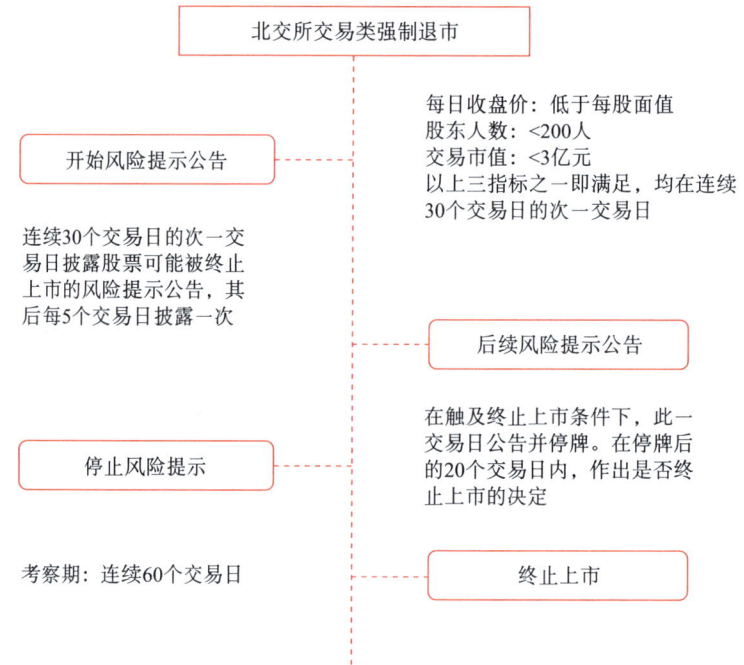

图6-2 北交所交易类强制退市情形

或否定意见的审计报告;

(4) 中国证监会及其派出机构行政处罚决定书表明公司已披露的最近一个会计年度经审计的年度报告存在虚假记载、误导性陈述或者重大遗漏,导致该年度相关财务指标实际已触及第一、二项情形的,被实施退市风险警示后,实际触及退市风险警示指标相应年度的次一年度,继续出现第一、二项情形的;

(5) 虽满足撤销退市风险警示的条件,但公司未在规定期限内向北交所申请撤销的;

(6) 因不满足撤销退市风险警示的条件,北交所决定不予撤销的。上市公司如出现上述情形的,北交所在公司股票停牌后的20个交易日内,作出是否终止上市的决定。北交所作出终止上市决定的,出具相关文件,发布公告,同时报中国证监会备案(见图6-3)。

对于规范类强制退市来说,上市公司出现下列情形之一的,北交所终止其股票上市交易:

(1) 未在法定期限内披露年度报告或者中期报告,且在公司股票停牌2个月内仍未披露,实施退市风险警示,此后2个月内仍未披露过半数董事保证真实、准确、完整的相关年度报告或者中期报告;

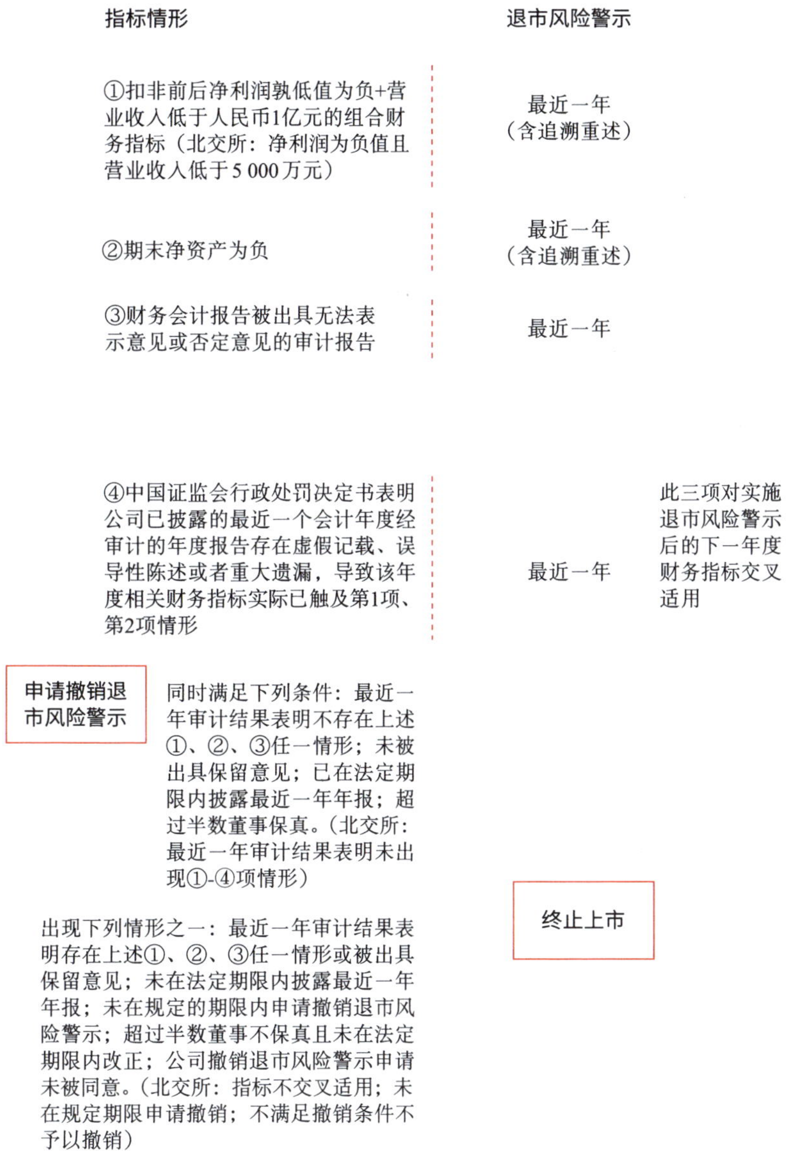

第6章 北交所退市规则解读

指标情形	退市风险警示
①扣非前后净利润孰低值为负+营业收入低于人民币1亿元的组合财务指标（北交所：净利润为负值且营业收入低于5 000万元）	最近一年（含追溯重述）
②期末净资产为负	最近一年（含追溯重述）
③财务会计报告被出具无法表示意见或否定意见的审计报告	最近一年
④中国证监会行政处罚决定书表明公司已披露的最近一个会计年度经审计的年度报告存在虚假记载、误导性陈述或者重大遗漏，导致该年度相关财务指标实际已触及第1项、第2项情形	最近一年 / 此三项对实施退市风险警示后的下一年度财务指标交叉适用
申请撤销退市风险警示：同时满足下列条件：最近一年审计结果表明不存在上述①、②、③任一情形；未被出具保留意见；已在法定期限内披露最近一年年报；超过半数董事保真。（北交所：最近一年审计结果表明未出现①-④项情形）	
出现下列情形之一：最近一年审计结果表明存在上述①、②、③任一情形或被出具保留意见；未在法定期限内披露最近一年年报；未在规定的期限内申请撤销退市风险警示；超过半数董事不保真且未在法定期限内改正；公司撤销退市风险警示申请未被同意。（北交所：指标不交叉适用；未在规定期限申请撤销；不满足撤销条件不予以撤销）	终止上市

注：各板块规则一致。

图 6-3 北交所财务类强制退市情形

（2）半数以上董事无法保证公司所披露年度报告或中期报告的真实性、准确性和完整性，且未在法定期限内改正，此后股票停牌2个月内仍未改正，实施退市风险警示，此后2个月内仍有半数以上董事无法保证年度报告或者中期报告的真实、准确、完整；

（3）财务会计报告存在重大会计差错或者虚假记载，被中国证监会及其派出机构责令改正，但公司未在要求期限内改正，且在公司股票停牌后2个月内仍未改正，实

施退市风险警示,此后 2 个月内仍未披露经改正的财务会计报告;

(4) 信息披露或者规范运作等方面存在重大缺陷,被北交所限期改正但公司未在规定期限内改正,且公司在股票停牌后 2 个月内仍未改正,实施退市风险警示,此后 2 个月内仍未按要求完成改正;

(5) 公司股本总额或公众股东持股比例发生变化,导致连续 60 个交易日不再具备上市条件,且公司在股票停牌 1 个月内仍未解决,实施退市风险警示,此后 6 个月内仍未解决股本总额或公众股东持股比例问题;

(6) 公司可能被依法强制解散,实施退市风险警示后,公司依法被吊销营业执照、被责令关闭或者被撤销等强制解散条件成就,或者法院裁定公司破产;

(7) 法院依法受理公司重整、和解或破产清算申请,实施退市风险警示后,公司依法被吊销营业执照、被责令关闭或者被撤销等强制解散条件成就,或者法院裁定公司破产;

(8) 虽满足撤销退市风险警示的条件,但公司未在规定期限内向北交所申请撤销的;

(9) 因不满足撤销退市风险警示的条件,北交所决定不予撤销的。上市公司如出现上述情形的,北交所在公司股票停牌后的 20 个交易日内,作出是否终止上市的决定。北交所作出终止上市决定的,出具相关文件,发布公告,同时报中国证监会备案(见表 6-1)。

表 6-1　　　　　　　　　　北交所规范类强制退市情形

指标情形	风险警示	申请撤销	终止上市
①财务会计报告存在重大差错或虚假记载,被中国证监会责令改正但公司未在规定期限改正	停牌 2 个月仍未改正	*ST 后 2 个月内改正	*ST 后 2 个月内仍未改正
②未按规定披露年报或半年报	停牌 2 个月仍未披露	*ST 后 2 个月内披露且不存在半数以上不保真	*ST 后 2 个月内仍未披露
③半数以上董事无法完全保证年报或半年报的真实性、准确性、完整性,且未在法定期限内改正	停牌 2 个月仍未改正	*ST 后 2 个月内半数以上董事保真	*ST 后 2 个月内半数以上董事仍无法保真
④信息披露、规范运作等存在重大缺陷,被交易所要求限期改正,但未在期限内改正	停牌 2 个月仍未改正	*ST 后 2 个月内完成改正	*ST 后 2 个月内仍未按要求完成改正
⑤股本总额或股权分布发生变化,导致连续 60 个交易日不具备上市条件	停牌 1 个月仍未解决	*ST 后 6 个月内解决	*ST 后 6 个月内仍未解决
⑥强制解散	可能被依法强制解散	可能被依法强制解散的情形已消除	被依法强制解散的条件成就时

续表

指标情形	风险警示	申请撤销	终止上市
⑦重整、和解或破产清算	法院受理公司重整、和解或破产清算申请	重整/和解完成，或法院驳回破产申请，或法院裁定终结破产程序	法院裁定

注：各板块规则一致。

对于重大违法类强制退市来说，具体包括如下情形：

（1）涉及国家安全、公共安全、生态安全、生产安全和公众健康安全等领域的重大违法行为被追究法律责任，导致上市公司或其主要子公司依法被吊销营业执照、责令关闭或者被撤销，依法被吊销主营业务生产经营许可证，或存在丧失继续生产经营法律资格的其他情形；

（2）上市公司公开发行并上市，申请或者披露文件存在虚假记载、误导性陈述或重大遗漏，被中国证监会及其派出机构依据《证券法》第一百八十一条作出行政处罚决定，或者被人民法院依据《刑法》第一百六十条作出有罪生效判决；

（3）上市公司发行股份购买资产并构成重组上市，申请或者披露文件存在虚假记载、误导性陈述或者重大遗漏，被中国证监会及其派出机构依据《证券法》第一百八十一条作出行政处罚决定，或者被人民法院依据《刑法》第一百六十条作出有罪生效判决；

（4）上市公司披露的年度报告存在虚假记载、误导性陈述或者重大遗漏，根据中国证监会及其派出机构行政处罚决定认定的事实，导致连续会计年度财务类指标已实际触及财务类强制退市标准（见表6-2）。

表6-2　　　　　北交所重大违法类强制退市情形

指标情形	风险警示	申请撤销	终止上市
①欺诈发行			IPO、重组上市申请或披露文件证监会作出行政处罚决定或被人民法院作出有罪生效判决
②重大信息违法披露	知悉中国证监会行政处罚事先告知书，或人民法院作出司法裁判	*ST期间，收到的行政处罚决定或生效司法裁判，未触及重大违法类强制退市情形，且不存在其他退市风险警示情形	根据证监会行政处罚决定认定的事实，触及财务类指标强制退市，或公司连续两年财务造假达到量化指标，或交易所违法行为的事实、性质、情节及社会影响等因素认定的其他严重损害证券市场秩序的情形

续表

指标情形	风险警示	申请撤销	终止上市
③涉及国家安全、公共安全、生态安全、生产安全和公众健康安全等领域的重大违法行为			上市公司或主要子公司存在被依法吊销主营业务生产经营许可证、营业执照、责令关闭或被撤销或存在丧失继续生产经营法律资格的其他情形；交易所根据重大违法行为的严重和影响程度认为应当终止上市的

注：各板块规则一致。

6.1.3 主动退市情形

上市公司出现下列情形之一的，应当向北交所申请终止其股票上市：

（1）上市公司股东大会决议解散公司；

（2）上市公司因新设合并或者吸收合并，将不再具有独立主体资格并被注销；

（3）上市公司因要约回购或要约收购导致公众股东持股比例、股东人数等发生变化不再具备上市条件；

（4）转板申请已获同意；

（5）北交所认定的其他申请终止上市的情形。与以往不同的是，北交所在主动退市情形中新增了上市公司因要约回购或要约收购导致公众股东持股比例、股东人数等发生变化不再具备上市条件和转板上市，给予了企业更多的选择权。

需要注意的是，上市公司向北交所申请终止股票上市，应当同时符合下列条件：

（1）终止上市决策程序、信息披露和股票停复牌安排符合北交所业务规则的规定；

（2）上市公司已在法定期限内披露最近一期年度报告或中期报告，或未在法定期限内披露最近一期年度报告或中期报告，但已在期满后2个月内补充披露；

（3）上市公司应制定合理的异议股东保护措施，对股东权益保护作出安排，已获同意转板上市的除外；

（4）北交所要求的其他条件。

6.2 退市程序：将退市风险警示作为强制退市的先导

6.2.1 当前A股退市制度的运行流程

A股退市流程主要包括"退市警告、暂停上市、终止上市"三个阶段（见图6-4）。

- 第一步，退市风险警示。证监会等相关监管部门会给予相关股票存在终止上市可能的企业以风险警示。
- 第二步，暂停上市。若企业仍未在证监会给予警示后的限定期间内及时纠正自己的行为或公司的绩效达不到上市的要求，证监会就会勒令其暂停上市。
- 第三步，终止上市。若企业在被暂停上市后的限定期间内仍无法有效提升自身效益或完全消除不规范经营现状，企业就会被强制解散或自行宣布破产。若证监会并未受理、审批其恢复上市申请或审批不成功的，其公司股票就会被裁定且被终止上市。

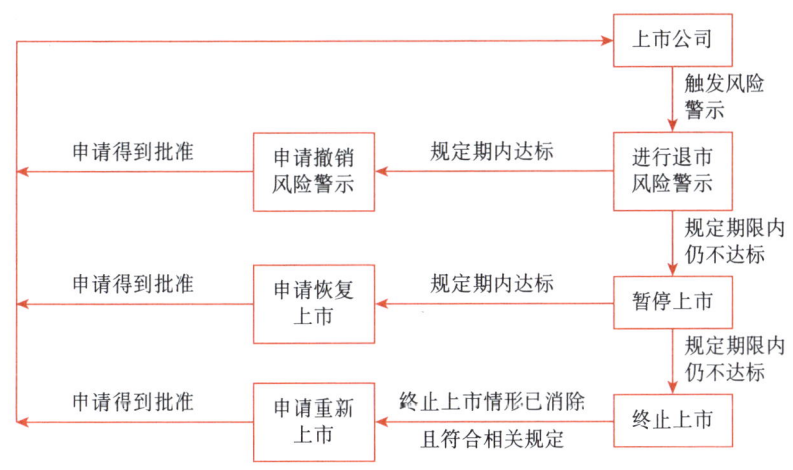

图6-4 A股退市的一般流程

实际上，从目前A股退市股票案例来看，从退市警告到最终终止上市往往需要经历三到四年的时间，退市周期较长。暂停上市的企业在满足重新上市的标准后可以恢复上市，即使是被终止上市的企业也可以申请复核，复核通过会由复核委员会作出撤销终止上市的决定，企业也可以恢复上市，复核没有通过的则会进入30天的退市整理期，然后正式退市。

事实上，严格的退市制度是上市公司质量的重要保证之一，也是对注册制的必要保护手段，市场实现能上能下、优胜劣汰才能发挥证券市场资源配置的功能，更是保证股票市场规模与流动性相协调的基础。截至 2021 年 9 月 22 日，A 股共计退市 169 只股票，而新三板共计退市 6 197 只股票。北交所吸取近期各板块退市经验，在保障投资者合法权益的基础上，充分包容中小企业天然存在业绩易受外部影响等特点，秉持退市的严肃性和审慎性，坚持避免市场"大进大出"的局面。

> **延伸阅读**
>
> ## 海外退市制度的经验总结
>
> 1. 以公司持续营运和维持上市为基本要求
>
> 在对上市公司持续营运和维持上市要求方面，成熟资本市场的上市公司退市标准具有一定的共性，主要有以下四个方面：（1）资本规模或股权结构出现重大变化，无法满足上市要求与条件；（2）经营业绩连续亏损；（3）经营困难、资产处置、冻结、宣告破产等；（4）违反有关法律法规。
>
> 2. 区分上市公司类型，设计差异化标准
>
> 成熟资本市场会根据上市路径、交易所板块、触发退市条件的不同，分类制定相应上市公司的退市标准和退市流程。如美国纽交所和 NASDAQ 以获得上市资格的标准分类，制定上市公司维持上市的最低标准；NASDAQ 针对不同的资本市场还制定了差异化的退市标准。
>
> 3. 设计交易指标，考察证券投资价值
>
> 证券交易所是从促进市场发展的经济效率出发，对中止交易或施行强制退市进行决策，因此该决策中必然包含市场效率维持和保障的目标。除了违反诚信和市场公平的强制退市情形外，实现市场经济效益最主要途径是对股票价值进行考察。
>
> 4. 指标类型细化，全面测定上市公司质量
>
> 成熟资本市场主要设置有两大类退市触发标准：一类是包括公司的股东数量、股本规模、公司的财务和经营状况等方面在内的可量化标准。如：公众股东人数低于交易所规定标准；股票交易量极度萎缩，低于交易所规定的最低标准；财务状况和经营业绩欠佳；上市公司因资产处置、冻结等因素而失去持续经营能力等情形。另一类则是以公司的治理结构、信息披露情况等方面为主要内容的非量化标准，如法院宣布公司破产清算、不履行信息披露义务、违反法律、违反上市协议等情形。

5. 设置自愈期限，实施渐进式退出

美国、日本和英国的证券交易所均为触发退市标准的上市公司设置了一定期限的豁免期或整理期。从违反标准到转板交易，尚有缓冲的时间。这段时间内，上市公司、交易所双方就最终决策仍拥有回旋的余地。

6. 完善相关配套制度，强化投资者权益保护

英、美市场退市数量较多、市场阻力较小，得益于其市场法律制度基础较为完善、配套机制较为健全。美国 SEC 通过"投资者教育及援助办公室"（Office of Investor Education and Advocacy）服务个人投资者，坚持举行投资者现场交流会，受理投资者的咨询与投诉，并采取相应的保护行动。英国的经验在于强制实施保荐人制度，通过保荐人的持续督导，达到规范市场目标。

资料来源：周晓萍等，《我国证券市场退市制度的潜在问题与完善路径研究》。

6.2.2 北交所退市的主要流程

北交所借鉴了沪、深证券交易所的经验，对标科创板和创业板，在《北交所上市规则》中规定了退市风险警示制度，作为强制退市的先导制度，不仅给予中小企业处理相关问题预留足够的时间，而且有助于充分揭示市场风险，保护投资者的合法权益。即上市公司出现财务状况或者其他异常情况导致其股票存在被强制退市风险，北交所有权对该公司股票实施风险警示。上市公司股票被实施退市风险警示的，在公司股票简称前冠以"*ST"字样。上市出现两项以上退市风险警示、退市情形的，其股票按照先触及先适用的原则实施退市风险警示和退市；公司同时存在两项以上退市风险警示情形，其中一项退市风险警示情形已满足撤销条件的，公司应当在规定期限内申请撤销相关退市风险警示情形，经北交所审核同意的，不再适用对应情形的退市程序；公司同时存在两项以上退市风险警示情形的，须满足全部退市风险警示情形的撤销条件，方可撤销退市风险警示。公司股票交易撤销退市风险警示，但还存在其他的风险警示情形的，北交所对公司股票交易实施相应的风险警示（见图6-5）。此外，《北交所上市规则》进一步明确强制退市由上市委员会审议，并形成审议意见，确保退市决定的严肃性和审慎性。

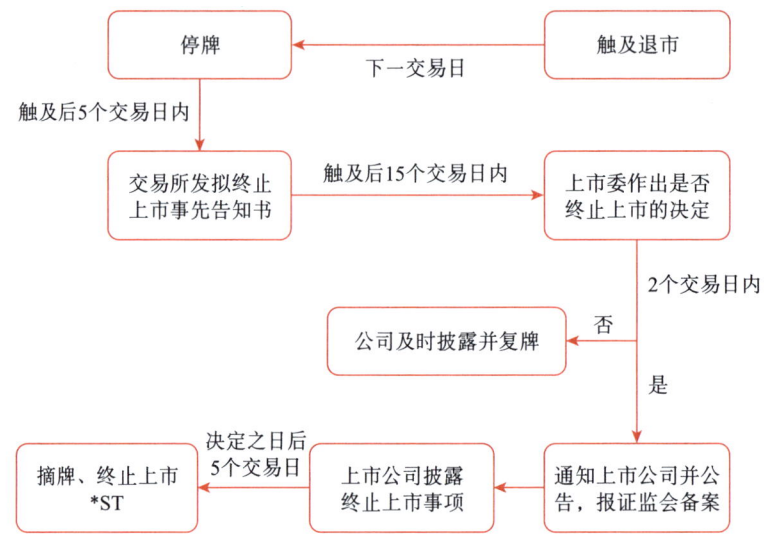

图 6-5 北交所退市的主要流程

6.3 退市去向：充分体现"分类纾解、充分缓释"的创新探索

6.3.1 我国上市公司退市配套制度现状

我国上市公司退市配套制度主要涉及退市后上市公司股票的去向，暂停上市后恢复上市以及彻底终止上市后重新上市的情形。

（1）退市后股票的流通交易。主动终止上市公司的股票不进入退市整理期交易，而被强制退市的公司，则需要进入退市整理期。公司应当在交易所作出终止其股票上市决定后立即安排股票转入全国中小企业股份转让系统挂牌转让。

（2）恢复上市和重新上市制度。

• 恢复上市：被强制暂停上市的公司一旦在规定时间内消除原情形，可于事实发生之后 5 个交易日内，申请恢复其上市。交易所上市委员会作出是否同意公司股票恢复上市的决定。

• 重新上市：退市公司在终止上市情形已消除的情况下，且符合相关条件的，可以向其选择的证券交易所提出重新上市申请。

（3）退市期间投资者利益保护。现行制度主要从两个方面认真贯彻执行投资者保护这一理念：

第一，强化上市公司退市前后的信息披露义务；

第二，明确重大违法公司及相关责任主体的民事赔偿责任。

（4）善后处理机制。重新上市并发布首份年度报告后，保荐机构应当在公司重新上市后当年及其后的两个完整会计年度内持续履行督导的职责。但是目前我国的沪、深证券交易所都是先有主板，再有中小板，板与板之间没有可衔接的桥梁和纽带，导致很多关键制度难以推进，特别是退市制度，使得上市企业"退不好、退不稳、退不值"，最终影响了整个资本市场的变革进程。

6.3.2 北交所退市配套制度改革方向及措施

未来，应致力于构建更为细化的多层次资本市场体系，明确主板、中小板、创业板、科创板、新三板、区域性股权市场功能定位，建立灵活的"梯级"转板机制，实现各层次市场间的升降互通、有效衔接和退出机制。目前，我国已有的实现升板的案例，均是从原有市场退出后再去其他板块重新申请IPO，并不是真正意义上的升板。同时，探索创新退市方式，实现多种形式的退市渠道，对严重扰乱市场秩序、触及退市标准的企业，坚决退市，一退到底。这也意味着今后监管层对"严重扰乱市场秩序、触及退市标准的企业"的退市决心将更为坚定。

深化新三板改革，设立北京证券交易所，是资本市场更好支持中小企业发展壮大的内在需要，是落实国家创新驱动发展战略的必然要求，是新形势下全面深化资本市场改革的重要举措。北交所是中国内地第一家在非主板基础上组建的证券交易所，完全有希望通过"层层递进"机制，打通场外和场内之间的屏障，加速退市制度的改革步伐，推动资本市场的关键变革，充分做到"退得出、退得稳、退得值"，成为中国版的纳斯达克市场，建立完备的生态环境。

（1）继续完善并购重组和破产重整等制度，畅通主动退市、并购重组、破产重整等上市公司多元化退出渠道，规定公司管理层、投资者、中介和交易所的必要义务和权力，鼓励多元化与多途径的退市行为，全方位实现"退得出"。

2020年12月，上交所与深交所分别启动了新一轮的退市制度改革。随着退市新规的落地实施，A股退市公司的数量明显上升。纵观A股的退市公司，大部分公司是连续亏损、股价低于面值等情况而被动退市，主动退市的比重仍有待提升。究其原因，我国股票市场一直存在着上市流程较为复杂、壳公司存续价值较高的情况，这将不可避免地造成企业没有意愿进行主动退市。反观美国，在注册制下，企业上市成本低，但上市之后成本相对较高，所以企业在上市之后就有动力权衡退市的利弊，会考虑借助市场力量实现主动退市。正是基于以上现象，"层层递进"的北交所有望稳步推进退市制度的建设，让企业"退得出"。

（2）继续完善多层次资本市场体系，完善转板制度，划清权责，强化交易所的功能和权力，实现权益资产流动性的平稳过渡，全方面实现"退得稳"。

从资本市场体系上看，美国多层次资本市场主要包括主板、创业板、场外交易市场、区域性交易市场四个层次，而我国资本市场经过三十多年的发展，制度体制不断得到完善，也逐渐形成了从主板、中小板、创业板、科创板到新三板以及区域性股权交易市场的多层次资本市场体系。但从转板制度上来看，我国资本市场依然与一些发达国家存在一定的差距。美国资本市场包括升级、降级、平级、内部转板等四种不同类型的转板机制。企业在达到一定的要求后，就可以实现场外与场内，纽交所与纳斯达克等多方位的转板需求。而我国仍处于起步阶段，2020年6月3日，中国证监会对外发布了《关于全国中小企业股份转让系统挂牌公司转板上市的指导意见》，首次规定"转板上市属于股票交易场所的变更，不涉及股票公开发行，依法无需经中国证监会核准或注册，由上交所、深交所依据上市规则进行审核并作出决定"。2021年2月，上交所发布《全国中小企业股份转让系统挂牌公司向上海证券交易所科创板转板上市办法（试行）》，对新三板精选层公司转板至科创板上市的相关标准、审核程序以及各类衔接制度等方面予以明确。7月23日，沪、深证券交易所继续发布了新三板精选层挂牌公司转板上市配套业务规则，对转板上市公司报告书的信息披露原则及主要内容与格式、转板上市申请文件的要求等作出明确规定，为转板上市进入落地实施阶段进一步明晰实操路径、做好制度衔接。目前，虽然我国已有基础的转板制度，但真正实现转板的企业仍然较少。因此，"层层递进"的北交所，有望显著增强不同层次之间的区分度，降低各层次上市准入标准，完善转板制度，充分运用好市场的决定力量，促进资本市场良性向好发展，使得企业能够更好地选择自己是否退市、是否转板，有更多的选择方向，使权益资产流动性能平稳过渡。

（3）继续完善市场机制，培育市场参与主体，形成有买有卖的市场局面，鼓励发展并购基金，强化并购战略的研究和投资专业队伍的建设，完善相关制度，适时发展卖空机构，全方面实现"退得值"。

重组退市是发达国家资本市场的主要退市途径之一，其优势在于可进一步畅通上市公司的退市渠道，有利于优化资本市场资源配置，助力经济转型升级，为构建有效的市场机制起到有力支撑。对于上市公司来说，通过并购重组实现退出，也可以为重组上市的公司增加融资规模，提高质量。而在这一过程中，专业的并购基金和专业重组机构的参与十分重要。并购基金与专业重组机构通过收购目标企业股权，参与目标企业战略制定及日常运营，对其进行一定的重组改造，持有一定时期后再出售。同时，国外还存在一些秃鹫基金，专门收购一些业绩比较差、股价比较低的公司，低价收购之后再进行重组，进而带动公司退市。重组基金和中介等机构的参与使得退市重组成为发达国家资本市场的主要退市途径,促进了一级市场和二级市场的联动,提升了资本市场的资源配置效率。从当前我国重组退市的现状来看,之前由于上市准入标准较为严格等原因,上市公司一直是一种稀缺资源,退市公司数量比较少,类似的并购基金和专业重组机构并没有发展空间。但伴随着退市新规的落地实施,以及北交所的成立,中介机构或将有更大的动力,主动成立相关并购基金,强化对并购战略的研究和投资专业队伍的建设,对绩差公司实施专业化的重组退市。

延伸阅读

美国资本市场的转板机制借鉴

目前,美国的转板机制中包括升级转板、降级转板、平级转板(在不同交易所之间的转板)以及内部转板机制(纳斯达克内部层次之间以及OTC Markets内部层次之间的转板)。

(1)升级转板。OTCBB挂牌公司中业绩好、成长性高的能够申请直接升入NASDAQ小型资本市场,粉红单市场与OTCBB也有一定的转板渠道。企业希望转板,可以随时向期望市场申请,符合条件的,通常90天内就可以到新市场上市交易。采取"反向收购+转板上市"两步走,是目前最流行的IPO替代途径。反向收购(Reverse Merger)与我国熟悉的"借壳上市"如出一辙,但"壳资源"是在场外市场报价的、经过SEC注册的报告公司(在我国称为"非上市公众公司")。通过反向收购,绕开SEC对报告公司的注册程序;通过转板上市,又绕开了IPO过程的注册。因此这种模式被SEC称为"后门注册"(Backdoor Registration)或"后门上市"(Backdoor Listing)。"后门上市"作为多层次资本市场的通道,客观上为中小企业利用资本市场提供了便利。但是过度利用美国"后门注册"的制度漏洞,常常造成企业盈利性差、经营管理失败甚至破产等不良影响,甚至导致SEC督促交易所修改上市标准。

(2)降级转板。从交易所退市到场外市场,以及从纳入监管范围的场外市场退到层次更低的市场。例如,1998~2004年近4 000家从NASDAQ退市(退市率为20%),其中将近一半为因不符合持续上市条件而被强制退市,这当中大部分随后在OTCBB或粉红单市场(Pink Sheets)报价。

(3)平级转板。即在不同交易所之间的转板。这种转板源自NYSE与NASDAQ两大交易所的竞争。例如2000~2010年,共182家公司从NASDAQ转板到NYSE,同时25家公司从NYSE转板到NASDAQ。

（4）内部转板。包括：NASDAQ 内部三个层次之间上市公司的转板；同属于纽交所泛欧集团的，NYSE 与 AMEX 股票交易所之间上市公司的转板等。

6.3.3 北交所上市公司的退市去向

北交所充分发挥与新三板市场一体发展的制度优势，对于退市公司，符合全国股转系统基础层挂牌条件或进入创新层条件的，鼓励进入相应层级挂牌交易，继续发展；存在重大违法等情形，不符合挂牌条件的，且股东人数超过 200 人的，转入全国股转公司代为管理的退市公司板块，其股份转让和信息披露按相关规定办理，体现了对退市风险"分类纾解、充分缓释"的创新探索。此外，《北交所上市规则》中有重新上市环节，退市公司符合重新上市条件的，可以申请重新上市，从而实现多层次资本市场的良性生态环境。

同时《北交所上市规则》规定，上市公司退市后转入全国股转公司代为管理的退市公司板块的，应当聘请证券公司担任其主办券商，协助公司办理相关业务。公司无法自行聘请主办券商，原则上由北交所随机抽选证券公司担任；因公开发行并上市存在欺诈发行而受到行政处罚的，原则上由其公开发行的保荐机构担任主办券商。同时，北交所退市公司符合重新上市条件的，可以申请重新上市。在市场连接方面，将加强多层次市场之间的有机联系，丰富企业的成长路径，在基础层、创新层成长中小企业，鼓励其继续在北交所上市；进一步完善转板机制，符合条件、有意愿的公司，可选择到沪、深证券交易所上市、继续发展。上述制度安排有助于丰富挂牌企业上市路径，为成长壮大的中小企业自主选择上市地提供渠道，降低转换成本，加强多层次资本市场有机联系（见图6-6）。

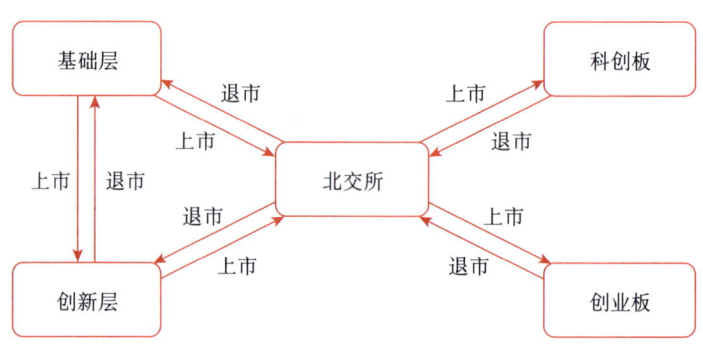

图6-6 各板块之间的转板逻辑

本章参考文献

[1] 郝雨时,周格旭,吴灵灵. 我国 A 股市场退市制度现状及机制研究[J]. 北方金融,2021(01):12-17.

[2] 刘丽,孙田田,徐风. 我国 A 股退市制度的问题及完善路径研究[A]. 中国证券业协会. 创新与发展:中国证券业 2019 年论文集[C]. 中国证券业协会,2020:9.

[3] 民生证券证券市场退市制度课题组,周晓萍. 我国证券市场退市制度的潜在问题与完善路径研究[J]. 金融监管研究,2018(04):1-20.

[4] 汪毅. 顺应战略目标,力促专精特新双循环——北京交易所成立专题报告[R]. 长城证券,2021.

[5] 徐康,张径炜,洪锦屏. 金融支持创新型中小企业,一场金融领域的"碳中和"——北交所成立点评[R]. 华创证券,2021.

[6] 诸海滨. 北交所上市公司再融资三大业务规则优化,全面提高中小企业融资效率[R]. 安信证券,2021.

[7] 诸海滨. 北交所研究系列报告(二):上市审核等业务规则纷至沓来,第二批细解[R]. 安信证券,2021.

第7章　北交所投资地图

7.1　北交所与"专精特新"

7.1.1　"专精特新"企业政策背景

"专精特新"一词最早来源于2011年7月，由时任工信部总工程师朱宏任在《中国产业发展和产业政策报告（2011）》新闻发布会上首次提出。该报告提出："十二五"时期，我国将推动兼并重组与促进中小企业健康发展并举。促进中小企业健康发展的下一步政策重点是要完善中小企业发展的外部环境，加快推动中小企业服务体系建设，建立中小企业减负长效机制，大力推动中小企业向"专精特新"方向发展，即专业、精细管理、特色和创新。

2011年9月，《"十二五"中小企业成长规划》，将"专精特新"发展方向作为中小企业转型升级、转变发展战方式的重要途径。

2012年，《国务院关于进一步支持小型微型企业健康发展的意见》发布，首次提出"鼓励小型微型企业走'专精特新'和与大企业协作配套发展的道路，加快从要素驱动向创新驱动的转变"。

2013年7月，工信部发布《关于促进中小企业"专精特新"发展的指导意》，成为首个专门针对专精特新企业的政策文件，对中小企业"专精特新"发展作出具体部署，指出"促进中小企业走专业化、精细化、特色化、新颖化发展之路"。

2016年7月，工信部发布《促进中小企业发展规划（2016—2020）》提出培育一大批"专精特新"中小企业。

2018年11月，政府首次提出要开展专精特新"小巨人"培育工作，政策目标在于培育专精特新"小巨人"，促进其在创新能力、国际市场开拓、经营管理水平、智能转型等方面得到提升发展。此后，工信部在2019~2021年公布了三批专精特新"小巨人"名单。

2021年3月，"十四五"规划提出推动中小企业提升专业化优势，培育专精特新"小巨人企业和制造业单项冠军企业"。

2021年6月，为加快培育发展以专精特新"小巨人"企业、制造业单项冠军企业、产业链领航企业为代表的优质企业，工信部、科技部、财政部、商务部、国资委、证监会等六部门印发《关于加快培育发展制造业优质企业的指导意见》，提出10条指导意见。

2021年7月，工信部、发改委等十七部门共同发布《关于健全支持中小企业发展制度的若干意见》，提出要完善支持中小企业"专精特新"发展机制。

2021年7月27日，刘鹤副总理在全国"专精特新"中小企业高峰论坛上强调，要鼓励中小企业创新，做到专业化、精细化、特色化、新颖化，并明确资本市场将为中小企业发展创造好的条件。

2021年7月30日，中央政治局会议中提出："要强化科技创新和产业链供应链韧性，加强基础研究，推动应用研究，开展补链强链专项行动，加快解决'卡脖子'难题，发展专精特新中小企业。"这是首次在中央层面提出专精特新，并与"补链强链""卡脖子"联系到一起。

相关政策列表见表7-1。

表7-1　　　　　　　　　　我国"专精特新"企业政策背景

时间	相关政策文件	来源	重点
2011年7月	《中国产业发展和产业政策报告（2011）》	工信部	"十二五"时期，我国将推动兼并重组与促进中小企业健康发展并举。促进中小企业健康发展的下一步政策重点是要完善中小企业发展的外部环境，加快推动中小企业服务体系建设，建立中小企业减负长效机制，大力推动中小企业向"专精特新"方向发展，即专业、精细管理、特色和创新
2011年9月	《"十二五"中小企业成长规划》	工信部	将专精特新发展方向作为中小企业转型升级、转变发展方式的重要途径，形成一批小而优""小而强"的企业，推动中小企业和大企业协调发展
2012年4月	《关于进一步支持小型微型企业健康发展的意见》	国务院	首次提出"鼓励小型微型企业发展现代服务业、战略性新兴产业、现代农业和文化产业，走专精特新和与大企业协作配套发展的道路"

续表

时间	相关政策文件	来源	重点
2013年7月	《关于促进中小企业专精特新"发展的指导意见》	工信部	加强对专精特新中小企业的培育和支持，促进中小企业走专业化、精细化、特色化、新颖化发展之路
2018年11月	《关于开展专精特新"小巨人"企业培育工作的通知》	工信部	为进一步推动民营经济和中小企业高质量发展，提高企业专业化能力和水平，工信部决定在各省级中小企业主管部门认定的"专精特新"中小企业及产品基础上，培育一批专精特新"小巨人"企业
2019年4月	《关于促进中小企业健康发展的指导意见》	工信部、发改委、科技部等17个部门	引导中小企业专精特新发展。支持推动中小企业转型升级，聚焦主业，增强核心竞争力，不断提高发展质量和水平，走专精特新发展道路。研究制定专精特新评价体系，建立动态企业库。以专精特新中小企业为基础，在核心基础零部件（元器件）、关键基础材料、先进基础工艺和产业技术基础等领域，培育一批主营业务突出、竞争力强、成长性好的专精特新小巨人"企业
2020年7月	《组织开展第二批专精特新小巨人"企业培育工作》	工信部	健全专精特新中小企业、专精特新小巨人企业和制造业单项冠军企业培育体系、标准体系和评价机制，引导中小企业走专精特新之路。完善大中小企业和各类主体协同创新和融通发展制度，发挥大企业引领支撑作用，提高中小企业专业化能力和水平
2021年2月	《关于支持专精特新"中小企业高质量发展的通知》	财政部、工信部	"十四五"时期中央财政将累计安排100亿元以上奖补资金，重点支持1 000余家国家级专精特新"小巨人"企业高质量发展
2021年3月	《中华人民共和国国民经济和社会发展第十四个五年规划和2035年远景目标纲要》		推动中小企业提升专业化优势，培育专精特新小巨人企业和制造业单项冠军企业
	《组织开展第三批专精特新"小巨人"企业培育工作》	工信部	为贯彻习近平总书记关于培育一批"专精特新"中小企业、提升中小企业创新能力的重要指示精神，落实党的十九届五中全会部署和中共中央办公厅、国务院办公厅《关于促进中小企业健康发展的指导意见》，进一步促进中小企业高质量发展，按照《工业和信息化部关于促进中小企业"专精特新"发展的指导意见》要求，组织开展第三批专精特新"小巨人"企业培育工作
2021年7月	《关于加快培育发展制造业优质企业的指导意见》	工信部、科技部	完善金融财政和人才政策措施，用好现有资金渠道，支持"专精特新"中小企等6个部门高质量发展

资料来源：工信部官网，国务院官网。

"专精特新",简而言之,指专业化、精细化、特色化、新颖化。根据中制智库的定义,"专精特新"的具体含义包括:

"专",即专业化,是指采用专项技术或工艺通过专业化生产制造的专用性强、专业特点明显、市场专业性强的产品。其主要特征是产品用途的专门性、生产工艺的专业性、技术的专有性和产品在细分市场中具有专业化发展优势。

"精",即精细化,是指采用先进适用技术或工艺,按照精益求精的理念,建立精细高效的管理制度和流程,通过精细化管理,精心设计生产的精良产品。其主要特征是产品的精致性、工艺技术的精深性和企业的精细化管理。

"特",即特色化,是指采用独特的工艺、技术、配方或特殊原料研制生产的,具有地域特点或具有特殊功能的产品。其主要特征是产品或服务的特色化。

"新",即新颖化,是指依靠自主创新、转化科技成果、联合创新或引进消化吸收再创新方式研制生产的,具有自主知识产权的高新技术产品。其主要特征是产品(技术)的创新性、先进性,具有较高的技术含量,较高的附加值和显著的经济、社会效益。

7.1.2 "专精特新"企业标准

"专精特新"企业分为市级、省级、国家级,不同级别的"专精特新"的企业标准不同,标准级别由低到高,国家级的"专精特新"企业标准最高。如北京市北京专精特新中小企业申报条件包括基本条件、经营条件、创新能力、专业化程度、精细化程度、激励条件六类,符合基本条件的即具有申报资格,其余五类条件将根据企业填报具体情况,由第三方机构进行评价(见表7-2)。

表7-2　　　　　　　　　　北京专精特新中小企业标准

培育条件	具体内容
基本条件	1. 在北京市内工商注册登记并连续经营两年以上,具有独立法人资格的中型、小型和微型企业,企业的划型按照《中小企业划型标准规定》(工信部联企业〔2011〕300号)执行 2. 符合北京市城市战略定位和产业发展政策,优先支持十大高精尖产业和硬科技产业 3. 上年度企业主营业务收入占营业收入比重50%以上 4. 近三年无严重违法违规行为、失信行为,且未发生过安全、质量、环境污染事故
经营条件	1. 营业收入:上年度企业营业收入达到1 500万元及以上 2. 净利润:近两年企业净利润累计不低于600万元 3. 企业估值:企业最新一轮融资估值不低于1亿元

续表

培育条件	具体内容
创新能力	1. 主导产品属于产业链"卡脖子"环节，或属于关键领域"补短板"，或属于填补国内（国际）空白，或有效实现进口产品替代 2. 获得与主导产品（服务）相关的授权发明专利数量，首台套产品认定，新技术新产品的数量（包括在研创新药、改良型新药和生物类似药Ⅱ期、Ⅲ期临床批件数量和药品批准文号等数量） 3. 获得与主导产品（服务）相关的其他知识产权数量（如软件著作权，实用新型、外观专利等） 4. 近两年研发经费支出占营业收入的比重均不低于5% 5. 上一年度研发费用投入不低于100万元
专业化程度	1. 主导产品通过发达国家和地区的认证（国际标准协会行业认证） 2. 企业拥有自主品牌 3. 企业为龙头企业、大企业或重点工程项目提供配套产品（服务），并签订合同协议
精细化程度	1. 企业获得技术、质量、工程、环保、安全等资质或资格认定 2. 企业至少1项核心业务采用信息系统支撑，或业务系统云端迁移
激励条件	1. 近两年主营业务平均增长率10%以上，或近两年净利润平均增长率10%以上 2. 近两年企业主持或参与制（修）订相关领域国际标准、国家标准、行业标准或地方标准数量，或近两年主持或参与国家重大科研课题数量 3. 企业自建或与高校、科研机构联合建立研发机构（技术研究院、企业技术中心、企业工程中心、院士专家工作站、博士后工作站等） 4. 有上市计划（已向证监局提交IPO报辅申请并获受理，或已签订保荐机构）（含新三板精选层）

资料来源：根据公开资料整理。

从国家级"专精特新"企业标准来说，满足了国家级标准的称为专精特新"小巨人"企业。

2019年，中办、国办《关于促进中小企业健康发展的指导意见》首次提出"培育一批主营业务突出、竞争力强、成长性好的专精特新'小巨人'企业"决策部署，并围绕提升产业基础高级化、产业链现代化水平开展工作。

2021年4月，工信部发布《关于开展第三批专精特新"小巨人"企业培育工作的通知》，明确指出：专精特新"小巨人"企业主导产品应优先聚焦制造业短板弱项，符合《工业"四基"发展目录》所列重点领域，从事细分产品市场属于制造业核心基础零部件、先进基础工艺和关键基础材料；或符合制造强国战略十大重点产业领域；或属于产业链供应链关键环节及关键领域"补短板""锻长板""填空白"产品；或围绕重点产业链开展关键基础技术和产品的产业化攻关；或属于新一代信息技术与实体经济深度融合的创新产品（表7-3）。

表7-3 关于开展第三批专精特新"小巨人"企业培育工作的通知

重点领域
专精特新"小巨人"企业主导产品应优先聚焦制造业短板弱项，符合《工业"四基"发展目录》所列重点领域，从事细分产品市场属于制造业核心基础零部件、先进基础工艺和关键基础材料；或符合制造强国战略十大重点产业领域；或属于产业链供应链关键环节及关键领域"补短板""锻长板""填空白"产品；或围绕重点产业链开展关键基础技术和产品的产业化攻关；或属于新一代信息技术与实体经济深度融合的创新产品。

《工业"四基"发展目录)》所列重点领域			
1	核心基础零部件（元器件）	2	关键基础材料
3	先进基础工艺	4	产业技术基础

制造强国战略十大重点产业领域			
1	新一代信息技术	6	节能与新能源汽车
2	高档数控机床和机器人	7	电力装备
3	航空航天设备	8	农机装备
4	海洋工程装备及高技术船舶	9	生物医药及高性能医疗器械
5	先进轨道交通装备	10	新材料

资料来源：《关于开展第三批专精特新"小巨人"企业培育工作的通知》。

根据《关于开展第三批专精特新"小巨人"企业培育工作的通知》，第三批专精特新"小巨人"企业申请条件包括基本条件、专项条件及分类条件。专精特新"小巨人"基本条件主要是连续经营3年以上，且属于省级中小企业主管部门认定或重点培育的"专精特新"中小企业或其他创新能力强、市场竞争优势突出的中小企业。分类条件中，需满足"上年度营业收入在1亿元及以上，且近2年研发经费支出占营业收入比重不低于3%；上年度营业收入5 000万元（含）~1亿元（不含），且近2年研发经费支出占营业收入比重不低于6%"等等（见表7-4）。

表7-4 第三批专精特新"小巨人"标准

培育条件	具体内容
基本条件	1 在中华人民共和国境内工商注册登记、连续经营3年以上、具有独立法人资格、符合《中小企业划型标准规定》（工信部联企业〔2011〕300号）的中小企业，且属于省级中小企业主管部门认定或重点培育的"专精特新"中小企业或其他创新能力强、市场竞争优势突出的中小企业
	2. 坚持专业化发展战略，长期专注并深耕于产业链某一环节或某一产品，能为大企业、大项目提供关键零部件、元器件和配套产品，或直接面向市场并具有竞争优势的自有品牌产品
	3. 具有持续创新能力和研发投入，在研发设计、生产制造、市场营销、内部管理等方面不断创新并取得比较显著的效益，具有一定的示范推广价值

续表

培育条件		具体内容
基本条件		4. 重视并实施长期发展战略，公司治理规范、信誉良好、社会责任感强，生产技术、工艺及产品质量性能国内领先，注重绿色发展，加强人才队伍建设，有较好的品牌影响力，具备发展成为相关领域国际知名企业的潜力
专项条件	1. 经济效益	截至上年末的近两年主营业务收入或净利润的平均增长率达到 5% 以上，企业资产负债率不高于 70%
	2. 专业化程度	截至上年末，企业从事特定细分市场时间达到 3 年及以上；主营业务收入占营业收入达 70% 以上；主导产品在细分市场占有率位于全省前 3 位，且在国内细分行业中享有较高知名度和影响力
	3. 创新能力	企业拥有有效发明专利（含集成电路布图设计专有权，下同）2 项或实用新型专利、外观设计专利、软件著作权 5 项及以上；自建或与高等院校、科研机构联合建立研发机构，设立技术研究院、企业技术中心、企业工程中心、院士专家工作站、博士后工作站等；企业在研发设计、生产制造、供应链管理等环节，至少 1 项核心业务采用信息系统支撑
	4. 经营管理	企业拥有自主品牌；取得相关管理体系认证，或产品生产执行国际、国内、行业标准，或是产品通过发达国家和地区产品认证（国际标准协会行业认证）
分类条件		1. 上年度营业收入在 1 亿元及以上，且近 2 年研发经费支出占营业收入比重不低于 3%
		2. 上年度营业收入 5 000 万元（含）~1 亿元（不含），且近 2 年研发经费支出占营业收入比重不低于 6%
		3. 上年度营业收入不足 5 000 万元，同时满足近 2 年内新增股权融资额（实缴）8 000 万元（含）以上，且研发投入经费 3 000 万元（含）以上，研发人员占企业职工总数比例 50%（含）以上，创新成果属于本通知"二、重点领域"细分行业关键技术，并有重大突破

资料来源：工信部。

经审核，工信部于 2019 年、2020 年先后公布了第一批、第二批专精特新"小巨人"企业名单。2021 年 7 月 19 日，工业和信息化部发布《关于第三批专精特新"小巨人"企业名单的公示》。第一批、第二批、第三批专精特新"小巨人"企业分别为 248 家、1 744 家和 2 930 家，主要集中在新一代信息技术、高端装备制造、新能源、新材料、生物医药等中高端产业领域。

7.1.3 北交所关注"专精特新"企业

当前，世界正处于新一轮科技周期上行期，一系列的科技变革正在孕育之中，我国正处于新旧动能转换的关键时刻，G2 大国关系也进入新阶段，实现关键核心技术的自主可控，不仅是我国经济发展新动能的必然路径，也是我国迈向全球价值链中高端的必然之选。我国"卡脖子"的重点集中在上游的材料设备以及半导体、软件、数据库等产业链（见表7-5）。

表7-5　　　　　　　　当前我国部分"卡脖子"领域发展情况

领域	细分领域	目前发展状况
软件	操作系统	手机端鸿蒙系统已经开始逐步替代、PC端主要用于政务、传统国产操作系统发展依托政策扶持、商业化举步维艰
	工业软件	我国管理软件强、工程软件弱；低端软件多、高端软件少
	数据库管理系统	我国厂商发展快，获得国际权威机构认可，产品具金融级性能和可用性，逐渐进入大中型企业核心应用
材料	光刻胶	我国正处于由中低端向中高端过渡阶段
	靶材	小型靶材国产化率高、大型靶材依赖进口
	环氧树脂	国内中、低端品种产能严重过剩、高端产品严重依赖进口
	微球	国内技术有所突破，但国产的原料质量及不锈钢性能仍然拖后腿
	高端轴承钢	生产工艺较落后，高端装备钢材产品结构偏低端，关键基础钢材严重依赖进口，关键技术受制于人
	高强度不锈钢	在不锈钢产业加大布局，虽然在高端产业上受制于欧美，但我国已经是最大不锈钢产地
	航空器材	我国超高强度钢材研制水平与欧洲、俄罗斯基本相当，但材料创新基础研究能力与美国有较大差距
高端元器件	高端电容电阻	整体产业情况看法续趋保守，日本厂商涨价为国产企业带来机遇
	手机射频器件	4G+、5G、物联网对射频器件的爆发需求会加速其发展，目前95% RF器件依靠进口，增长空间巨大
	触觉传感器	国内生产商制造工艺欠缺，制作材料纯度欠缺，技术较为落后
电子制	芯片	芯片设计企业的主流产品仍集中在中低端，芯片制造工艺正追赶国际工艺
	激光雷达	国内激光雷达产品大多用于服务机器人、地形测绘、建筑测量等，价格便宜，更高端技术尚不成熟
设备	光刻机	在激光光源和镜组方面仍有待突破
	高压柱塞泵	产业大而不强，高压柱塞泵90%以上依赖进口，技术受到严密封锁
	航空发动机短舱	尚无自主研制短舱的专门机构
	真空蒸镀机	产业发展迅速，但大而不强、真空蒸镀机核心设备缺失
	重型燃气轮机	自主研制的重型燃气轮机取得了突破性进展，但实用阶段还需等待
	铣刀	与发达国家仍有较大差距，但是钢轨打磨装备的国产化取得了一定的成就
	透射电镜和扫描电镜	缺乏人才及关键技术，国内目前无一家透射电镜生产商，扫描电镜也只有一家生产商北京中科科仪
	掘进机主轴承	掘进机主轴承与国外产品材料、设计和工艺上均有差距、但已经取得一定进展
	超精密抛光工艺	顶级抛光工艺仅有美日等少数国家掌握，我国已经取得一些跨越性的进展

北交所聚焦在专精特新。北交所是对科创板、创业板的重要补充，其核心落在"创新"和"中小企业"，与创业板、科创板定位有所不同。北交所上市公司主要来自精选层，成立北交所的核心目的是为了支持科创企业，这与国家把科技创新摆在发展的核心位置、加快建设创新型国家的大战略是一致的（见表7-6）。2021年7月30日的中共中央政治局召开会议，强调要强化科技创新和产业链供应链韧性，加强基础研究，推动应用研究，开展补链强链专项行动，加快解决"卡脖子"难题，发展"专精特新"中小企业。

表7-6　　　　　　　　　　　北交所定位

类别	北交所	创业板	科创板	主板
IPO制度	注册制	注册制	注册制	核准制
审核时间	证监会受理后20个工作日内	2~3个月	3~6个月	一般1年以上
上市门槛	低	较低	中	高
企业定位	创新型中小企业	成长型创新创业企业	符合国家战略、突破关键核心技术、市场认可度高的科技创新企业	相对成熟企业，行业龙头

加强对"专精特新"中小企业的培育和支持，不断提高"专精特新"中小企业的数量和比重，成为我国中小企业发展的一个目标。当前，我国对中小企业的培育已经形成"中小企业——专精特新培育企业——省市级专精特新企业——专精特新小巨人企业——制造业单项冠军"的中小企业培育梯次，"专精特新""专精特新小巨人"均是重要一环。目前，我国约有4 000万家中小企业，11.3万家专精特新培育企业，4万多家省级专精特新中小企业，4 762家专精特新"小巨人"企业，596家单项冠军企业（见图7-1）。全国"专精特新"中小企业高峰论坛透露，"十四五"期间，工信部将培育孵化带动百万家创新型中小企业，培育10万家省级的专精特新企业，1万家专精特新"小巨人"企业，1 000家单项冠军企业。

7.2　北交所潜在企业名录

7.2.1　北交所上市条件、标准及路径

截至2021年9月15日，新三板共有挂牌公司7 262家，其中精选层66家，创新层1 247家，基础层5 949家。合计流通总股本2 953亿股，其中精选层50.79亿股，

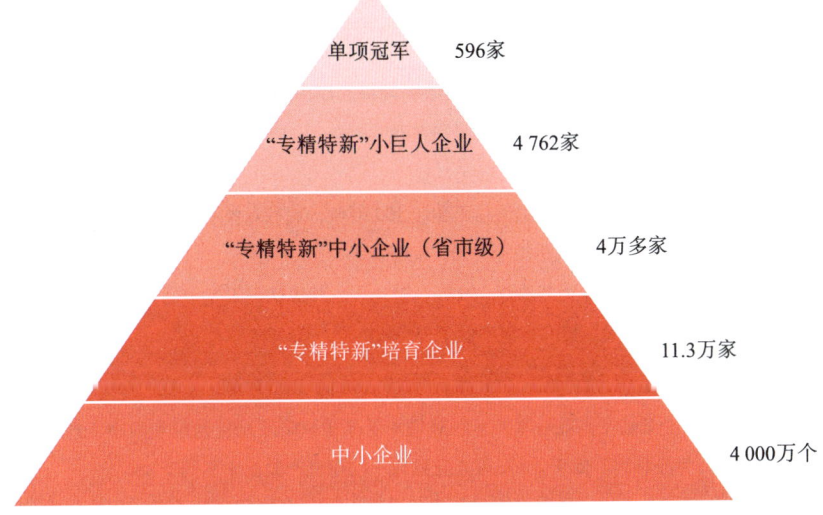

图 7-1 我国中小企业培训梯次及数量

创新层 775.31 亿股,基础层 2 126.78 亿股(见图 7-2)。

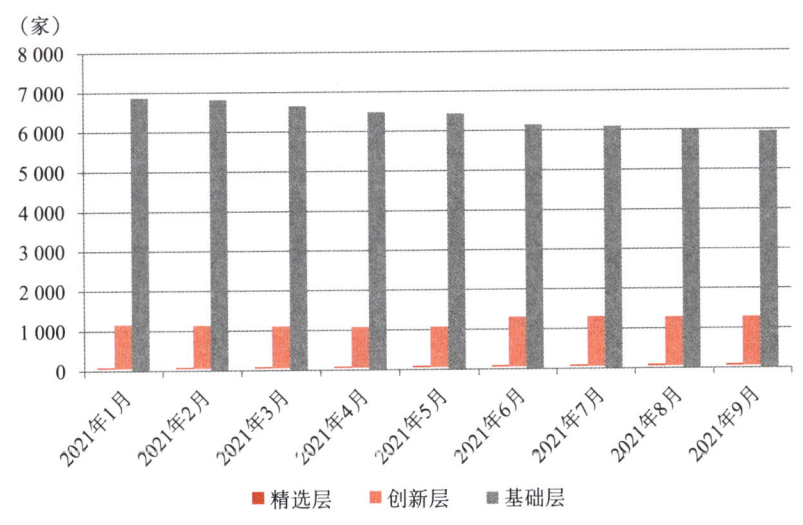

图 7-2 新三板企业分层挂牌家数

从上市条件和标准来看,根据《北京证券交易所股票上市规则(试行)》,发行人公开发行并上市的基本条件是"在全国股转系统连续挂牌满 12 个月的创新层挂牌公司、最近一年期末净资产不低于 5 000 万元"等。此外,发行人申请在北京证券交易所公开发行并上市,市值及财务指标应当至少符合四项标准中的一项(见表 7-7)。

表 7-7　北京证券交易所公开发行并上市基本条件及市值、财务标准

条件	标准细则
基本条件	（1）发行人为在全国股转系统连续挂牌满 12 个月的创新层挂牌公司 （2）符合中国证券监督管理委员会规定的发行条件 （3）最近一年期末净资产不低于 5 000 万元 （4）向不特定合格投资者公开发行的股份不少于 100 万股，发行对象不少于 100 人 （5）公开发行后，公司股本总额不少于 3 000 万元 （6）公开发行后，公司股东人数不少于 200 人，公众股东持股比例不低于公司股本总额的 25%；公司股本总额超过 4 亿元的，公众股东持股比例不低于公司股本总额的 10% （7）市值及财务指标符合本规则规定的标准
财务标准	（1）预计市值不低于 2 亿元，最近两年净利润均不低于 1 500 万元且加权平均净资产收益率平均不低于 8%，或者最近一年净利润不低于 2 500 万元且加权平均净资产收益率不低于 8% （2）预计市值不低于 4 亿元，最近两年营业收入平均不低于 1 亿元，且最近一年营业收入增长率不低于 30%，最近一年经营活动产生的现金流量净额为正 （3）预计市值不低于 8 亿元，最近一年营业收入不低于 2 亿元，最近两年研发投入合计占最近两年营业收入比例不低于 8% （4）预计市值不低于 15 亿元，最近两年研发投入合计不低于 5 000 万元

资料来源：《北交所上市规则》。

从上市路径来看，对于新三板企业来说，精选层直接整体平移至北交所上市，无须审核；创新层企业运行满 12 个月之后可以提交申请在北交所上市；基础层企业则满足进入创新层后运行 12 个月可以申请在北交所上市。对于非新三板企业来说，可以通过先在新三板基础层或者创新层上市，满足条件之后再申请在北交所上市（见表 7-8）。

表 7-8　北交所上市路径

分类	条件	审批流程
精选层	—	直接整体平移，无须审核
创新层	运行满 12 个月	提交申请→北交所出具同意函→证监会同意注册
基础层	进入创新层需要达到三个标准： （1）最近两年净利润均不低于 1 000 万元，最近两年加权平均净资产收益率平均不低于 8%，股本总额不少于 2 000 万元 （2）最近两年营业收入平均不低于 6 000 万元，且持续增长，年均复合增长率不低于 50%，股本总额不少于 2 000 万元 （3）最近有成交的 60 个做市或者集合竞价交易日的平均市值不低于 6 亿元，股本总额不少于 5 000 万元；采取做市交易方式的，做市商家数不少于 6 家	

续表

分类	条件	审批流程
非新三板企业	满足进入基础层的条件： 符合基础层进入创新层 3 套标准的标准 1 或标准 2；或在挂牌时即采取做市交易方式，完成挂牌同时定向发行股票后，公司股票市值不低于 6 亿元，股本总额不少于 5 000 万元，做市商家数不少于 6 家，且做市商做市库存股均通过本次定向发行取得。 完成挂牌同时定向发行股票，且融资金额不低于 1 000 万元。完成挂牌同时定向发行股票后，符合全国股转系统基础层投资者适当性条件的合格投资者人数不少于 50 人	提交申请→北交所出具同意函→中国证监会同意注册

7.2.2 北交所"创新层"企业名录

根据《北交所上市规则》，北交所上市公司主要由精选层和创新层产生。在创新层方面，在全国股转系统连续挂牌满 12 个月的创新层挂牌公司可以申请到北交所上市，符合这一条件的创新层公司高达 569 家，总市值 3 960 亿元。

从行业分布来看，新三板创新层存量企业主要工业、信息技术、材料板块为主。创新层挂牌企业在工业（182 家，占比 31.99%）、信息技术（134 家，占比 23.55%）、材料（86 家，占比 15.11%）等板块分布较多，而在金融（1 家）、电信服务（3 家）行业较少；细分行业视角下，工业机械（46 家）、电气部件与设备（33 家）、互联网软件与服务（32 家）、调查和咨询服务（28 家）及信息科技咨询与其他服务（28 家）等行业的新三板精选层挂牌企业数据较多（见图 7-3）。

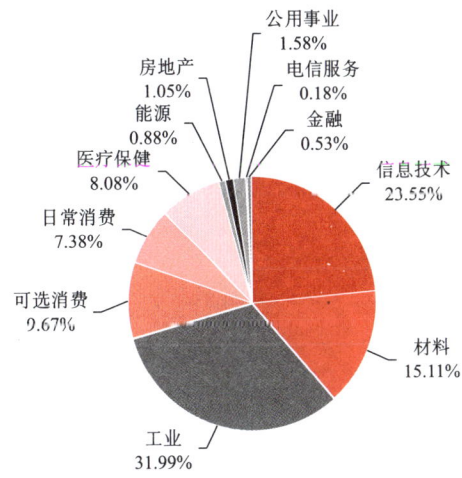

图 7-3 北交所"创新层"企业行业分布

数据来源：Wind 资讯。

从市值角度来看，新三板创新层挂牌企业普遍市值较低。市值超过 50 亿元的公司仅有 10 家（见表 7-9），占北交所"创新层"企业名录不到 2%，绝大部分公司市值位于 50 亿元以下（占比约为 98%），而其中又以 5 亿~20 亿元市值规模的企业居多（289 家）。市值超过 50 亿元的仅有 10 家企业，市值超过 100 亿元的仅有 3 家企业，分别为永安期货（398 亿元）、华强方特（136 亿元）及巨正源（122 亿元）。

表 7-9　　　　　　　　北交所"创新层"企业市值前十位

证券代码	证券简称	细分行业	总市值（亿元）	PE（TTM）（倍）	PB（MRQ）（倍）	上市日期
833840.NQ	永安期货	投资银行业与经纪业	397.85	26.97	4.67	2015-10-28
834793.NQ	华强方特	电影与娱乐	135.98	23.63	1.29	2015-12-28
831200.NQ	巨正源	石油天然气设备与服务	122.73	17.54	4.13	2014-10-17
838402.NQ	硅烷科技	工业气体	82.14	89.96	12.51	2016-08-17
832898.NQ	天地壹号	软饮料	75.47	23.66	4.37	2015-08-20
832982.NQ	锦波生物	生物科技	65.44	112.52	19.44	2015-07-24
873083.NQ	博菱电器	家用电器	61.21	69.28	10.68	2018-11-23
430277.NQ	圣商教育	调查和咨询服务	59.97	132.01	47.93	2013-08-08
430005.NQ	原子高科	西药	59.86	20.28	3.11	2006-07-28
832800.NQ	赛特斯	信息科技咨询与其他服务	50.89	29.56	2.90	2015-07-22

数据来源：Wind 资讯。截至 2021 年 9 月 15 日。

从研发角度看，新三板创新层整体研发支出逐年增长，2020 年研发费用共计 88.31 亿元，同比增长 6.7%。研发费用占营业收入比重变化不大，维持在 2% 左右，可见创新层研发费用支出并不高（见图 7-4）。

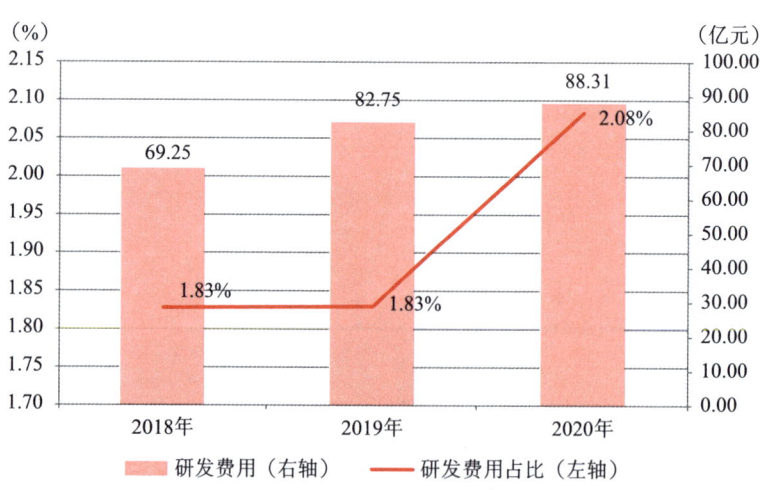

图 7-4　北交所"创新层"研发费用占比

数据来源：Wind 资讯。

7.2.3 北交所"精选层"企业名录

根据《北交所上市规则》，北交所上市公司主要由精选层和创新层产生。在精选层方面，现有 66 家公司中，对于四套标准基本均有覆盖，其中以第一套标准进入精选层的公司占绝大多数。这 66 家直接平移至北交所上市，满足北交所上市标准的公司总市值达到了 2 282.51 亿元（截至 2021 年 9 月 15 日）。

从行业分布来看，新三板精选层存量企业以制造业为主。精选层挂牌企业主要分布于工业（30.3%）、信息技术（21.2%）、材料（15.2%）等板块；细分行业视角下，工业机械（9 家）、金属（4 家）、电气设备（3 家）、电子设备（3 家）等行业的新三板精选层挂牌企业数据较多。

从市值角度来看，新三板精选层挂牌企业普遍市值较低（见表 7 - 10）。大部分公司市值位于 50 亿以下（占比约为 91%），而其中又以 10 亿~20 亿元市值规模的企业居多。市值超过 50 亿元的仅有 6 家企业，市值超过 100 亿元的仅有 2 家企业，分别为贝特瑞（694 亿元，截至 2021 年 9 月 15 日）、连城数控（268 亿元，截至 2021 年 9 月 15 日）。

表 7 - 10　　　　　　　　北交所"精选层"企业名录

证券代码	证券简称	上市日期	是否专精特新企业	细分行业	总市值（亿元）	PE（TTM）（倍）	PB（MRQ）（倍）
830964.NQ	润农节水	2020 - 07 - 27	1	建筑产品	13.01	24.23	1.62
832317.NQ	观典防务	2020 - 07 - 27	1	信息科技咨询与其他服务	59.50	101.95	6.62
833874.NQ	泰祥股份	2020 - 07 - 27	1	汽车制造	18.70	22.65	3.49
834475.NQ	三友科技	2020 - 07 - 27	1	工业机械	14.29	34.74	4.41
835640.NQ	富士达	2020 - 07 - 27	1	通信设备	43.55	45.92	7.45
830839.NQ	万通液压	2020 - 11 - 09	1	工业机械	13.67	22.58	3.42
832000.NQ	安徽凤凰	2020 - 12 - 23	1	机动车零配件与设备	8.13	16.21	1.74
836239.NQ	长虹能源	2021 - 02 - 09	1	电气部件与设备	84.10	37.38	9.86
833523.NQ	德瑞锂电	2021 - 06 - 03	1	消费电子产品	18.44	56.17	5.29
832885.NQ	星辰科技	2021 - 07 - 08	1	电子设备和仪器	22.52	54.92	7.10
835174.NQ	五新隧装	2021 - 08 - 20	1	工业机械	18.92	18.84	4.64
835305.NQ	云创数据	2021 - 08 - 26	1	数据处理与外包服务	29.06	39.70	5.66
430198.NQ	微创光电	2020 - 07 - 27	0	通信设备	13.14	30.78	2.74
430418.NQ	苏轴股份	2020 - 07 - 27	0	工业机械	12.40	18.02	2.37
430489.NQ	佳先股份	2020 - 07 - 27	0	基础化工	10.55	35.27	2.42

续表1

证券代码	证券简称	上市日期	是否专精特新企业	细分行业	总市值（亿元）	PE（TTM）（倍）	PB（MRQ）（倍）
830799.NQ	艾融软件	2020-07-27	0	应用软件	24.14	44.70	7.30
830946.NQ	森萱医药	2020-07-27	0	西药	30.14	20.19	3.18
831010.NQ	凯添燃气	2020-07-27	0	燃气	12.90	17.92	2.39
831370.NQ	新安洁	2020-07-27	0	环境与设施服务	19.91	28.06	2.40
831445.NQ	龙竹科技	2020-07-27	0	家用器具与特殊消费品	22.59	31.08	5.91
831961.NQ	创远仪器	2020-07-27	0	电子设备和仪器	28.47	58.43	4.19
832278.NQ	鹿得医疗	2020-07-27	0	医疗保健设备	19.98	35.43	5.46
833266.NQ	生物谷	2020-07-27	0	中药	17.51	24.64	1.74
833819.NQ	颖泰生物	2020-07-27	0	化肥与农用化工	86.42	26.55	1.88
833994.NQ	翰博高新	2020-07-27	0	基础化工	44.17	29.27	3.40
834021.NQ	流金岁月	2020-07-27	0	信息科技咨询与其他服务	14.09	23.92	2.32
834415.NQ	恒拓开源	2020-07-27	0	互联网软件与服务	8.81	35.45	1.79
834682.NQ	球冠电缆	2020-07-27	0	电气部件与设备	16.47	20.83	1.81
835184.NQ	国源科技	2020-07-27	0	互联网软件与服务	12.54	47.41	1.80
835185.NQ	贝特瑞	2020-07-27	0	金属非金属	693.86	69.03	10.17
835368.NQ	连城数控	2020-07-27	0	工业机械	268.26	60.22	12.52
835508.NQ	殷图网联	2020-07-27	0	信息科技咨询与其他服务	5.99	53.09	2.86
836149.NQ	旭杰科技	2020-07-27	0	建筑产品	6.79	33.94	3.55
836263.NQ	中航泰达	2020-07-27	0	复合型公用事业	8.45	60.13	1.87
836433.NQ	大唐药业	2020-07-27	0	中药	14.46	20.63	2.90
837242.NQ	建邦科技	2020-07-27	0	综合支持服务	8.83	20.79	2.19
838163.NQ	方大股份	2020-07-27	0	纸包装	10.80	27.51	3.03
839167.NQ	同享科技	2020-07-27	0	金属非金属	21.67	34.18	6.82
839729.NQ	永顺生物	2020-07-27	0	西药	44.01	47.85	6.55
871396.NQ	常辅股份	2020-11-18	0	工业机械	7.02	20.54	2.99
430047.NQ	诺思兰德	2020-11-24	0	生物科技	27.99	-58.91	10.88
838030.NQ	德众汽车	2020-11-27	0	汽车零售	9.35	15.88	2.06
835670.NQ	数字人	2020-12-08	0	应用软件	8.19	29.23	3.44
831856.NQ	浩淼科技	2020-12-25	0	机动车零配件与设备	6.86	26.84	1.71
430510.NQ	丰光精密	2020-12-28	0	工业机械	24.16	53.04	8.09
836675.NQ	秉扬科技	2020-12-28	0	金属非金属	19.70	31.28	4.02
837344.NQ	三元基因	2021-01-08	0	生物科技	28.36	128.91	5.54
833509.NQ	同惠电子	2021-01-11	0	电气部件与设备	15.78	38.05	5.70
836826.NQ	盖世食品	2021-01-12	0	食品加工与肉类	7.13	24.80	3.88

续表2

证券代码	证券简称	上市日期	是否专精特新企业	细分行业	总市值亿元	PE（TTM）（倍）	PB（MRQ）（倍）
838275.NQ	驱动力	2021-01-25	0	食品加工与肉类	9.94	22.18	4.00
833427.NQ	华维设计	2021-02-05	0	调查和咨询服务	10.52	18.10	3.17
832735.NQ	德源药业	2021-02-19	0	西药	14.97	21.42	2.33
834599.NQ	同力股份	2021-02-22	0	建筑机械与重型卡车	42.08	13.60	2.60
830832.NQ	齐鲁华信	2021-02-23	0	基础化工	11.32	21.85	1.60
832225.NQ	利通科技	2021-02-25	0	工业机械	7.36	16.15	1.89
831726.NQ	朱老六	2021-05-27	0	食品加工与肉类	12.57	22.88	2.99
837212.NQ	智新电子	2021-06-08	0	电子设备和仪器	15.79	29.60	4.74
831768.NQ	拾比佰	2021-06-28	0	金属非金属	16.35	18.91	2.53
834765.NQ	美之高	2021-07-05	0	家庭装饰品	7.16	14.05	2.18
839946.NQ	华阳变速	2021-07-20	0	机动车零配件与设备	8.81	16.63	3.99
871553.NQ	凯腾精工	2021-08-06	0	工业机械	8.26	23.53	3.00
430090.NQ	同辉信息	2021-08-09	0	半导体产品	8.00	28.14	3.15
832566.NQ	梓橦宫	2021-08-13	0	中药	12.41	17.99	2.99
871642.NQ	通易航天	2021-08-16	0	航天航空与国防	13.85	37.28	7.44
831039.NQ	国义招标	2021-08-18	0	综合支持服务	15.00	18.90	3.16
836077.NQ	吉林碳谷	2021-08-31	0	化纤	92.34	44.56	18.51

注："1"表示"是"，"0"表示"否"。
数据来源：Wind资讯。

7.3 北交所"专精特新"投资地图

北交所多次强调坚持"服务创新性中小企业市场"的定位，意味着在某一细分领域有自身特色的中小型企业借助北交所将有更多发展的机会。相比科创板对企业"符合国家战略、突破关键核心技术、市场认可度高"的科技创新属性的要求，北交所对行业没有任何要求，只要满足"专精特新"的标准就有在北交所上市的机会。这种限制性小又灵活性高的机制，将会激活一大部分偏传统行业的企业，或者不具有科创属性的中小型企业到北交所上市。

7.3.1 北交所"专精特新"企业投资地图

从"专精特新"小巨人企业来看，截至目前所认定的小巨人企业共4 762家，按照工信部统计口径，若将5个计划单列市单独列出不计入本省数据，则上榜数量排名前六位省份依次为浙江、江苏、山东、广东、上海、北京，均超过250家。

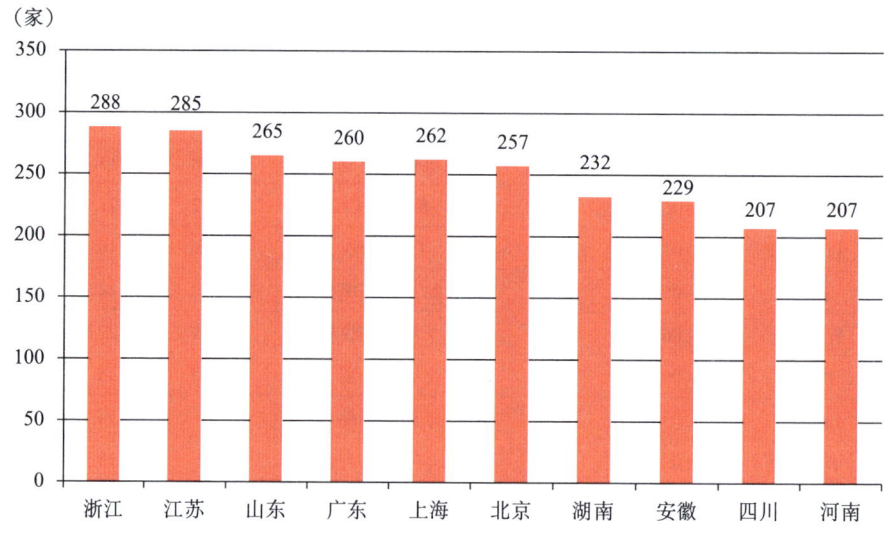

图7-5 "专精特新"小巨人企业数量地域分布TOP10

数据来源：工信部网站。

经过三批专精特新"小巨人"企业名单全面筛选，在具备北交所上市标准和专精特新称号的三板企业有86家。具备北交所上市要求且拥有"专精特新"称号的企业主要为医药保健、信息技术、消费、工业以及材料五大行业（见表7-11）。

表7-11 北交所"专精特新"行业分布

行业	涉及领域	企业数量（家）
医药	兽药、医疗器械、中成药和化药	7
信息技术	军工用品、信息系统、集成电路、智能制造装备	22
消费	汽车及零部件、锂一次性电池	12
工业	新能源、绝缘材料、电气元器件、水利及电化学	27
材料	新型材料、磨料产品、农药、超高压部件、特种石墨	18

数据来源：Wind资讯。

从北交所"专精特新"企业来看，河南、山东、福建、广东、浙江、北京是北交所"专精特新"企业扎堆上市的集结地，这些省市分别有9家、8家、7家、7家、7家及6家北交所"专精特新"企业（见表7-12）。

表 7-12　　　　　　　　北交所"专精特新"企业地域分布

地域分布	数量（家）	地域分布	数量（家）
河南省	9	江苏省	3
山东省	8	四川省	3
福建省	7	湖南省	2
广东省	7	辽宁省	2
浙江省	7	陕西省	2
北京	6	云南省	2
山西省	5	广西壮族自治区	1
上海	5	江西省	1
安徽省	4	内蒙古自治区	1
河北省	4	天津	1
湖北省	4	重庆	1

数据来源：Wind 资讯。

7.3.2　北交所"专精特新"企业投资价值

从全部北交所"专精特新"企业整体（86 家）来看，同时具备北交所上市标准和专精特新称号的新三板企业（简称北交所"专精特新"新三板企业）具备估值和成长方面巨大的投资价值：

（1）从估值角度看，北交所"专精特新"新三板企业有着较低 PE。截至 2021 年 9 月 24 日，北交所"专精特新"新三板企业 23.53 倍，同期可类比的创业板指平均 PE 为 49.84 倍，科创 50 平均 PE 为 59.72 倍，可见这些企业登录北交所后有着较大估值溢价空间（见图 7-6）。

（2）从成长角度看，北交所"专精特新"新三板企业有着较高营收和净利润增速。2020 年年报显示，北交所"专精特新"新三板企业营业收入和净利润增速分别为 14.98% 和 34.07%，同期创业板指营业收入和净利润增速为 6.29% 和 31.89%，科创 50 营业收入和净利润增速分别为 18.45% 和 41.78%。可见，满足北交所"专精特新"的这类新三板公司涵盖了专精特新企业的优质赛道高增速能力，有着较高的成长性（见图 7-7）。

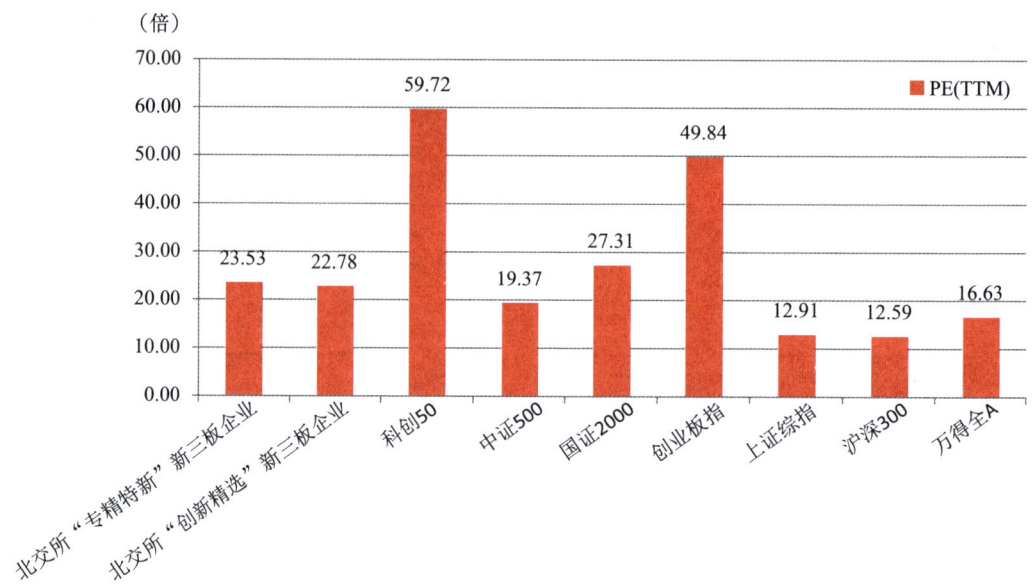

图 7-6 北交所"专精特新"企业估值

数据来源：Wind 资讯。数据截止到 2021 年 9 月 24 日。

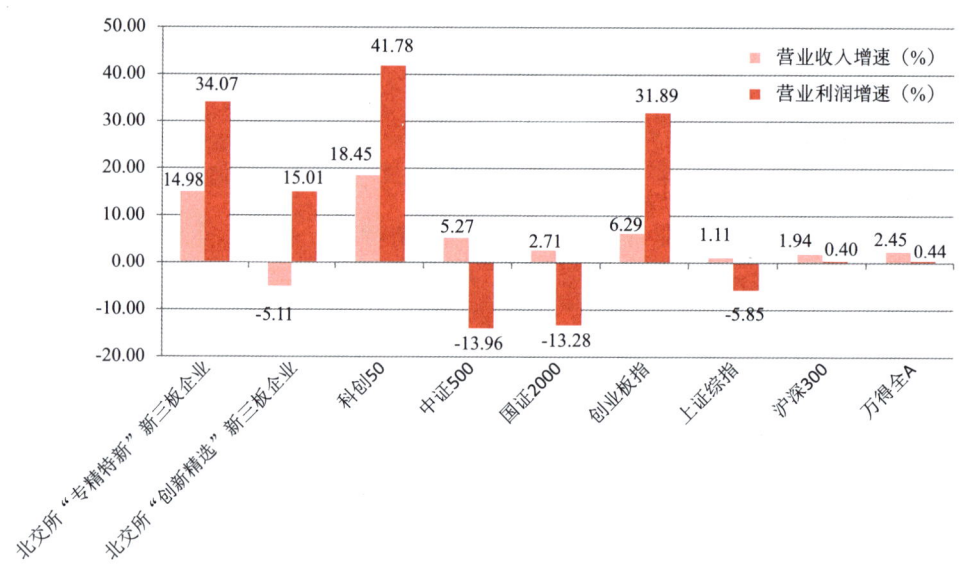

图 7-7 北交所"专精特新"企业营收及净利润增速

数据来源：Wind 资讯。

（3）从市场表现来看，北交所"专精特新"新三板企业超额收益显著。从过去两年涨跌幅来看，北交所"专精特新"新三板企业 2020 年和 2021 年初至今涨跌幅分别为 73.95% 和 107.03%，同期创业板指的 2020 年和 2021 年初至今涨跌幅为 28.02% 和 9.00%，科创 50 的 2020 年和 2021 年初至今涨跌幅为 43.66% 和 13.07%。可见，满足北交所"专精特新"新三板企业因有着较高的成长性和技术优势，受到资金的不断关注（见图7-8）。

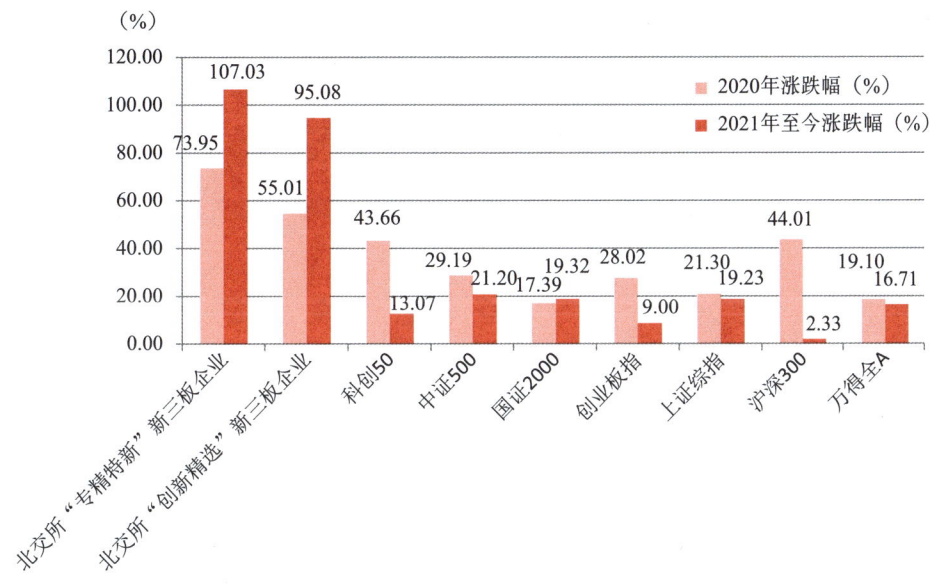

图7-8 北交所"专精特新"企业市场表现

数据来源：Wind资讯。数据截止到2021年9月24日。

（4）从市值来看，北交所"专精特新"新三板企业未来市值发展空间广阔。截至2021年9月24日，北交所"专精特新"新三板企业平均市值仅为10.24亿元，而上证50、沪深300、创业板指、科创50、万得全A、国证2000的平均市值分别高达303.72亿元、1554.23亿元、126.91亿元、464.72亿元、206.66亿元和69.39亿元（见图7-9）。可见，满足北交所"专精特新"新三板企业进入北交将获得机构投资者更多关注，未来的市值增长空间广阔。

从满足北交所"专精特新"企业名录来看，采用成长性、估值、市场表现角度进行筛选，筛选出北交所"专精特新"投资重点关注名录58家，有医疗保健行业的永顺生物（839729.NQ）、信息技术行业的富士达（835640.NQ）、工业机械行业的连城数控（835368.NQ）、材料行业的贝瑞特（835185.NQ）。

7.3.2.1 医疗保健行业：永顺生物（839729.NQ）

（1）公司简介：

永顺生物是一家集兽用生物制品研发、生产、销售和技术服务为一体的生物医药企业，主要产品为猪用疫苗和禽用疫苗。公司自成立以来持续进行科研创新，已建立了一支由多名兽用生物制品行业专家领衔、多名硕士及以上学历人员组成的高端技术研发队伍。公司在展开自主研发的同时，积极与中监所、中国动物卫生与流行病学中

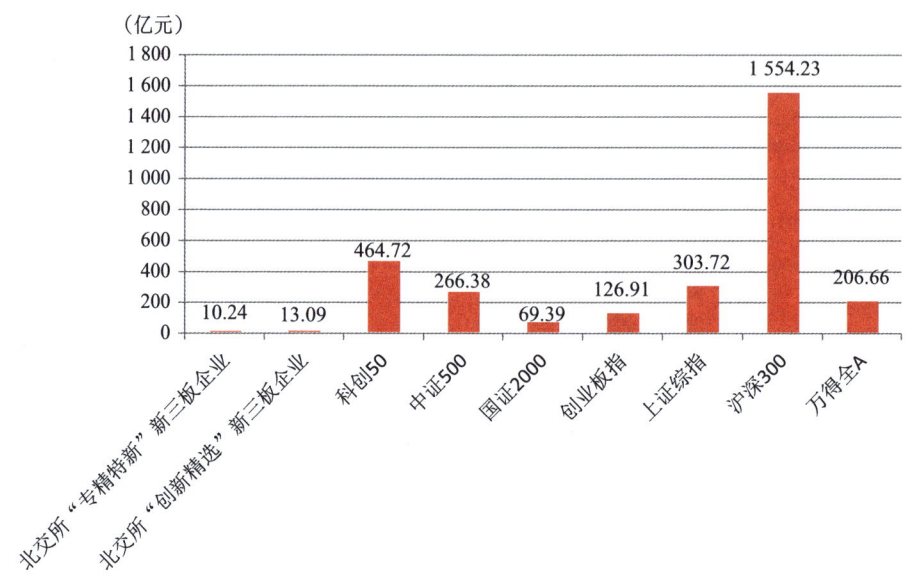

图7-9 北交所"专精特新"企业平均市值

数据来源：Wind资讯。数据截止到2021年9月24日。

心、兰兽研、中国科学院南海海洋研究所、广东省动物疫病预防控制中心、动物卫生研究所、中山大学、华东理工大学、华南农业大学、广东海洋大学、扬州大学等十余家科研机构与院所展开合作研发，并根据市场需求和公司战略进行技术引进。通过自主研发、合作研发及技术引进相结合的科研模式，公司先后承担了国家"863"计划和国家科技支撑计划等各类国家级、省部级、市级、区级科技项目，公司官网数据显示，公司取得多项技术研究成果与奖项。

（2）主要看点：

- 动物疫苗行业市场规模在海内外不断扩大，发展势态较好。据中研普华产业研究院数据显示：自2016年至2018年全球兽用疫苗市场规模从106.3亿美元增长至132.5亿美元，其CAGR为11.65%；国内兽用疫苗市场规模从116.2亿元增长至155亿元，其CAGR达15.49%。

- 公司核心疫苗产品优势突出。根据公司官网数据，畜用疫苗方面，猪瘟疫苗的市场份额于2017年和2018年均位居国内行业第一；高致病性猪蓝耳活疫苗的市场份额于2017年和2018年均位居行业第二。禽用疫苗方面，禽流感灭活疫苗的市场份额于2017年和2018年均位居行业第六。除深耕猪用、禽用疫苗外，公司积极布局水产疫苗。

- 公司在同业公司中具有自身优势。盈利能力上，公司动物疫苗业务整体毛利率处于行业中上游水平，2020年永顺生物的疫苗销售业务毛利率为65.33%。研发投入上，公司研发费用占营收比重处于行业中游，近几年维持在7%~8%，2020年研发费用营收占比达 7.26%。

• 公司 2021 年上半年业绩保持恢复性增长，实现营业收入同比增长 15.58% 至 1.88 亿元，实现归母净利润同比增长 25.45% 至 0.58 亿元。

7.3.2.2　信息技术：富士达（835640.NQ）

（1）公司简介：

富士达主营业务为射频同轴连接器、射频同轴电缆组件、射频电缆等产品的研发、生产和销售。公司拥有十项 IEC 国际标准，是我国射频连接器行业拥有 IEC 国际标准最多的企业。公司产品广泛应用于通信及防务市场，主要客户包括华为、RFS 等全球知名通信设备厂商以及中国航天科技集团、中国电子科技集团等国内军工集团下属企业或科研院所等。公司核心技术均具有完全的自主知识产权。公司是陕西省省级企业技术中心和西安市市级企业技术中心，获得"中国驰名商标""国家知识产权示范企业""中国标准创新贡献奖""国家 4A 级标准化良好行为示范企业""陕西省质量管理奖""西安市质量管理奖"等荣誉（Wind，公司公告）。

（2）主要看点：

• 国内射频同轴连接器领头羊，技术壁垒深厚。公司拥有 10 项 IEC 国际标准，是我国射频连接器行业拥有 IEC 国际标准最多的企业。公司作为自主创新和高质量发展的典范，申请获得国家技术专利 70 项，共制/修订国家标准 9 项；制/修订国家军用标准 20 项；参与制/修订通信行业标准 2 项。产品广泛应用于通信及防务市场（Wind，公司公告）。

• 5G 及通信设备小型化、模块化、高频化趋势下，射频同轴连接器的需求量大增。根据中国电子元件行业协会信息中心的数据：从 2020 年到 2025 年，我国连接器市场规模 CAGR 为 7.70%，2025 年市场规模将达到 354 亿美元。公司客户资源稳定，主要客户为华为、RFS（安弗施无线射频系统有限公司）等全球知名通信设备厂商以及中国航天科技集团、中国电子科技集团等国有企业（Wind，公司公告）。

7.3.2.3　工业机械：连城数控（835368.NQ）

（1）公司简介：

连城数控是技术领先的光伏及半导体行业晶体硅生长和加工设备供应商，为光伏及半导体行业客户提供高性能的单晶炉、线切设备、磨床、硅片处理设备和氩气回收装置等产品。公司已经深入理解并掌握晶体硅生长设备及多线切割设备的关键技术和工艺，主要产品是晶体硅生长和加工设备，包括单晶炉、线切设备、磨床、硅片处理设备和氩气回收装置等。

（2）主要看点：

• 专注晶硅设备，技术领先进口替代。公司自成立以来一直专注于晶体硅生长设备、加工设备的技术研发。公司率先研制出具备自主知识产权的单/多晶多线切割机产品，填补了国内空白，其张力控制技术和控制精度等均居于国际领先水平。其后陆续推出金刚线切片、切方、切断、磨床等设备。据公司 2020 年 7 月 18 日公开发行说明书，截至 2020 年 5 月末公司拥有 4 项发明专利和 38 项实用新型专利，并推出 24 英寸超大直径半导体级直拉单晶炉为代表的新产品，公司产品结构更加丰富。

• 公司是国内少数几家可以集单晶硅生长设备与加工设备为一体的研发、制造、销售企业之一，技术水平和产品性能均已接近或达到国外同行业先进水平，据前述发行书，公司产品与国外企业的产品相比，拥有明显的产品性价比优势。

7.3.2.4　材料：贝瑞特（835185.NQ）

（1）公司简介：

贝瑞特是一家以技术创新为引领，以技术领先、产品及产业链布局完善、国际与国内主流客户并重为特色，以锂离子电池负极材料和正极材料为核心产品，行业地位突出的新能源材料研发与制造商。公司秉承"创新引领"的核心价值观和经营理念，始终坚持以技术创新为引领，通过持续研发投入，取得了丰硕的技术研发成果。公司围绕锂离子电池正负极材料为核心的新能源材料领域形成了完善的产品及产业链布局。

（2）主要看点：

• 天然石墨负极产业链优势明显，人造石墨负极发展提速。公司为国内最早量产硅基负极材料的企业之一，出货量连续 7 年位列全球第一，目前已形成由天然石墨负极材料、人造石墨负极材料和新型负极材料为主体的负极材料产品体系，其中，公司在天然石墨负极材料产业链方面具备优势，已建立从石墨矿开采到天然石墨负极材料产成品的完整产业链；2021 半年报披露，报告期内，公司与益大新材、京阳科技就针状焦领域签署合作协议，加速公司在人造石墨负极材料端拓展进度。此外，公司于 2021 年大举扩张锂电负极材料产能 10 万吨，缓解公司产能压力。

• 高镍产线产能持续释放，保证正极材料稳定输出。公司于年内出售磷酸铁锂业务给龙蟠科技，旨在优化资产结构，聚焦于以 NCA 和 NCM811 为代表的高镍三元正极材料业务。公司三元材料专注于满足海内外企业高能量密度动力电池需求，2021 年江苏贝特瑞高镍产线产能持续释放，且常州贝特瑞于 6 月再次增资建设"年产 5 万吨锂电池高镍三元正极材料项目"，项目全部建成后将进一步保障公司在高镍三元材料上的稳定输出。

"专精特新"投资重点关注名录见表 7-13。

表 7-13　北交所"专精特新"投资重点关注名录

证券代码	证券简称	省份	总市值（亿元）	行业	细分行业	PE（TTM）（倍）	PB（MRQ）（倍）
837344.NQ	三元基因	北京	29.76	医疗保健	生物科技	135.28	5.81
839729.NQ	永顺生物	广东省	45.57	医疗保健	西药	49.55	6.78
832278.NQ	鹿得医疗	江苏省	20.22	医疗保健	医疗保健设备	35.87	5.53
833266.NQ	生物谷	云南省	17.92	医疗保健	中药	25.21	1.78
836433.NQ	大唐药业	内蒙古	15.08	医疗保健	中药	21.52	3.03
830946.NQ	森萱医药	江苏省	31.59	医疗保健	西药	21.16	3.33
832317.NQ	观典防务	北京	57.00	信息技术	信息科技咨询与其他服务	97.68	6.34
832885.NQ	星辰科技	广西	24.51	信息技术	电子设备和仪器	59.76	7.72
831961.NQ	创远仪器	上海	28.25	信息技术	电子设备和仪器	57.98	4.15
835508.NQ	殷图网联	北京	6.48	信息技术	信息科技咨询与其他服务	57.43	3.10
835640.NQ	富士达	陕西省	47.27	信息技术	通信设备	49.84	8.09
835184.NQ	国源科技	北京	13.04	信息技术	互联网软件与服务	49.33	1.87
830799.NQ	艾融软件	上海	23.94	信息技术	应用软件	44.33	7.24
835305.NQ	云创数据	江苏省	29.86	信息技术	数据处理与外包服务	40.80	5.82
834415.NQ	恒拓开源	河南省	9.16	信息技术	互联网软件与服务	36.84	1.86
837212.NQ	智新电子	山东省	18.90	信息技术	电子设备和仪器	35.43	5.67
430090.NQ	同辉信息	北京	9.97	信息技术	半导体产品	35.05	3.93
430198.NQ	微创光电	湖北省	13.22	信息技术	通信设备	30.96	2.76
834021.NQ	流金岁月	北京	14.74	信息技术	信息科技咨询与其他服务	25.02	2.43
831726.NQ	朱老六	吉林省	14.48	日常消费	食品加工与肉类	26.36	3.45
838275.NQ	驱动力	广东省	11.56	日常消费	食品加工与肉类	25.80	4.65
833523.NQ	德瑞锂电	广东省	20.43	可选消费	消费电子产品	62.22	5.86
831445.NQ	龙竹科技	福建省	22.28	可选消费	家用器具与特殊消费品	30.66	5.83
833874.NQ	泰祥股份	湖北省	19.07	可选消费	汽车制造	23.10	3.56
839946.NQ	华阳变速	湖北省	11.37	可选消费	机动车零配件与设备	21.45	5.15
838030.NQ	德众汽车	湖南省	11.32	可选消费	汽车零售	19.22	2.49
834765.NQ	美之高	广东省	8.14	可选消费	家庭装饰品	15.96	2.47
835368.NQ	连城数控	辽宁省	280.44	工业	工业机械	62.95	13.09
430510.NQ	丰光精密	山东省	26.95	工业	工业机械	59.16	9.02
836239.NQ	长虹能源	四川省	94.28	工业	电气部件与设备	41.91	11.06
833509.NQ	同惠电子	江苏省	17.18	工业	电气部件与设备	41.42	6.21
836149.NQ	旭杰科技	江苏省	7.64	工业	建筑产品	38.17	4.00
871642.NQ	通易航天	江苏省	13.93	工业	航天航空与国防	37.50	7.48
834475.NQ	三友科技	浙江省	14.82	工业	工业机械	36.01	4.57

续表

证券代码	证券简称	省份	总市值（亿元）	行业	细分行业	PE（TTM）（倍）	PB（MRQ）（倍）
835174.NQ	五新隧装	湖南省	28.38	工业	工业机械	28.26	6.96
871553.NQ	凯腾精工	北京	9.84	工业	工业机械	28.03	3.57
830964.NQ	润农节水	河北省	13.84	工业	建筑产品	25.79	1.72
830839.NQ	万通液压	山东省	14.70	工业	工业机械	24.28	3.68
871396.NQ	常辅股份	江苏省	7.97	工业	工业机械	23.33	3.39
834682.NQ	球冠电缆	浙江省	17.06	工业	电气部件与设备	21.56	1.87
831039.NQ	国义招标	广东省	16.54	工业	综合支持服务	20.84	3.48
833427.NQ	华维设计	江西省	11.74	工业	调查和咨询服务	20.18	3.54
430418.NQ	苏轴股份	江苏省	13.73	工业	工业机械	19.95	2.62
832225.NQ	利通科技	河南省	8.62	工业	工业机械	18.90	2.21
834599.NQ	同力股份	陕西省	44.17	工业	建筑机械与重型卡车	14.28	2.73
835185.NQ	贝特瑞	广东省	810.59	材料	金属非金属	80.64	11.88
836077.NQ	吉林碳谷	吉林省	114.71	材料	化纤	55.35	23.00
430489.NQ	佳先股份	安徽省	11.68	材料	基础化工	39.07	2.68
839167.NQ	同享科技	江苏省	23.71	材料	金属非金属	37.41	7.47
836675.NQ	秉扬科技	四川省	18.87	材料	金属非金属	29.95	3.85
838163.NQ	方大股份	河北省	11.44	材料	纸包装	29.15	3.22
833994.NQ	翰博高新	安徽省	43.64	材料	基础化工	28.91	3.36
833819.NQ	颖泰生物	北京	86.91	材料	化肥与农用化工	26.70	1.89
830832.NQ	齐鲁华信	山东省	12.52	材料	基础化工	24.15	1.77
831768.NQ	拾比佰	广东省	19.45	材料	金属非金属	22.50	3.01

数据来源：Wind 资讯。截至 2021 年 9 月 22 日。

下篇

北交所基础——新三板

第8章 什么是新三板？

8.1 新三板的历史沿革

新三板又称"全国中小企业股份转让系统"，是经国务院批准，依据《证券法》设立的全国性证券交易场所，也是第一家公司制证券交易所。全国中小企业股份转让系统有限责任公司为其运营机构，于2012年9月20日在国家工商总局注册，2013年1月16日正式揭牌运营，注册资本30亿元，注册地在北京。

新三板最早于2006年发源于北京中关村，以高科技企业为主。之所以称"新三板"，是因为还存在一个"老三板"，主要承载原STAQ、NET系统挂牌公司和主板退市企业的公司股权转让。2012年，上海张江高新技术产业开发区、武汉东湖新技术产业开发区和天津滨海高新区加入新三板试点，新三板扩大到4个国家级高新园区。2013年底，中国证监会宣布新三板扩大到全国，对所有公司开放。2019年10月25日，中国证监会宣布从优化发行融资制度、完善市场分层等五个方面对新三板进行全面改革，允许符合条件的创新层企业向不特定合格投资者公开发行股票；同时，设立精选层，在精选层挂牌一定期限且符合交易所上市条件和相关规定的企业，可以直接转板上市。2020年4月，《公募基金投资新三板股票指引》落地。2020年7月27日，精选层开闸运行，新三板多层次资本市场迈入新征程。2021年9月2日，习近平总书记在2021年中国国际贸易交易会全球服务贸易峰会致辞，宣布继续支持中小企业创新发展，深化新三板改革，设立北京证券交易所，打造服务创新型中小企业主阵地。

截至2021年9月17日，新三板挂牌企业合计7 261家，其中精选层66家，创新层1 247家，基础层5 948家。新三板历史改革见图8-1。

第8章 什么是新三板？

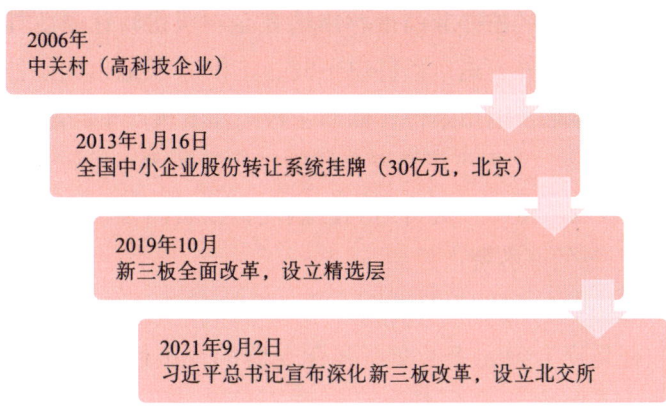

图 8-1 新三板的历史沿革

8.2 新三板在我国多层次资本市场中的定位

新三板是我国多层次资本市场的重要组成部分。我国资本市场主要分为五个层次，其中新三板的定位主要是为创新型、创业型、成长型中小微企业发展服务，这类企业普遍规模较小，尚未形成稳定的盈利模式（见图 8-2）。

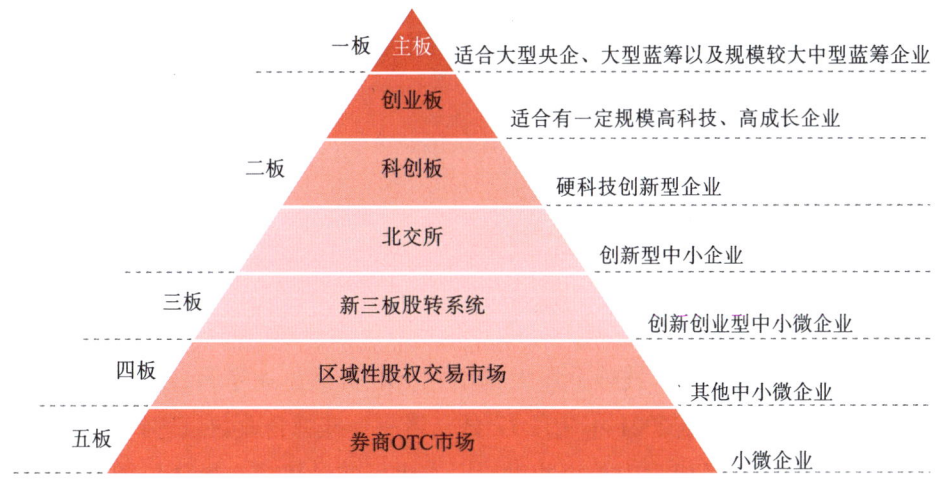

图 8-2 我国多层次资本市场的组成

新三板在和其他层次市场的关系上，既有竞争又有所区分。

从新三板与主板的关系来看，有两点非常重要的区别：

（1）上市及退市条件要求不同。新三板挂牌不设财务门槛，申请挂牌的公司可以尚未盈利，只要股权结构清晰、经营合法规范、公司治理健全、业务明确并履行信息披露义务的股份公司均可以经主办券商推荐申请在全国股份转让系统挂牌。而主板市场上市条件相对严苛得多。此外，退市条件也不同，主板 A 股退市的硬件是连续三年业绩亏损或净资产、营收指标触及退市条件，而新三板只需发现严重问题就需要退市。

（2）投资者群体不同。主板市场投资者结构以广泛的中小投资者为主，几乎没有门槛；而新三板实行了较为严格的投资者适当性制度，投资门槛较高，如对个人投资者设有 100 万~200 万元不等的证券资产限制。

从新三板和创业板、科创板关系来看，首先是性质不同。创业板、科创板属于二级股票市场；新三板是完全独立于上交所和深交所的全国性企业股权交易场所，暂时只能成为挂牌企业，不能称为"上市公司"。其次是门槛不同。创业板主要针对解决创业型企业、中小型企业及高科技产业企业等需要进行融资和发展而设立，成立时间、资本规模、中长期业绩等的要求比主板市场宽松，但比三板市场严格。而与科创板相比较，尽管两者都是服务于中小型企业，但科创板上市的企业必须是有一定规模的科技创新型企业，上市条件对行业的要求比新三板更高。

从新三板与北交所的关系来看，北交所设立后，目前新三板精选层挂牌公司将全部转为北交所上市公司。后续北交所上市公司，将从符合条件的精选层挂牌公司中产生，新三板基础层、创新层依然是全国性证券场所，基础层、创新层公司仍然是非上市公众公司。

另外，就新三板和区域股权市场的关系来看，区域股权交易中心的挂牌标准低于新三板，目前尚未有统一的管理制度，挂牌费用也更低，而且各地市场均按照自身需求制定了挂牌制度。

8.3 新三板市场的跨越式发展

在大众创业、万众创新的背景下，随着新三板扩容和做市商制度的出台，新三板市场取得了突飞猛进的大发展，挂牌企业大幅增加，融资额迅速攀升，涌现出千亿元市值企业和众多明星企业。截至 2021 年 9 月 17 日，新三板挂牌企业数量达到 7 261 家，总市值 34 487 亿元。新三板已成为中小企业对接资本市场的最热门选择（见图 8-3）。

新三板挂牌企业在各行业中的分布差异较大，其中，工业和信息技术最多，分别为 2 200 家和 1 884 家，其次为非日常生活消费品家数，有 1 029 家，接下来是原材料、医疗保健和日常消费品。电信、能源和金融也有一定占比，分别有 149 家、134 家和 98 家（见图 8-4）。

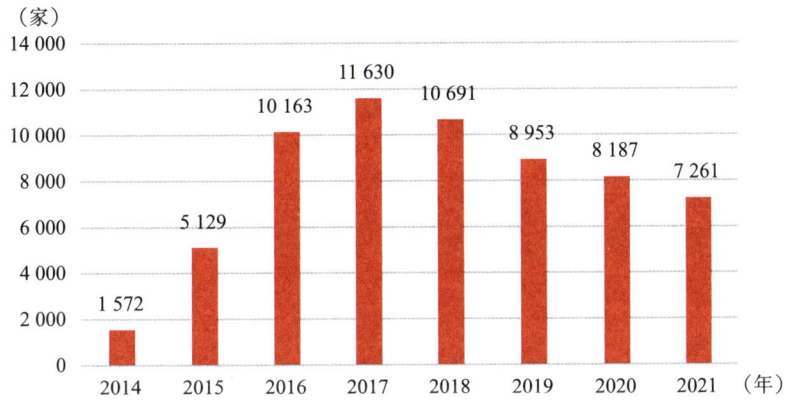

图 8-3 2014 年以来新三板企业挂牌数量增长情况

注：2021 年数据截止到 2021 年 9 月 17 日。
数据来源：Wind 资讯。

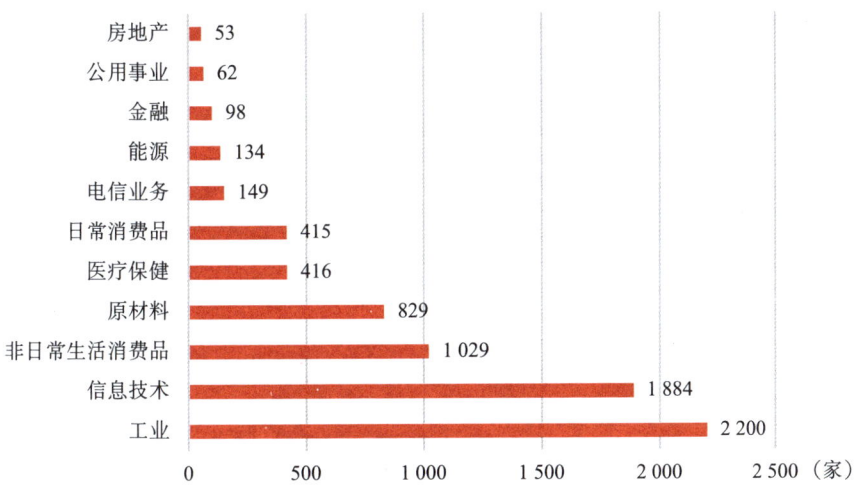

图 8-4 2021 年新三板企业各行业数量分布图

数据来源：Wind 资讯。

第9章 为什么选择新三板

9.1 中国企业可以在哪里上市

企业要上市,首先是要选择在哪里上市。放眼全球资本市场,截至2021年9月,已有828家境内企业选择在境外上市。其中,超过半数的企业(465家)选择在中国香港地区上市,其次为美国(284家)、新加坡(70家)和英国(9家)(占比见图9-1)。

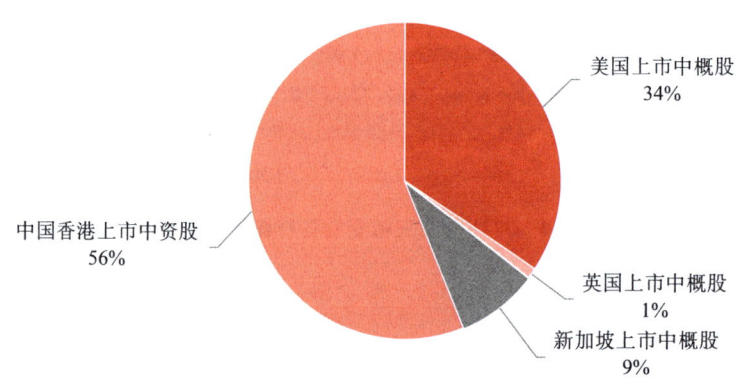

图9-1 中国境内企业在境外上市的数量分布

数据来源:Wind资讯。数据截至2021年9月21日。

具体到各个交易所来看,在香港联交所上市的中国H股企业数量多、实力强。截至2021年9月21日,上市企业290家,总市值23.6万亿元。按照企业境外上市市值排行,其余依次为纽约证券交易所(7.8万亿元)、纳斯达克(4.3万亿元)、香港红筹股(4.1万亿元)、伦敦证券交易所(1.6万亿元)、新加坡证券交易所(2 025亿元)和美国证券交易所(62亿元)(见图9-2)。

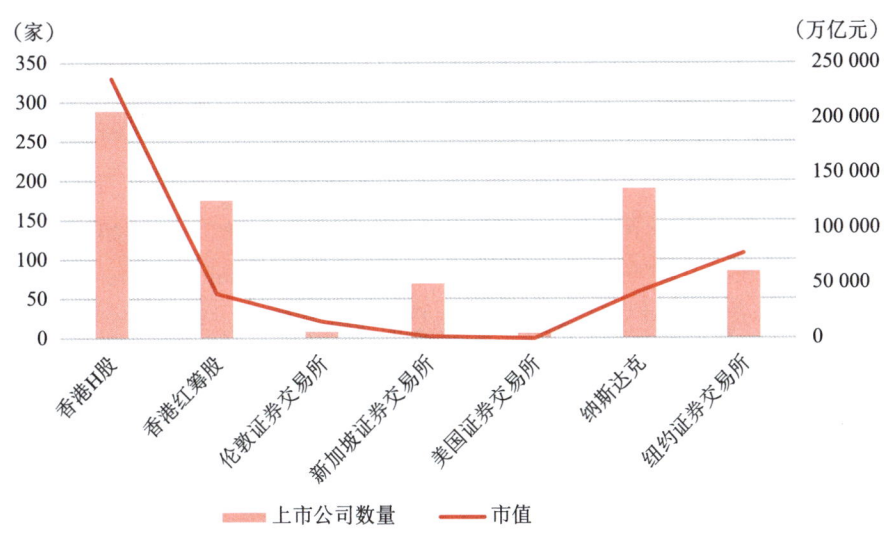

图 9-2　中国境内企业在境外交易所上市的数量和总市值分布

注：美元和港元用中国人民银行 2021 年 9 月 22 日汇率中间价换算成人民币，数据截至 2021 年 9 月 22 日。
数据来源：Wind 资讯。

选择在中国香港、美国、英国上市，一是这些资本市场层次丰富，可以满足不同条件的企业；二是资本市场资金容量大，提供了更为广阔的融资渠道；三是成熟资本市场具有较为稳定的制度预期。

而大部分的企业仍然选择了中国内地的资本市场。2021 年 9 月 17 日，已有 3 115 家企业在主板上市，拥有 74.69 万亿元市值，位居世界前列；而新三板的挂牌企业数量达到了 7 260 家，已经超过了纳斯达克的上市公司数量（见表 9-1）。

表 9-1　　　　　　　　　　中国内地各板块市场规模比较

指标	新三板	创业板	主板 A 股	科创板
上市/挂牌总数（家）	7 260	1 027	3 115	341
总股本（亿股）	4 818.45	5 013.33	71 110.04	1 205.23
总市值（万亿元）	2.48	12.93	74.69	5.07
股票成交数量（亿股）	1.5	134.56	881.74	8.73
股票成交金额（亿元）	15.3	2 447.79	10 521.16	459.06

数据来源：深圳证券交易所，Wind 资讯。数据截至 2021 年 9 月 17 日。

我们接下来将重点介绍在美国以及中国香港地区和内地各板块上市企业的基本情况，并对不同交易所上市的准入条件、上市费用、时间成本、交易制度等进行比较。

9.1.1　在美国上市

美国拥有世界上最大最成熟的资本市场，聚集了世界上绝大部分的游资和风险基金,同时具有多层次、多样性的特点,能够满足大型企业或中小民营企业的不同融资需求。美国的资本市场经历百年演化,形成了一个层次分明、在组织结构和功能上相互递进的金字塔形结构。

依据上市标准、上市公司的规模以及市场的开放程度,可以划分为四层:

- 第一层由纽交所(NYSE)、纳斯达克全球精选市场(NASDAQ Global Select Market,NASDAQ SM)、纳斯达克全球市场(NASDAQ Global Market,NASDAQ GM)组成,上市标准较高,主要是面向超级跨国大企业的全国性市场;
- 第二层由美国证券交易所(AMEX)和纳斯达克小资本市场(The NASDAQ Small–Cap Market、NASDAQ–SC)构成,主要是面向美国的高科技企业和美国中小企业的全国性市场;
- 第三层由辛辛那提证券交易所、芝加哥证券交易所、费城交易所、波士顿交易所等区域性交易所构建,是主要交易地方性企业证券的市场;
- 第四层由场外交易议价板市场(OTC BulROletin Board,OTCBB)、粉单市场(Pink Sheets Market)和属于第三市场和第四市场的灰单市场(Grey Market)组成,是主要面向美国小型公司证券交易的场外市场(见图9–3)。

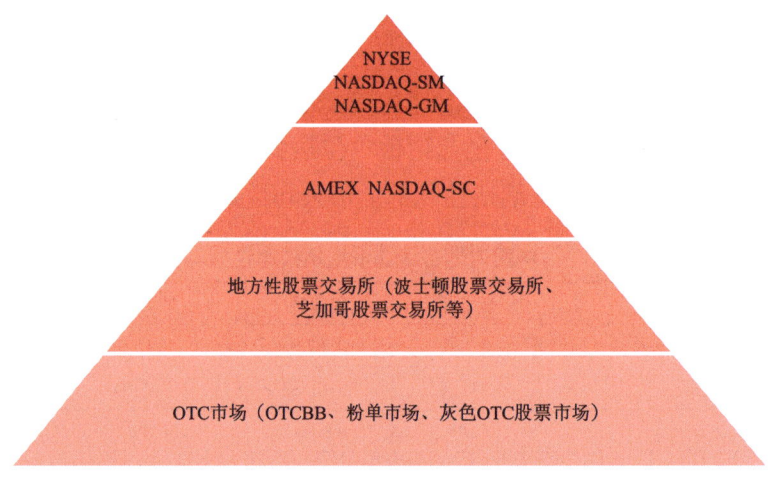

图9–3 美国多层次资本市场

资料来源:国信证券。

在美国上市的方式主要有两种:IPO和反向收购。

- IPO的主要选择是纽交所和纳斯达克。纽交所的主板市场主要面向成熟企业,中概股的明星企业包括阿里巴巴、中国人寿等(见图9–4)。纳斯达克分为三层,其中,纳斯达克全球精选市场主要用来吸引大盘蓝筹企业和其他两个层次中已经发展起来的企业;纳斯达克全球市场由国际化公司组成,门槛介于全球精选市场和资本市场之间;纳斯达克资本市场由新兴和成长型公司组成,上市门槛最低最灵活。纳斯达克中概股的明星企业以互联网企业为主,包括百度、京东、网易等(见图9-5)。平均来说纽交所的中概股市值和市盈率高于纳斯达克。

图 9-4 纽交所市值排名前十的中国企业

数据来源:Wind 资讯。数据截至 2021 年 9 月 17 日。

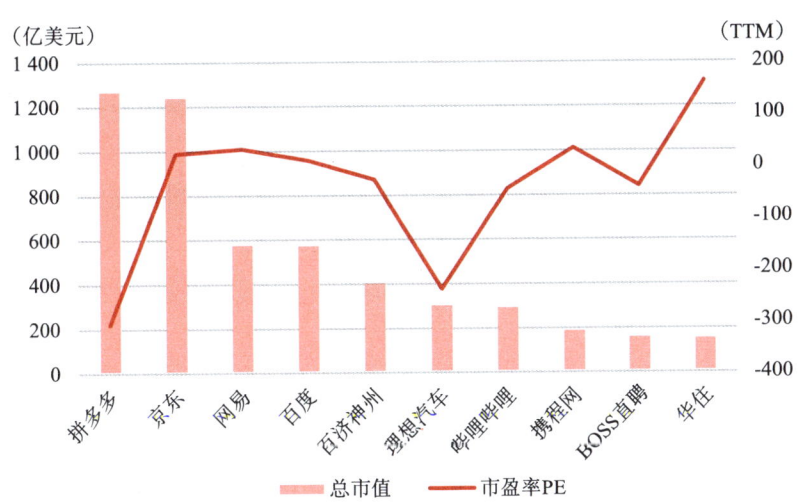

图 9-5 纳斯达克市值排名前十的中国企业

数据来源:Wind 资讯。数据截至 2021 年 9 月 17 日。

- 反向收购俗称买壳上市,即先"借壳"进入场外市场,再伺机转板上市。这一方式由于在时间和费用上比 IPO 少很多,较适用于中小企业;然而存在一个很大的风险,就是中国的反向收购公司,最终实现转板上市的实际上是少数,不到 1/3。未实现上市的企业,有的在 OTCBB 挂牌,有的退至粉单市场或完全退出美国资本市场。

9.1.2 在中国香港上市

中国香港地区具有地理、文化与资金等多方面的优势。首先，香港与内地具有高度融合的文化传统，是最能为内地企业接受的海外市场。其次，香港历来是世界主要的金融中心（仅次于纽约、伦敦、东京），在香港的资金来自全球，很多国际机构投资者将亚洲的总部设在香港。因此，从香港筹资等于是从全世界筹资。一旦成功在香港上市，就意味着从此登陆了浩瀚的国际资本市场。所以，很多内地大型企业海外上市首选香港。香港联交所为了鼓励内地大型企业，特别是国有企业赴港上市，于2004年初专门修改了上市规则，放宽大型企业赴港上市在盈利与业绩连续计算方面的限制，在一定程度上为这些大型国有企业赴港上市创造了更为便利的条件。

到中国香港上市的以大型国有或民营企业为主，上市的方式包括发行H股或红筹股，或买壳上市。

9.1.2.1 发行H股上市

中国内地注册的企业，可通过资产重组，经所属主管部门、国有资产管理部门（只适用于国有企业）及中国证监会审批，组建在中国注册的股份有限公司，申请发行H股在香港上市。

- 优点：企业对《公司法》和申报制度比较熟悉；中国证监会对H股上市，政策上较为支持，所需的时间较短，手续较直接。
- 缺点：未来公司股份转让或其他企业行为方面，受国内法规的牵制较多。不过，随着近年多家H股公司上市，香港市场对H股的接受能力已大为提高。

香港H股市值排名前十的企业见图9-6。

9.1.2.2 发行红筹股上市

红筹上市是指公司注册在境外，通常在开曼、百慕大或英属维尔京群岛等地，适用当地法律和会计制度，但公司主要资产和业务均在我国内地。

红筹股和H股的区别主要在于，发行H股的公司注册在中国内地，在境外资本市场的融资活动仍然需要境内监管机构的审批；发行红筹股的公司都有离岸架构（包括股权模式和VIE模式，见图9-7和图9-8），较为灵活，在境外资本市场的融资活动无须境内监管机构的审批。红筹公司的控股股东的股权在上市后6个月即可流通。

香港红筹股市值排名前十的内地企业见图9-9。

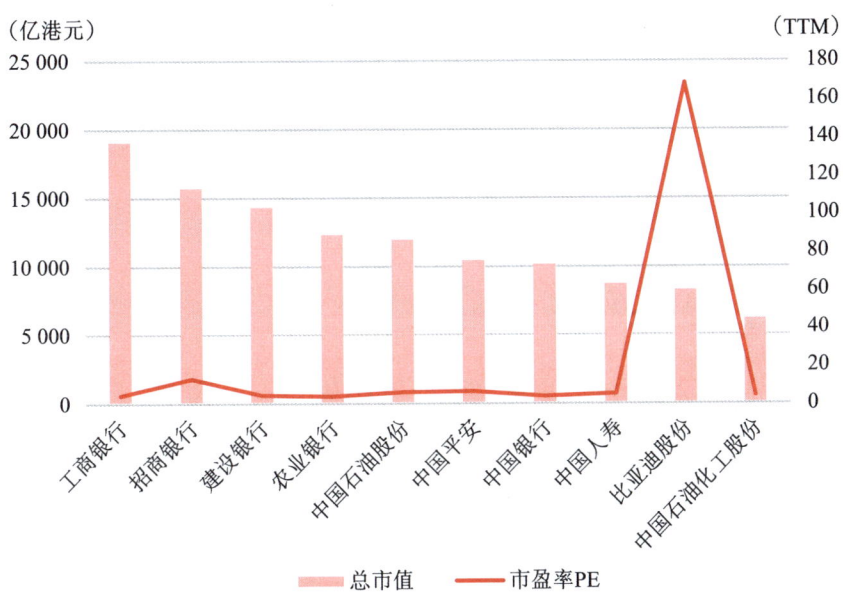

图 9-6 香港 H 股市值排名前十的企业

数据来源：Wind 资讯。数据截至 2021 年 9 月 17 日。

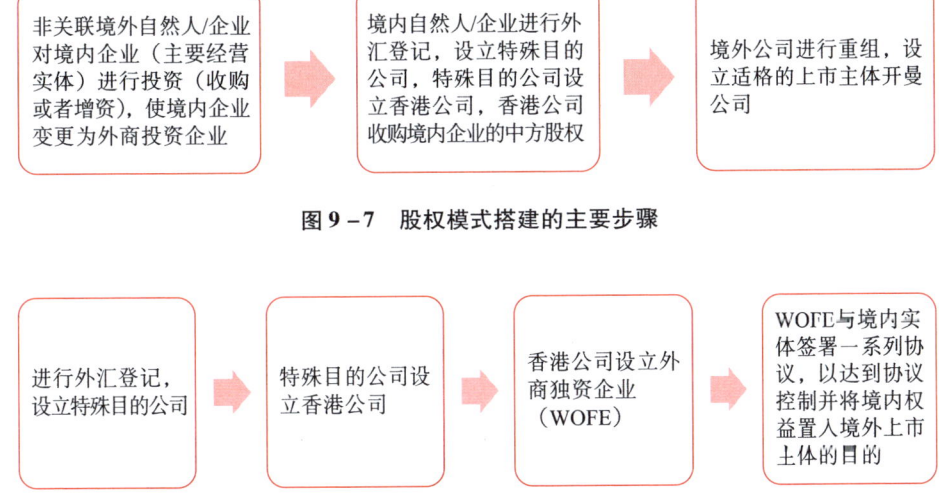

图 9-7 股权模式搭建的主要步骤

图 9-8 VIE 模式搭建的主要步骤

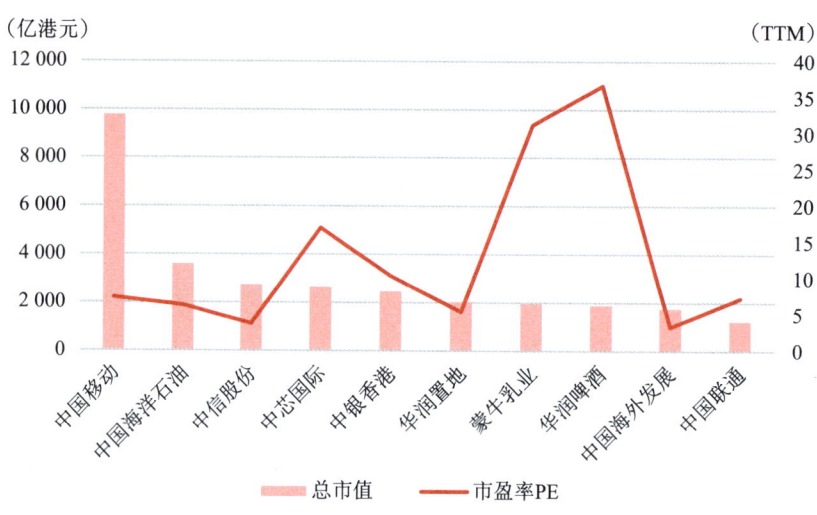

图 9-9 香港红筹股市值排名前十的中国内地企业

数据来源：Wind 资讯。数据截至 2021 年 9 月 17 日。

9.1.2.3 买壳上市

买壳上市是指向一家拟上市公司收购上市公司的控股权，然后将资产注入，达到"反向收购、借壳上市"的目的（见图 9-10）。

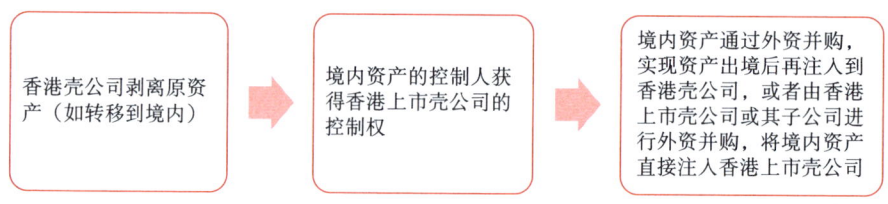

图 9-10 中国内地企业在香港买壳上市的主要步骤

该方式适用于股东有一定资金实力、能先付钱买壳再解决融资需求的企业，如国美电器、华宝国际等。其优点是在已有收购对象的情况下，筹备时间较短，工作较精简，无须等待而获得上市地位，并能够提供比 IPO 更广泛的股东基础。缺点是要受到诸多的法律限制，需回避各层监管，可能付出更多的手续。香港联交所及证监会对买壳上市主要限制见表 9-2。

表 9-2　　　　　　　　　　香港买壳上市的主要限制

全面收购	收购者如购入上市公司超过 30% 的股份，须向其余股东提出全面收购
重新上市申请	买壳后的资产收购行为，有可能被联交所视作新上市申请
公司持股量	香港上市公司须维护足够的公众持股量，否则可能被停牌。买壳上市初期未必能达至集资的目的，但可利用收购后的上市公司进行配股、供股集资；根据《国务院关于进一步加强在境外发行股票和上市管理的通知》国发（1997）21 号（俗称"红筹指引"）规定，凡是中资控股公司在海外买壳，都受严格限制

9.1.3 在中国内地主板、创业板及科创板上市

（1）通过 IPO 上市

随着我国多层次资本市场的完善，特别是创业板和科创板的快速发展，IPO 成为企业融资的重要渠道。从 2000 年到 2020 年，依托资本市场 IPO、增发、配股融资，企业总共募集资金 13.5 万亿元，其中 2 647 家企业实现 IPO，实际募集资金 2.4 万亿元；4 265 家上市公司进行增发，实际募集资金 8.5 万亿元；288 家上市公司进行配股，实际募集资金 0.43 万亿元（见表 9-3）。

表 9-3　　2000—2020 年我国企业 IPO 以及增发和配股融资情况

时间	集资金额合计		IPO		增发		配股	
	募集家数（家）	募集资金（亿元）	首发家数（家）	首发募集资金（亿元）	增发家数（家）	增发募集资金（亿元）	配股家数（家）	配股募集资金（亿元）
2000	289	1 306	131	791			156	486
2005	16	55	14	53			2	3
2010	525	10 141	348	4 885	151	3 100	18	1 438
2011	480	7 047	281	2 810	176	3 485	14	339
2012	317	4 457	155	1 034	152	3 214	6	52
2013	292	4 614	2	0	267	3 584	13	476
2014	630	9 043	124	666	473	6 842	13	138
2015	1 068	16 107	223	1 576	813	12 253	6	42
2016	1 133	21 096	227	1 496	813	16 879	11	299
2017	1 102	17 224	438	2 301	540	12 705	7	163
2018	509	12 107	105	1 378	267	7 524	15	228
2019	638	15 414	203	2 532	251	6 887	9	134
2020	1 031	16 677	396	4 700	362	8 341	18	513

数据来源：Wind 资讯。

当前我国的融资模式是以银行的间接融资为主。研究表明，直接融资能够在资金供给与需求之间构建直联机制，比间接融资更具成本优势，是降低实体经济融资成本的有效途径。对此，监管层已经提出加快发展多层次资本市场，显著提高直接融资的规模和比重，进而形成证券融资与银行贷款并重、市场约束性强的多元化融资模式。因此，未来，通过主板、创业板、科创板 IPO 以及增发和配股融资的规模将会继续提升。

(2) 上市公司增发新股

成功 IPO 上市后，上市公司还可以通过增发募集企业发展所需资金。增发包括公开增发和定向增发两种。

- 公开增发，是指上市公司新发行一定数量的股份，一般都以 10∶3 或 10∶2 的比例对持有该公司股票的投资者进行优先配售，其余网上发售。增发新股的股价一般不低于停牌前 20 个交易日或前 1 个交易日公司股票均价。

- 定向增发，是指上市公司向符合条件的少数特定投资者非公开发行股份的行为，规定要求发行对象不得超过 10 人，发行价不得低于公告前 20 个交易市价的 90%，发行股份 12 个月内（认购后变成控股股东或拥有实际控制权的 36 个月内）不得转让。

(3) 上市公司发行可转债券

可转换公司债券是指发行人依照法定程序发行，赋予其持有人在一定时间内依据约定条件将其转换成一定数量股票权利的公司债券。可转债持有人可以在规定的期限内，将债券按既定的转换价格和转换比率转换为相应公司的普通股；而在持有人不执行转换权利之前，公司必须按时支付利息，如果可转债到期持有人仍然不愿意转换，则公司还必须全额偿还本金。

在绝大多数情况下，可转换公司债券转换的是发行公司的股票，但也有公司发行可交换股票的可转债，即发行可转债的公司与转换成股票的公司不同，一般是非上市的集体公司发行可转债，待其子公司上市后转换为子公司股票；也可以是某集团的一家子公司发行可转债，待另一家公司股票上市后，将可转债转换为后一家公司的股票。

可转换公司债券可以总结为：一种企业债与一批期权打包捆绑形成的一种创新金融衍生产品。这是因为，一方面，可转债体现为债性，发行人必须每年固定地支付给债券持有人利息，到期后如果持有人不去转股，企业需要还本付息；另一方面，可转债体现为股性，转债持有人有权按事先契约规定的转换比例，把可转债转换成相应数量的基础股票。当然，这种转换对转债持有人来说是一种权利而非义务，当持有人认为转股有利时才实施，因此，这实际相当于一个认股期权，而一旦转股则可转债契约生命就结束，持有者将无法再享受每年的利息和到期偿还本金的权利。正是可转换公司债券这种股债捆绑设计加上灵活的条款，为投融资双方提供了巨大的调整弹性和选择空间。

9.2　各上市板块的制度比较

9.2.1　准入条件的比较

（1）美国上市的条件
- 纽交所的上市条件。

在纽交所主板市场的上市条件相对较为严格，上市企业类型主要面向成熟企业（见表9-4）。纽交所上市需遵循"股权标准+财务标准"，其中，财务标准有四套标准，企业可以选择满足其中一套标准上市。

表9-4　纽交所主板市场的上市条件

标准	指标		全球标准	国内标准（针对美国国内公司）
股权标准	持有100股以上的股东人数		5 000名	400名
	最少公众流通股		250万股	110万股
	流通股市值	通过IPO或分拆上市	6 000万美元	6 000万美元
		通过其他形式上市	1亿美元	1亿美元
财务标准	标准1：利润标准	经调整的税前净利润	1亿美元	1 000万美元
		最近2个会计年度经调整的税前净利润	每年不少于2 500万美元	200万美元
	标准2：市值标准	上市时市值总值	7.5亿美元	7.5亿美元
		最近1个会计年度总收入	7 500万美元	7 500万美元
	标准3：市值+现金流标准	上市时市值总值	5亿美元	5亿美元
		最近12个月总收入	1亿美元	1亿美元
		过去3年的经营现金流总和	1亿美元	2 500万美元
		最近2年每年的经营现金流	都不低于2 500万美元	
		最近3年每年的经营现金流总和	不能是负数	不能是负数
	标准4：关联公司上市	关联公司市价总值	>5亿美元	5亿美元
		公众持股部分市值	6 000万美元	6 000万美元
		公司经营年限	>12个月	>12个月

资料来源：国信证券。

- 纳斯达克的上市条件。

纳斯达克股票市场分为三个层次：

一是纳斯达克全球精选市场（Nasdaq Global Select Market），主要用来吸引大盘蓝筹企业和其他两个层次中已经发展起来的企业，上市标准全世界最高。

二是纳斯达克全球市场（Nasdaq Global Market），由国际化公司组成，门槛介于全球精选市场和资本市场之间。纳斯达克资本市场有三套上市标准，企业可以选择满足其中一套标准上市（见表9-5）。

表9-5　　　　　　　　　　纳斯达克资本市场上市要求

	股权标准	市值标准	净利润标准
股东权益（万美元）	500	400	400
公众持股市值（万美元）	1 500	1 500	500
公司经营历史（年）	2		
流通股市值（万美元）		5 000	
净利润（万美元，最近财年或最近三年中的两个财年）			75
公众持股数量（万股）	100	100	100
持100股以上股东数量（人）	300	300	300
做市商数量（家）	3	3	3
投标价格或收盘价（美元）	4	4	4
	3	2	3

资料来源：www.nasdaq.com，rule 5500，国信证券。

三是纳斯达克资本市场（Nasdaq Capital Market），由新兴和成长型公司组成，上市门槛最低最灵活。纳斯达克全球市场有4套上市标准，企业可以选择满足其中一套标准上市（见表9-6）。

表9-6　　　　　　　　　　纳斯达克全球市场上市要求

	收入标准	股权标准	市值标准	总资产/总收入标准
扣税前持续经营收入（万美元，最近财年或最近三年中的两个财年）	100			
股东权益（万美元）	1 500	3 000		
流通股市值（万美元）		7 500		
上年总资产/总营业收入（万美元）				7 500/7 500
公众持股数量（万股）	110	110	110	110
公众持股市值（万美元）	800	1 800	2 000	2 000
持100股以上股东人数（人）	400	400	400	400
做市商数量（家）	3	3	4	4
公司经营历史（年）		2		

资料来源：www.nasdaq.com，rule 5400，国信证券。

三个层次的上市要求从高到低,且允许公司根据持续经营情况在不同层次之间相互转换(见图9-11)。

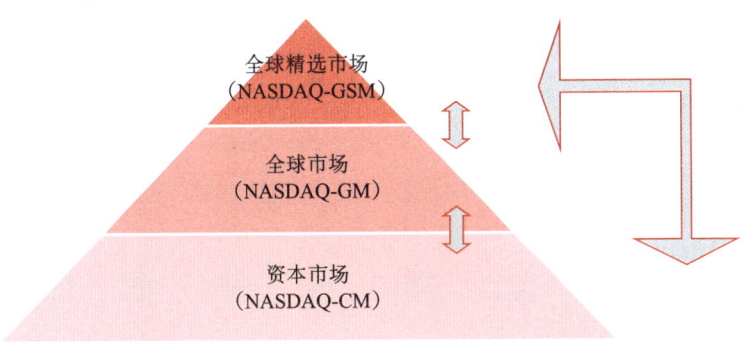

图9-11 纳斯达克当前的内部分层结构及其转换

在纳斯达克全球精选市场上市,需遵循"财务标准+流动性标准",其中财务标准有4套上市标准,企业可以选择满足其中一套标准上市(见表9-7及表9-8)。

表9-7　　　　　　纳斯达克全球精选市场上市要求——财务标准

	标准1:营业收入	标准2:市值+现金流	标准3:市值+营业收入	标准4:资产+股东权益
扣税前持续经营收入	最近3个财年总和大于1 100万美元,且最近2个财年每年均大于220万美元			
现金流		最近3个财年总和大于2 750万美元,且每年均大于0		
总市值		最近12个月平均大于5.5亿美元	最近12个月平均大于8.5亿美元	1.6亿美元
营业收入		最近1个财年大于1.1亿美元	最近1个财年大于9 000万美元	
总资产				8 000万美元
股东权益				5 500万美元

资料来源:www.nasdaq.com,rule 5300,国信证券。

表9-8　　　　　纳斯达克全球精选市场上市要求——流动性标准

流动性要求	IPO及衍生企业	再融资企业	联营企业
持有100股以上股东人数（人）	450	450	450
或	或	或	或
股东总人数（人）	2 200	2 200	2 200
或	或	或	或
股东总人数及最近12个月月均成交量（美元）		550及110万	550及110万
公众持股数量（万股）	125	125	125
公众持股市值（美元）	4 500万	1.1亿	
或		或	4 500万
公众持股市值及股东权益（美元）		1亿及1.1亿	

资料来源：www.nasdaq.com，rule 5300，国信证券。

纳斯达克还设置了持续上市标准。如果纳斯达克全球精选市场和纳斯达克全球市场的上市公司不能满足该市场的持续上市标准（两个市场采取同一套持续上市标准），但是满足纳斯达克资本市场持续上市标准，可以申请在纳斯达克资本市场上市；如果纳斯达克资本市场的上市公司不能满足该市场的持续上市标准，就会被摘牌。纳斯达克每年有大约8%的公司退市（见表9-9及表9-10）。

表9-9　　　　　纳斯达克全球精选市场和全球市场的持续上市标准

	股东权益标准	市值标准	总资产/总收入标准
股东权益（万美元）	1 000		
总市值（万美元）		5 000	
总资产和总营业收入（最近一财年数据，或者最近三个财年中的两年）			总资产5 000万美元且总收入5 000万美元
公众持股数量（万股）	75	110	110
公众持股市值（万美元）	500	1 500	1 500
每股价格（30个连续交易日）（美元）	1	1	1
总股东数量（家）	400	400	400
做市商数量（家）	2	4	4
公司治理标准	要求	要求	要求

资料来源：www.nasdaq.com，Rule 5450，5810，国信证券。

表9-10　　　　　纳斯达克资本市场的持续上市标准

	股东权益标准	市值标准	利润标准
股东权益（万美元）	250		
上市总市值（万美元）		3 500	

续表

	股东权益标准	市值标准	利润标准
持续经营的净利润（最近一财年数据，或者最近三个财年中的两年）（万美元）			50
公众持股数量（万股）	50	50	50
公众持股市值（万美元）	100	100	100
每股价格（30个连续交易日）	1	1	1
总股东数量（家）	300	300	300
做市商数量（家）	2	2	2
公司治理标准	要求	要求	要求

资料来源：www.nasdaq.com，Rule 5450，5810，国信证券。

- 在OTCBB市场反向收购的条件。

企业以反向收购的方式在OTCBB市场借壳或买壳上市，与直接在NYSE、AMEX、NASDAQ相比，不仅成本小所花时间短而且能保证100%上市。其上市要求为：企业净资产不少于200万美元；近12个月的营业收入不少于1 000万美元，净利润不少于200万美元；在过去两年的收入及盈余年增长率不低于20%。

（2）中国香港的上市条件

表9-11　　　　　　　　　　香港主板和创业板的上市条件

	主板	创业板
盈利要求	须具备3年的营业记录，过去3年盈利合计5 000万港元（最近一年须达2 000万港元，前两年合计须达3 000万港元），在3年的业绩期，须有相同的管理层	无盈利要求，但一般须显示有24个月的活跃业务和须有活跃的主营业务，在活跃业务期，须有相同的管理层和持股人
市值要求	新申请人上市时的预计市值不得少于1亿港元，其中由公众人士持有的证券的预计市值不得少于5 000万港元	上市时的最低市值无具体规定，但实际上市时不能少于4 600万港元；期权、权证或类似权利，上市时市值须达600万港元
股东要求（新上市）	在上市时最少须有100名股东，而每100万港元的发行额须由不少于3名股东持有	于上市时公众股东至少有100名。如公司只能符合12个月"活跃业务纪录"的要求，于上市时公众股东至少有300名
公众持股要求	最低公众持股数量为5 000万港元或已发行股本的25%（以较高者为准）；但若发行人的市值超过40亿港元，则可以降低至10%	市值少于40亿港元的公司的最低公众持股量须占25%，涉及的金额最少为3 000万港元；市值相等于或超过40亿港元的公司，最低公众持股量须达10亿港元或已发行股本的20%（以两者中之较高者为准）

续表

	主板	创业板
禁售规则	上市后6个月控制性股东不能减持股票及后6个月期间控制性股东不得丧失控股股东地位（股权不得低于30%）	在上市时管理层股东及高持股量股东必须合共持有不少于公司已发行股本的35%。管理层股东和持股比例少于1%的管理层股东的股票禁售期分别为12个月和6个月
主要业务要求	无	必须有主营业务
公司治理要求	主板公司须委任至少两名独立非执行董事，联交所亦鼓励（但非强制要求）主板公司成立审核委员会	须委任独立非执行董事、合资格会计师和监察主任以及设立审核委员会
保荐人制度	有关聘用保荐人的要求于公司上市后即告终止（H股发行人除外：H股发行人须至少聘用保荐人至上市后满1年）	须于上市后最少两个整财政年度持续聘用保荐人担当顾问
管理层稳定性要求	申请人的业务须于3年业绩纪录期间大致由同一批人管理	申请人则须在申请上市前24个月（或减免至12个月）大致由同一批人管理及拥有

（3）中国内地各板块上市的条件

从IPO上市来看，主板与中小板上市条件包括主体资格、经营年限、股本总额等总体要求以及财务指标要求。另外，上市条件还包括公司治理、独立性、同业竞争、关联交易、主营业务等其他要求。比如：注册资本已足额缴纳；近3年内主营业务和董事、高级管理人员没有发生重大变化，实际控制人没有发生变更；股权清晰；具有完整的业务体系和直接面向市场独立经营的能力；已经依法建立健全股东大会、董事会、监事会、独立董事、董事会秘书制度；不存在为控股股东、实际控制人及其控制的其他企业进行违规担保的情形等。

创业板市场最大的特点就是"低门槛进入，严要求运作"，有助于有潜力的中小企业获得融资机会。在中国发展创业板市场是为了给中小企业提供更方便的融资渠道，为风险资本营造一个正常的退出机制。因此，创业板上市条件略比主板及创业板要求要低。

相比于其他板块，新三板的挂牌门槛最低，更看重企业的持续经营能力（表9-12）。

表9-12　　新三板与中小板、创业板、主板的准入条件比较

板块	新三板	科创板	创业板	主板
主体资格	股份公司	股份有限公司	股份公司	股份公司
经营年限	存续满2年	持续经营3年以上	存续3年以上	持续经营3年以上

续表

板块	新三板	科创板	创业板	主板
主营业务	业务明确	属于符合条件的高新技术和新兴领域行业,且最近2年内主营务没有发生重大不利变化	主要经营一种业务,最近2年内没有发生重大变化	最近3年内没有发生重大变化
盈利要求	具有持续经营能力,无硬性财务指标	市值不低于人民币10亿元最近一年净利润为正且营收不低于1亿元或最近2年净利润为正且累计净利润不低于5 000万元。市值10亿元以上,符合特定市值及财务标准的企业不要求盈利	最近2年盈利:2年净利润不少于1 000万元;最近1年盈利:净利润不少于500万元,营业收入不低于5 000万元	最近3个会计年度净利润均为正且累计超过3 000万元
资产要求	无	无	最近一期末净资产不少于2 000万元,且不存在未弥补亏损	最近一期末无形资产(扣除土地使用权、水面养殖权和采矿权等后)占净资产的比例不高于20%
股本要求	无	发行后股本总额不低于人民币3 000万元	发行后股本总额不少于3 000万元	发行前股本总额不少于3 000万元
公司治理	公司治理结构健全,合法规范经营	公司治理结构健全,合法规范经营	最近2年董事、高级管理人员没有重大变动、实际控制人不得变更	最近3年董事、高级管理人员没有重大变动、实际控制人不得变更
重大变化	最近2年管理层、主营业务、控制人可以变更	最近2年主营业务和董事、高级管理人员及核心技术人员均没有发生重大不利变化,最近2年实际控制人没有发生变更	最近3年管理层、主营业务、控制人不得变更	最近3年管理层、主营业务、控制人不得变更
持续督导	主办券商推荐并持续督导*	股票上市当年剩余时间以及其后3个完整会计年度	证券上市当年剩余时间及其后3个完整会计年度	证券上市当年剩余时间及后2年完整会计年度

注:*挂牌公司可与主办券商协商一致更换主办券商。对此,股转系统于2015年10月20日发布了《全国中小企业股份转让系统主办券商和挂牌公司协商一致解除持续督导协议操作指南》,加以规范。

9.2.2 上市费用的比较

(1) 美国的上市费用

上市前，IPO 的前期费用一般为 100 万~150 万美元。上市前费用中，投行收费占融资额的 6% 左右，但在挂牌前不收费。其余律师等中介服务费用机构收费占 1%，共 7% 左右。买壳上市的前期费用一般为 45 万~75 万美元左右。

上市后，美国的交易所向上市公司每年收取一定的费用，一般包括首次入市费和年费两个项目。此外，每年审计费用约需 500 万元人民币。不同交易所收费有一定的差别，具体见表 9-13 至表 9-15。

表 9-13　　　　　　　　　纽交所非美国公司的上市费和年费

入市费用表		年费表（每年年初交付）	
基本费用（一次交付）	36 800 美元	每股或 ADRs 的收费率	930 美元每百万股份
股票或 ADRs（美国存托凭证）的发行数量（百万股）	每百万股份的费用（美元）	最小年费	35 000 美元
1~2	14 750		
3~4	7 400		
5~300	3 500		
超过 300	1 900		
最小总费用	150 000	最大年费	500 000 美元
最大总费用	250 000		

纳斯达克由于市场分层，其全球精选市场、全球市场采取同一种收费标准，而资本市场的收费标准不同。

表 9-14　　　　　　纳斯达克全球精选市场与全球市场的上市费和年费

入市费用表		年费表（每年年初交付）		
股票或 ADRs（美国存托凭证）的发行数量（百万股）	入市费用（包括 25 000 美元申请费）（美元）	股票或 ADRs（美国存托凭证）的发行数量（百万股）	发行股票年费（美元）	发行 ADRs 年费（美元）
30 以下	125 000	10 以下	35 000	30 000
30~50	150 000	10~50	37 500	37 500
		50~75	46 500	42 500
50~100	200 000	75~100	68 500	50 000
超过 100	225 000	100~150	89 000	50 000
		超过 150	99 500	50 000

表 9-15　　　　　　　　　纳斯达克资本市场的上市费和年费

入市费用表		年费表（每年年初交付）	
股票或ADRs（美国存托凭证）的发行数量（百万股）	入市费用（包括5 000美元申请费）（美元）	发行股票年费（美元）	发行ADRs年费（美元）
15	50 000	32 000	32 000
超过15	75 000		

（2）中国香港的上市费用

上市前，中介人费用，包括保荐人、律师、会计师、评估师等，平均至少约1 000万港元；包销费用，约为筹资额的2.5%~4%。换言之，筹资额愈高，费用愈高，一个内地房企从开始申报直至成功上市，最终的综合费用可能高达数千万港元。

具体各部分估算金额如表9-16。

表 9-16　　　　　　　　香港上市所需中介费用估算

首次上市成本	估计金额（万港元）	首次上市成本	估计金额（万港元）
财务顾问费用	200~300	公开及宣传成本	60~80
保荐人费用	180~230	接收银行及信托人	5~10
会计师及核数师费用	120~150	印刷费用	60~80
法律费用（企业本身及包销商）	200~250	上市费用	15
资产估值师费用	20~30	中国律师费用	50~100
翻译费用	20~30	总计	930~1275

注：表内未包括约为4%的包销金（按实际募集资金金额计算，实际费用会因应企业本身状况及需求而定）。

上市后，港交所主板和创业板首次上市费用见表9-17和表9-18。如在主板作第二次上市，首次上市费通常为表9-17所列费用的25%，最低款额为150 000港元。对于创业板转主板的申请人，首次上市费将获减50%。

表 9-17　　　　　　　　　港交所主板上市费用

将上市的股本证券的市值（百万港元）	首次上市费用（万港元）	将上市的股本证券的市值（百万港元）	首次上市费用（万港元）
不超过100	10	不超过1 500	40
不超过200	15	不超过2 000	45
不超过300	20	不超过2 500	50
不超过400	22.5	不超过3 000	55
不超过500	25	不超过4 000	60
不超过750	30	不超过5 000	60
不超过1 000	35	超过5 000	65

表 9-18　　　　　　　　　　创业板上市费用

将上市的股本证券的市值（百万港元）	首次上市费用（万港元）
不超过 100	10
不超过 1 000	15
超过 1 000	20

（3）中国内地各板块的上市费用

企业通过 IPO 上市的费用主要包括承销及保荐费、审计及验资费、法律费用和信息披露费用。我们统计了 2021 年年初至 2021 年 9 月底新股发行的平均费用，主板发行的平均费用约为 9 983 万元，平均发行费率为 9.3%；创业板发行的平均费用为 2 873 万元，平均发行费率为 1.24%。科创板发行的平均费用为 8 033 万元亿元，平均发行费率为 7.86%。

相比于在主板、创业板和科创板上市，企业在新三板挂牌的程序更加简单，时间更短，所需费用也相对更少（见表 9-19）。

表 9-19　　　　　　　　2021 年各板块新股发行的平均费用

	发行数量（家）	发行费用合计（万元人民币）	发行费率（%）	承销及保荐费（万元人民币）	审计及验资费（万元人民币）	法律费用（万元人民币）	信息披露费（万元人民币）
主板	77	9 983.07	9.3	5 500.00	2 188.00	1 702.83	550.00
科创板	109	8 033.15	7.86	5 656.78	1 400.00	433.96	420.00
创业板	103	2 873.16	1.24	1 792.45	396.232	358.49	194.15

注：数据截至 2021 年 9 月底。
数据来源：Wind 资讯。

9.2.3　时间成本的比较

在美国上市，只要保荐人、会计师事务所、律师事务所通过审核，SEC 通过审核，基本上就可以上市。从递交材料到上市大约只需要 4~8 个月。IPO 的时间 1 年左右，买壳上市的时间一般为 4~6 个月。

在中国香港上市，由拟上市公司签订保荐人起，一般至少需时 6~9 个月。遇到市场波动的时候，可能需时更长且中途变数较大。

在内地上市，在主板、中小板上市的企业从接受辅导到股票上市一般需要 2 年以上时间。创业板和科创板注册制下，上市时间大大缩短，比如科创板从受理发行上市申请单给月内收到发行上市审核意见，和新三板精选层的 2 个月相差不大，但创业板、科创板的上市准入条件高于新三板。所以说，相比于其他板块，新三板具有明显的时间成本优势，挂牌的成本最低、周期最短。新三板的企业从主办券商进场到挂牌，一般需要 6 个月左右的时间，而精选层更是只需要 2 个月左右时间。

9.2.4　交易制度的比较

相比于其他板块，新三板最大的特点是可以自行选择融资对象和融资时点；不设交易涨跌幅限制（见表 9-20）。

表 9-20　　新三板与科创板、创业板、主板的交易制度比较

板块	新三板	科创板	创业板	主板
交易模式	做市交易 协议交易	竞价交易	竞价交易	竞价交易
交易单位	1 手（1 000 股）	1 手（100 股）	1 手（100 股）	1 手（100 股）
交易时间	相同	相同	相同	相同
涨跌幅	不设涨跌幅限制	±20%	±20%	±10%
结算方式	T+1 多边净额担保交收	T+1 多边净额担保交收	T+1 多边净额担保交收	T+1 多边净额担保交收

9.2.5　信息披露的比较

相比于其他板块，新三板采取适度的信息披露制度（见表 9-21）。

表 9-21　　新三板与中小板、创业板、主板的信息披露要求比较

板块	新三板	科创板	创业板	主板
性质	适度信息披露	强制信息披露	强制信息披露	强制信息披露
年报/中报/季报	要求/要求/鼓励	要求/要求/要求	要求/要求/要求	要求/要求/要求
临时报告	要求（少于主板）	要求	要求	要求
财务报告审计	要求	要求	要求	要求
券商信息披露	主办报价券商披露 风险提示公告等	不要求	不要求	不要求
披露场所	全国股转系统网站	交易所网站指定媒体	交易所网站指定媒体	交易所网站指定媒体
信息披露监管	主办券商督导	交易所自律监管 证监会行政监管	交易所自律监管 证监会行政监管	交易所自律监管 证监会行政监管

9.3 哪些企业适合挂牌新三板

9.3.1 技术含量高、处于初创期的企业

高科技企业在成长过程中往往伴随着高风险，很多诸如生物医药、互联网、信息技术等行业的企业，初创期是不赚钱的，没有资金支持往往就夭折了。这类企业通过挂牌新三板，能通过定向增资募集到扩产所需的资金，进一步打开公司的经营局面，实现盈利。如果条件较好的企业，还能通过新三板的公众平台，吸引更多创投资金的目光，为后续发展打下坚实根基。

9.3.2 具备一定盈利能力却有发展瓶颈的企业

企业经过初创期后，经历过三五年的发展，有相对稳定的市场地位，具备一定的盈利能力，面临良好的市场机遇，企业的发展诉求非常强烈。这种诉求一方面源自资金，另一方面源自战略转型，而缺少抵押物和担保品成为企业高速发展道路上的"拦路虎"。

这类企业挂牌新三板市场后，可以通过定向发行股票、私募债、优先股、可转债等融资手段募资实现规模化扩张，扩大市场份额；也可以利用新三板挂牌为契机，规范企业内部运作，履行公众公司信息披露义务，让公司迈向新的成长阶段。

9.3.3 未来 2~3 年有上市计划的企业

尽管近年来不断推出资本市场改革，包括科创板、创业板注册制等系列制度改革为企业上市提供了更多通道，但总的来说，企业上市仍然是一个漫长的等待过程。相对主板和创业板市场，新三板的包容性更大，对于一些发展较为稳定、也具有较强的盈利能力，但由于行业属性等原因，如担保公司、城商行、小贷公司、PE 管理机构等，受 IPO 政策限定暂时难以上市，但又希望借助资本市场的平台，需要提高产品品牌、影响力和知名度的企业，挂牌新三板可以谋求进一步发展的机会。

9.3.4 寻求并购和被并购机会的企业

美国著名经济学家斯蒂格勒评价美国企业的成长路径时说："没有一个美国大公司不是通过某种程度、某种形式的兼并成长起来的，几乎没有一家公司主要是靠内部扩张成长起来的。"随着国内经济的发展和产业升级转型，兼并收购和产业整合的新浪潮已经不可避免。企业除了迅速增强自身的市场竞争力外，还可以通过并购重组实现业务驱动的外延扩张或攀附上市公司实现曲线上市，而新三板公司经过挂牌辅导后，企业治理结构、财务规范程度都比普通企业要好，并购重组耗费成本低很多。作为配套措施，中国证监会出台的《非上市公众公司收购管理办法》和《非上市公众公司重大资产重组管理办法》也先后正式颁布施行。

9.3.5 尚未盈利的互联网企业

由于互联网企业通常遵循"流量——用户——利润"的盈利模式，先期长时间的投入通常不能马上见到回报，而数年后一旦海量用户产生利润，回报收益则会大幅蹿升。而新三板的挂牌条件只要求企业具有持续经营能力，而不要求硬性财务指标，非常适合早期投入高、尚未盈利的互联网企业。由于A股估值总体比境外高，这对互联网企业来说是重大利好，更多互联网企业可以通过新三板挂牌在境内上市，获得较高的估值，而投资机构也多了个退出通道。

第10章 如何在新三板挂牌

10.1 新三板的挂牌条件

企业在挂牌之前,必须对表 10-1 所列的五大挂牌条件有清晰、准确的认识。

表 10-1　　　　　　　　　　　　新三板挂牌条件

依法设立且存续满两年	(1) 指公司依据《公司法》等法律、法规及规章的规定向公司登记机关申请登记,并已取得企业法人营业执照。 (2) 存续两个完整的会计年度。 (3) 有限责任公司按原账面净资产值折股整体变更为股份有限公司的,存续时间可以从有限责任公司成立之日起计算
业务明确,具有持续经营能力	(1) 公司能够明确、具体地阐述其经营的业务、产品或服务、用途及其商业模式等信息。 (2) 公司可同时经营一种或多种业务,每种业务应具有相应的关键资源要素。 (3) 公司基于报告期内的生产经营状况,在可预见的将来,有能力按照既定目标持续经营下去
公司治理机制健全,合法规范经营	(1) 公司按规定建立股东大会、董事会、监事会和高级管理层(三会一层)组成的公司治理架构,制定相应的公司治理制度,并能证明有效运行,保护股东权益。 (2) 公司及其控股股东等须依法开展经营活动,经营行为合法、合规,不存在重大违法违规行为。 (3) 公司报告期内不应存在股东包括控股股东、实际控制人及其关联方占用公司资金、资产或其他资源的情形。如有,应在申请挂牌前予以归还或规范。 (4) 公司应设有独立财务部门进行独立的财务会计核算,相关会计政策能如实反映企业财务状况、经营成果和现金流量

续表

依法设立且存续满两年	(1) 指公司依据《公司法》等法律、法规及规章的规定向公司登记机关申请登记，并已取得企业法人营业执照。 (2) 存续两个完整的会计年度。 (3) 有限责任公司按原账面净资产值折股整体变更为股份有限公司的，存续时间可以从有限责任公司成立之日起计算
股权明晰，股票发行和转让行为合法合规	(1) 公司的股权结构清晰，权属分明，真实确定，合法合规，股东特别是控股股东、实际控制人及其关联股东或实际支配的股东持有公司的股份不存在权属争议或潜在纠纷。 (2) 公司的股票发行和转让依法履行必要内部决议、外部审批（如有）程序，股票转让须符合限售的规定
主办券商推荐并持续督导	(1) 公司须经主办券商推荐，双方签署了《推荐挂牌并持续督导协议》。 (2) 主办券商应完成尽职调查和内核程序，对公司是否符合挂牌条件发表独立意见，并出具推荐报告

10.1.1 依法设立且存续满两年

（1）依法设立是指公司依据《公司法》等法律、法规及规章的规定向公司登记机关申请登记，并已取得企业法人营业执照。具体内容包括如下：

①公司设立的主体、程序合法、合规。

- 国有企业需提供相应的国有资产监督管理机构或国务院、地方政府授权的其他部门、机构关于国有股权设置的批复文件。
- 外商投资企业须提供商务主管部门出具的设立批复文件。
- 《公司法》修改（2006年1月1日）前设立的股份公司，须取得国务院授权部门或者省级人民政府的批准文件。

②公司股东的出资合法、合规，出资方式及比例应符合《公司法》相关规定。

- 以实物、知识产权、土地使用权等非货币财产出资的，应当评估作价，核实财产，明确权属，财产权转移手续办理完毕。
- 以国有资产出资的，应遵守有关国有资产评估的规定。
- 公司注册资本缴足，不存在出资不实情形。

（2）存续两年，是指存续两个完整的会计年度。

（3）有限责任公司按原账面净资产值折股整体变更为股份有限公司的，存续时间可以从有限责任公司成立之日起计算。整体变更不应改变历史成本计价原则，不应根据资产评估结果进行账务调整，应以改制基准日经审计的净资产额为依据折合为股份有限公司股本。申报财务报表最近一期截止日不得早于改制基准日。

10.1.2　业务明确，具有持续经营能力

（1）业务明确，是指公司能够明确、具体地阐述其经营的业务、产品或服务、用途及其商业模式等信息。

（2）公司可同时经营一种或多种业务，每种业务应具有相应的关键资源要素，该要素组成应具有投入、处理和产出能力，能够与商业合同、收入或成本费用等相匹配。

①公司业务如需主管部门审批，应取得相应的资质、许可或特许经营权等。

②公司业务须遵守法律、行政法规和规章的规定，符合国家产业政策以及环保、质量、安全等要求。

（3）持续经营能力，是指公司基于报告期内的生产经营状况，在可预见的将来，有能力按照既定目标持续经营下去。

①公司业务在报告期内应有持续的营运记录，不应仅存在偶发性交易或事项。营运记录包括现金流量、营业收入、交易客户、研发费用支出等。

②公司应按照《企业会计准则》的规定编制并披露报告期内的财务报表，公司不存在《中国注册会计师审计准则第1324号——持续经营》中列举的影响其持续经营能力的相关事项，并由具有证券期货相关业务资格的会计师事务所出具标准无保留意见的审计报告。

财务报表被出具带强调事项段的无保留审计意见的，应全文披露审计报告正文以及董事会、监事会和注册会计师对强调事项的详细说明，并披露董事会和监事会对审计报告涉及事项的处理情况，说明该事项对公司的影响是否重大、影响是否已经消除、违反公允性的事项是否已予纠正。

③公司不存在依据《公司法》第一百八十一条规定解散的情形，或法院依法受理重整、和解或者破产申请。

10.1.3　公司治理机制健全，合法规范经营

（1）公司治理机制健全，是指公司按规定建立股东大会、董事会、监事会和高级管理层组成的公司治理架构，制定相应的公司治理制度，并能证明有效运行，保护股东权益。

①公司依法建立"三会一层"，并按照《公司法》《非上市公众公司监督管理办法》及《非上市公众公司监管指引第3号——章程必备条款》等规定建立公司治理制度。

②公司"三会一层"应按照公司治理制度进行规范运作。在报告期内的有限公司阶段应遵守《公司法》的相关规定。

③公司董事会应对报告期内公司治理机制执行情况进行讨论、评估。

（2）合法合规经营，是指公司及其控股股东、实际控制人、董事、监事、高级管理人员须依法开展经营活动，经营行为合法、合规，不存在重大违法违规行为。

①公司的重大违法违规行为是指公司最近 24 个月内因违犯国家法律、行政法规、规章的行为，受到刑事处罚或适用重大违法违规情形的行政处罚。

第一，行政处罚，是指经济管理部门对涉及公司经营活动的违法违规行为给予的行政处罚。

第二，重大违法违规情形，是指凡被行政处罚的实施机关给予没收违法所得、没收非法财物以上行政处罚的行为，属于重大违法违规情形，但处罚机关依法认定不属于的除外；被行政处罚的实施机关给予罚款的行为，除主办券商和律师能依法合理说明或处罚机关认定该行为不属于重大违法违规行为的外，都视为重大违法违规情形。

第三，公司最近 24 个月内不存在涉嫌犯罪被司法机关立案侦查，尚未有明确结论意见的情形。

②控股股东、实际控制人合法合规，最近 24 个月内不存在涉及以下情形的重大违法违规行为：

第一，控股股东、实际控制人受刑事处罚。

第二，受到与公司规范经营相关的行政处罚，且情节严重；情节严重的界定参照前述规定。

第三，涉嫌犯罪被司法机关立案侦查，尚未有明确结论意见。

第四，现任董事、监事和高级管理人员应具备和遵守《公司法》规定的任职资格和义务，不应存在最近 24 个月内受到中国证监会行政处罚或者被采取证券市场禁入措施的情形。

（3）公司报告期内不应存在股东包括控股股东、实际控制人及其关联方占用公司资金、资产或其他资源的情形。如有，应在申请挂牌前予以归还或规范。

（4）公司应设有独立财务部门进行独立的财务会计核算，相关会计政策能如实反映企业财务状况、经营成果和现金流量。

10.1.4 股权明晰，股票发行和转让行为合法合规

（1）股权明晰，是指公司的股权结构清晰，权属分明，真实确定，合法合规，股东特别是控股股东、实际控制人及其关联股东或实际支配的股东持有公司的股份不存

在权属争议或潜在纠纷。

①公司的股东不存在国家法律、法规、规章及规范性文件规定不适宜担任股东的情形。

②申请挂牌前存在国有股权转让的情形，应遵守国资管理规定。

③申请挂牌前外商投资企业的股权转让应遵守商务部门的规定。

（2）股票发行和转让合法合规，是指公司的股票发行和转让依法履行必要内部决议、外部审批（如有）程序，股票转让须符合限售的规定。

①公司股票发行和转让行为合法合规，不存在下列情形：

第一，最近36个月内未经法定机关核准，擅自公开或者变相公开发行过证券；

第二，违法行为虽然发生在36个月前，目前仍处于持续状态，但《非上市公众公司监督管理办法》实施前形成的股东超200人的股份有限公司经中国证监会确认的除外。

②公司股票限售安排应符合《公司法》和《全国中小企业股份转让系统业务规则（试行）》的有关规定。

（3）在区域股权市场及其他交易市场进行权益转让的公司，申请股票在全国股份转让系统挂牌前的发行和转让等行为应合法合规。

（4）公司的控股子公司或纳入合并报表的其他企业的发行和转让行为需符合指引的规定。

10.1.5　主办券商推荐并持续督导

（1）公司须经主办券商推荐，双方签署了《推荐挂牌并持续督导协议》。

（2）主办券商应完成尽职调查和内核程序，对公司是否符合挂牌条件发表独立意见，并出具推荐报告。

10.2　券商对企业挂牌新三板的要求

在实际操作中，企业挂牌除了至少要满足新三板的挂牌条件之外，各券商内部对于挂牌和做市的企业会有不同要求。企业挂新三板之前，券商需要对其进行尽职调查，券商应与企业及各中介机构协商确定进场时间，对项目情况进行全面摸底调查。原则上，券商的项目小组的进场时间不得早于会计师事务所、律师事务所的进场时间；为提高工作效率，项目小组可在进场前即向公司发放尽职调查资料清单（见表10-2）。

表 10-2　　　　　　　　　　券商尽职调查的目的和内容

券商尽职调查	目的	（1）厘清影响公司改制、挂牌的重大问题； （2）确定解决重大问题的方案。
	内容	股权架构、主营业务、历史沿革、同业竞争、关联方、独立性、其他法律事项、财务状况、内部控制情况、其他重大事项

10.2.1　尽职调查的目的

（1）厘清影响公司改制、挂牌的重大问题；

（2）确定重大问题解决方案，判断重大问题解决的难度及时间，制订改制挂牌具体时间表。

10.2.2　尽职调查的内容

（1）股权架构。调查拟挂牌公司及其下属子公司、参股公司、兄弟公司的股权架构。

（2）主营业务。对股权架构中所涉及公司的主营业务逐一调查，各公司间业务存在关联的（如上下游关系），详细了解关联情况以及形成该等交易架构的背景及原因。项目小组关注业务技术与财务记录的匹配情况，如业务流程、收入确认原则、收入结构、成本构成、财务指标变动趋势等。

（3）历史沿革。调查拟挂牌公司及其下属公司的历史沿革情况，并重点关注各公司出资的合法性、股权转让的背景及原因、股权是否明晰等。拟挂牌公司存在前身的，无论其存续或注销，其历史沿革均应核查，并关注业务转移至现有主体的原因，判断公司前身是否存在合规障碍，以及该等合规障碍对拟挂牌公司是否构成影响。对于报告期已经关停并转的下属公司、重要参股公司，也应获取工商档案，核查其历史沿革，并关注关停并转的原因，判断是否存在潜在法律风险。

（4）同业竞争。核查拟挂牌公司控股股东、实际控制对外投资情况，调查公司控股股东、实际控制人及其控制的其他企业的业务范围，从业务性质、客户对象、可替代性、市场差别等方面判断是否与公司从事相同、相似业务，从而构成同业竞争。

（5）关联方。识别并判断关联方，在此基础上统计、分析关联方往来及交易。对于关联方往来，应追查原始凭据，核查往来的真实性、款项内容、形成原因。对于应收性质的关联方往来，应关注其可收回性，判断是否涉嫌非经营性占用资金甚至抽逃出资；对于应付性质的关联方往来，应核查其真实性，关注大额往来资金来源的合理性。对于关联方交易，应追查交易合同、相关发票、发货单据等原始凭据，判断关联交易的真实性；结合公司及行业特点，了解关联交易形成的背景及原因，判断关联交易的必要性；通过与第三方价格、毛利率等要素的比对，判断关联交易的公允性；计算关联交易占收入及利润的比重，判断关联交易对公司经营业绩、业务独立性的影响，关注是否存在关联交易非关联化的情形。

（6）独立性。检查公司资产、人员、业务、财务、机构的相关情况，判断公司的独立性。

（7）其他法律事项。核查公司生产经营资质、劳动用工、资产权属等方面的情况，判断其合规性。

（8）财务状况。核查拟挂牌公司财务状况，核查范围一般应为合并报表口径，不具重要性水平的子公司摸底阶段可暂不核查；核查期间应为两年一期或一年一期，具体视挂牌报告期的选择而定。财务状况主要包括：主要资产情况、主要负债情况、主要权益情况、盈利情况、财务指标分析、其他重大事项。

（9）内部控制情况。项目小组应检查公司内部控制制度的建立及执行情况，尤其是采购、生产、销售、日常财务管理等与财务报表密切相关的内部控制。

根据项目特点及实际情况，对公司改制、挂牌有重大影响的其他事项。

10.3　挂牌前的准备工作

虽然企业在新三板挂牌与主板 IPO 不同，但在某些领域新三板挂牌与 IPO 也有类似之处。中介机构主要有主办券商、会计师事务所、律师事务所等，其中主办券商是第一位的。从主办券商的角度来看，大券商更有名气、经验丰富、项目多，但知名券商往往在小型企业上投入精力不足；中型券商不如大型券商有名，但是某些券商在该项目领域（如新三板领域）能力突出，而且会尽职尽责帮助中小企业。所以，在选择主办券商的时候一定要找最合适的，而不一定是找最知名的。其次是会计师事务所和律师事务所。对于新三板企业挂牌来讲，会计师事务所比律师事务所更重要，因为会计师会为企业的不合规提出很多改进意见，最后落实到报告上。律师事务所的程序相对比较简单，因为新三板企业挂牌不像 IPO 一样，要查企业的很多历史沿革，虽然目前新三板企业审核标准正在逐步趋于严格，但是与 IPO 相比还是会宽松很多。所以选择中介机构重要性的排序应为：主办券商、会计师事务所、律师事务所。

为了提升企业的知名度，在这三类中介机构当中，至少需要有一家中介机构是一流的。但是企业依然要根据自身的实际情况具体分析。如果企业本身知名度较大，中介机构的重要性就会降低；如果企业的市场影响力相对较弱，优秀的中介机构能够增加企业的光环。

具体来看，企业在选择中介机构的时候需注意其以下几个方面：

（1）信誉和品牌、行业排名、品牌信誉；

（2）服务质量、专业能力、增值服务能力；

（3）业绩经验、过往业绩、行业经验；

（4）社会评价、客户评价、媒体评价；

（5）中介机构协调配合、过往合作经验；

（6）重视程度、项目优先级、团队配置等等（见图10－1）。

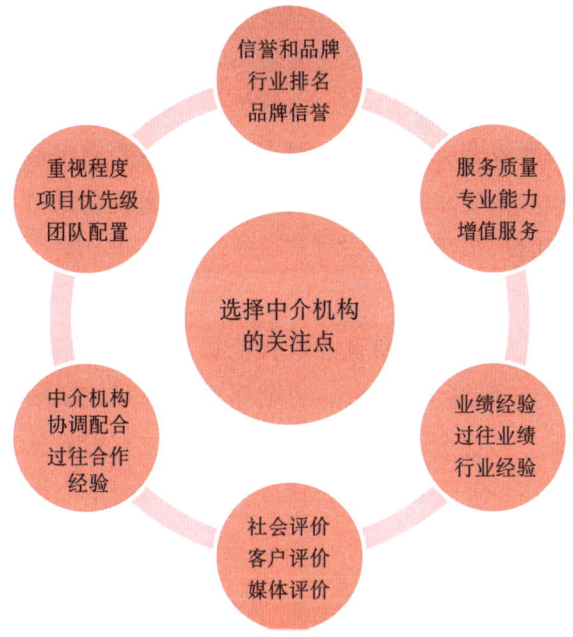

图10－1　企业挂牌选择中介机构的关注点

要尽量选择适合公司的主办券商、律师事务所和会计师事务所。

10.3.1　如何选择主办券商

选择主办券商的时候首先要看证券公司有无主办券商业务资格；其次应该注重其在新三板业务上的业务能力，考察有无核心业务团队，最好选择有项目经验的券商；第三应该选择与律所、会计师事务所、评估机构保持良好合作关系的券商。

具体来讲需要注意以下五个方面：

（1）券商规模的选择

首先考虑券商的规模大小、知名度，是否全牌照，公司对新三板业务是否重视，有没有做市资格等。如果企业仅是希望在新三板公开挂牌，那选择哪家券商并无太大区别。目前市场上大部分从事新三板业务的券商基本都能满足新三板业务的技术性要求；如果企业希望在新三板挂牌且融资，那应该选择大中型券商，对融资有好处，小型券商在融资中介方面的介绍能力稍差些，市场对其项目质量的认可度也没有大中型券商高，不利于融资。如果企业是想先在新三板挂牌，然后转为主板中小板或创业板，那应该选择大中型券商，尤其是具有丰富的IPO项目经验的券商。

（2）券商团队的选择

如果只是上新三板，一般券商都是由场外市场部来承做，场外市场部是专门做新三板的部门，团队相对年轻，大多数没有IPO项目的经验。有个别券商会由当地营业部的人员参与项目承做，尽量不选择营业部团队，要用专业团队。如果是有转板计划，即将来准备IPO，那最好选择IPO团队，也就是券商的投资银行部来做，投资银行部较场外市场部团队，一般收费会高一些，对企业的质量要求也高一些，但好处是可以按照IPO的标准和风险控制要求做项目，这样前期问题就会处理得好一些，避免留下后遗症，成为将来转板时的障碍。

（3）券商提供的方案

专业的团队，不仅能在企业改制服务过程能提出专业性的解决方案，还能为企业后续的资本运作提出一整套路径和体系。也就是说，选择团队要看这个团队后续能给企业带来怎样的增值服务，这个团队在新三板业务领域有没有构建好一套成熟的新三板服务体系，能不能站在企业发展战略的角度提出建设性的金融服务意见，这一点非常重要。

（4）券商的资源

企业准备选择的券商背后有哪些资源，跟当地政府关系如何，除了新三板还主要做哪些业务，除了金融服务，还能不能给企业的经营上提供帮助，能不能给企业和董监高提供财富管理服务，能不能为企业牵线搭桥整合一些资源，甚至包括推荐优秀人才等，都是企业需要考虑的问题。

（5）券商的价格

新三板价格并无太大差距，但好的团队一般价格更高。企业在付出更多的时候，得到的往往也是更好的服务。

截至2021年9月新三板挂牌数排名见表10-3。

第10章 如何在新三板挂牌

表 10-3　　主办券商累计新三板挂牌数量排名表（截至 2021 年 9 月）

排名	券商简称	数量（家）
1	申万宏源证券	759
2	安信证券	670
3	中泰证券	550
4	中信建投	449
5	东吴证券	439
6	长江证券	385
7	招商证券	371
8	东北证券	349
9	兴业证券	342
10	广发证券	339
11	国信证券	335
12	开源证券	332
13	西南证券	326
14	国融证券	296
15	东莞证券	293
16	光大证券	262
17	方正证券	260
18	西部证券	256
19	国泰君安	251
20	财通证券	247

数据来源：Wind 资讯。

10.3.2　如何选择会计师事务所

会计师事务所对企业的账目进行检查与审验，工作主要包括审计、验资等，同时也为其提供财务咨询和会计服务。会计事务所的职责主要有以下几点：

（1）在改制阶段，根据资产重组的范围和改制申请评估企业经营状况，从财务角度论证改制、重组等方案的合理性。

（2）为企业改制设立股份公司出具验资报告，为筹建股份公司费用出具专项审计报告。

（3）在公司股票申请挂牌及发行阶段，出具申请人两年及一期的审计报告，并对元素财务报告和审计报告提出差异化的比较意见。

（4）对公司内控及风险管理系统的完整性、合理性、有效性进行评估，对公司出具盈利预测报告，并作出具体建议。

（5）对股转系统提出的审计、意见以及其他重大事项提出反馈等。

截至 2021 年 9 月会计师事务所服务推荐挂牌情况见表 10-4。

表 10-4　　　　会计师事务所服务推荐挂牌情况（2021 年 9 月）

排名	会计师事务所	服务推荐挂牌项目数量（个）
1	瑞华会计师事务所	672
2	北京兴华会计师事务所	607
3	立信会计师事务所	573
4	中兴财光华会计师事务所	527
5	大华会计师事务所	436
6	天健会计师事务所	402
7	大信会计师事务所	395
8	亚太（集团）会计事务所	309
9	天职国际会计师事务所	276
10	中兴华会计师事务所	246

数据来源：Wind 资讯。

10.3.3　如何选择律师事务所

律师事务所应当坚持其独立性，不受其他中介机构的影响和干预，律师应当就相关重大事项涉及的法律问题独立地提出法律建议或处置措施，在依法参与编制或有律师出具证券法律文件盒法律意见书时，律师不就证券法律文件盒法律意见书中应由券商、会计师、评估师等其他中介机构负责专业性内容发表意见。

律师事务所的主要职责有如下几个方面：

（1）协助企业和总协调人制定改制并申请公司股票在全国股份转让系统挂牌及发行方案。

（2）改制并申请新三板挂牌过程中需要的文件。

（3）股份公司辅导期的有关法律问题的解决。

（4）股份公司申请股票挂牌及发行的法律意见书。

（5）对有关证监会或去昂股份转让系统公司的反馈意见中的法律问题出具说明或补充法律意见书。

（6）对全国股份转让系统公司审核后是否存在重大事项出具相关法律意见书。

截至 2021 年 9 月律师事务所服务推荐挂牌情况见表 10-5。

表 10-5　　　　律师事务所服务推荐挂牌情况（2021 年 9 月）

排名	律师事务所	服务推荐挂牌项目数量（个）
1	北京大成律师事务所	550
2	国浩律师事务所	347
3	北京德恒律师事务所	345

续表

排名	律师事务所	服务推荐挂牌项目数量（个）
4	北京市中银律师事务所	339
5	上海市锦天城律师事务所	325
6	北京市盈科律师事务所	314
7	北京市中伦律师事务所	187
8	北京市康达律师事务所	134
9	北京国枫律师事务所	124
10	广东华商律师事务所	111

数据来源：Wind 资讯。

10.3.4　如何选择战略投资者

从企业的角度来讲，初次登陆资本市场需要精选投资者。投资者往往分为财务投资者和行业投资者，现实中虽然常常两者兼备，但仍有一定的差异。财务投资者的想法往往相对简单，即通过一系列的资本运作，获利后迅速退出，并不涉及对被投资公司经营的干预，因而双方容易合作。而行业投资者往往从公司的长远发展中获利，投资期限一般比较长，在投资的同时会带来一些先进的管理经验，在此基础上，行业投资者往往要求被投资公司的经营活动符合行业投资者或者其母公司发展战略的要求，而这一方面对公司构成一定的限制，但对公司的制度构建也有很大的积极作用。

因此，公司应该根据自身的发展阶段和公司发展需要，在准备引入战略投资者之前，首先要对境内外的相同或相关行业的投资者有整体性了解，即目前有哪些战略投资机构，公司涉足什么地区，资金实力如何，知名度如何，已投资了哪些项目，公司有何经营业绩及投资范围等。

10.3.5　新三板目标企业挂牌前财务问题

财务问题往往直接关系着新三板挂牌的成败。因此，企业需要对挂牌前的财务问题高度重视，特别是对以下几点需要格外注意：

（1）货币资金。企业需要调整账务处理错误及账务处理不及时的业务，确保银行存款做到账表、账实、账目与银行对账单相符。

（2）其他应收账款。一般要求公司财务人员以公司外部账目为基础进行调整，还原公司真实的其他应收款。对于个人借款部分，需要在正式审计之前全部处理完毕。对于民间借贷资金利息部分，索取正规发票，进行销账处理。对于财政补贴收入符合规定的部分结转至营业外收入。对于企业银行贷款倒账部分，由财务人员与各往来单位逐笔核算，调整还原至真实的往来余额。

（3）应收账款。公司财务人员需要对应收账款明细进行逐项梳理，对已回款部分进行销账处理，对已确认的坏账进行核销或计提坏账准备。同时，要求公司对应收账款、其他应收款制定相关会计政策，合理确定坏账准备的计提方法。

（4）预付账款。企业需要对年预付账款项目进行明细核算，调整以前年度的预付账款。同时，要求企业确认是否存在银行贷款套现业务。

（5）存货。财务人员需要对公司的存货进行全面盘点清查，切实做到账实相符；制定存货减值的核算办法，对存货计提存货跌价准备；对体外循环的存货纳入账内核算；建立健全存货收、发计价；制定存货实物流转制度，完善存货的核算。

（6）固定资产。挂牌前需要对公司的固定资产进行全面盘点清查，切实做到账实相符；制定固定资产减值的核算办法，对固定资产计提减值准备；对体外循环的固定资产进行评估入账内处理；要求公司减值固定资产台账或固定资产卡片账，便于企业进行实物管理。

（7）短期借款。建议要求企业到银行打印企业贷款卡记录，按照企业贷款卡的实际情况，以外部账面数为基础，将企业的短期借款调整为实际的短期借款；将企业民间借贷的款项，已经实际调整纳入账内核算。

（8）收入确认和成本核算。企业需要严格按照企业会计准则中收入确认原则的规定进行收入确认，对实际已完工，未开具发票的收入调整计入当期；对于已实现未开票的账外收入，纳入账内核算同时补交相关税金。

（9）会计基础重视问题。企业需要严格执行相关会计准则，充分认识到规范不是成本而是收益，养成将所有经济业务事项纳入统一的一套报账体系内的意识和习惯。

（10）企业盈利规划问题。虽然新三板挂牌条件中并无明确的财务指标要求，对企业是否盈利也无硬性规定，但对于企业进入资本市场的客观需要来说，企业盈利的持续性、合理性和成长性都至关重要。因此，要对企业盈利提前规划，并从政策适用、市场配套、费用分配、成本核算各方面提供系统保障。

（11）资本负债结构问题。以最为典型的资产负债率为例，数值过高将被视为企业偿债能力低、抗风险能力弱，很难满足挂牌条件，但数值过低也不一定能顺利通过挂牌审核，因为审批部门可能会认为企业融资需求不大，挂牌的必要性不足。因此，适度负债有利于约束代理人道德风险和减少代理成本，债权人可对当前企业所有者保持适度控制权，也更有利于企业挂牌或 IPO 融资。

（12）税收方案筹划问题。对于大多数中小企业来说，多采取采用内外账方式，利润并未完全显现，挂牌前则需要面对税务处罚和调账的影响。主要涉及土地增值税、固定资产购置税、营业收入增值税、企业所得税、股东个人所得税等项目。因此，税收规划一定要提前考虑，并且要与盈利规划避免结合起来。另外，在筹划中还要考虑地方性税收政策和政府补贴对企业赢利能力的影响问题。

（13）关联交易处理问题。关联交易的正面影响反映在可提高企业竞争力和降低交易成本，负面影响在于内幕交易、利润转移、税负回避、市场垄断等。因此，无论是 IPO 还是新三板挂牌，对于关联交易的审查都非常严格。从理想状况讲，有条件的企业最好能够完全避免关联交易的发生或尽量减少发生，但是绝对避免关联交易背后可能是经营受阻、成本增加、竞争力下降。因此，要辩证地看待关联交易，特别要处理好三个方面的问题：一是清楚认识关联交易的性质和范围；二是尽可能减少不重要的关联交易，拒绝不必要和不正常的关联交易；三是对关联交易的决策程序和财务处理务必要做到合法、规范、严格。

10.4　新三板企业公司治理结构

公司治理机制健全，合法规范经营是企业挂牌新三板的必要条件，完善公司治理结构对新三板企业来说至关重要。在公司治理结构中法人治理结构是现代企业制度的核心，而创新、激励作用是企业长盛不衰的法宝。公司治理结构也称法人治理结构、公司治理系统、公司治理机制，是一种对公司进行管理和控制的体系，是指由所有者、董事会和高级执行人员即高级经理三者组成的一种组织结构。现代企业制度区别于传统企业的根本点在于所有权和经营权的分离，或称所有与控制的分离，从而需要在所有者和经营者之间形成一种相互制衡的机制，用以对企业进行管理和控制（见图 10-2）。

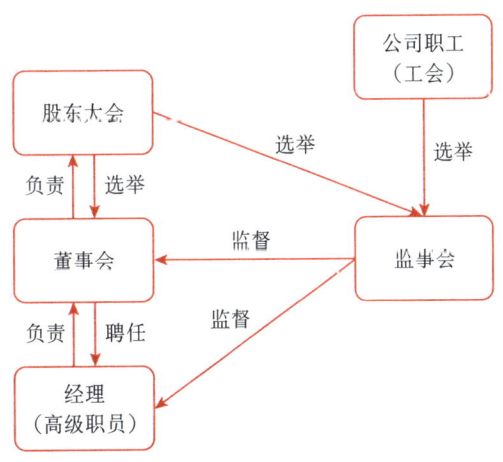

图 10-2　企业公司治理结构

10.4.1 企业挂牌新三板对治理结构的要求

（1）公司治理机制健全，是指公司按规定建立股东大会、董事会、监事会和高级管理层组成的公司治理架构，制定相应的公司治理制度，并能证明有效运行，保护股东权益。

①公司依法建立"三会一层"，并按照《公司法》《非上市公众公司监督管理办法》及《非上市公众公司监管指引第3号——章程必备条款》等规定建立公司治理制度。

②公司"三会一层"应按照公司治理制度进行规范运作。在报告期内的有限公司阶段应遵守《公司法》的相关规定。

③公司董事会应对报告期内公司治理机制执行情况进行讨论、评估。

（2）合法合规经营，是指公司及其控股股东、实际控制人、董事、监事、高级管理人员须依法开展经营活动，经营行为合法、合规，不存在重大违法违规行为。

①公司的重大违法违规行为是指公司最近24个月内因违犯国家法律、行政法规、规章的行为，受到刑事处罚或适用重大违法违规情形的行政处罚。

第一，行政处罚，是指经济管理部门对涉及公司经营活动的违法违规行为给予的行政处罚。

第二，重大违法违规情形，是指凡被行政处罚的实施机关给予没收违法所得、没收非法财物以上行政处罚的行为，属于重大违法违规情形，但处罚机关依法认定不属于的除外；被行政处罚的实施机关给予罚款的行为，除主办券商和律师能依法合理说明或处罚机关认定该行为不属于重大违法违规行为的外，都视为重大违法违规情形。

第三，公司最近24个月内不存在涉嫌犯罪被司法机关立案侦查，尚未有明确结论意见的情形。

②控股股东、实际控制人合法合规，最近24个月内不存在涉及以下情形的重大违法违规行为：

第一，控股股东、实际控制人受刑事处罚。

第二，受到与公司规范经营相关的行政处罚，且情节严重；情节严重的界定参照前述规定。

第三，涉嫌犯罪被司法机关立案侦查，尚未有明确结论意见。

③现任董事、监事和高级管理人员应具备和遵守《公司法》规定的任职资格和义务，不应存在最近24个月内受到中国证监会行政处罚或者被采取证券市场禁入措施的情形。

（3）公司报告期内不应存在股东包括控股股东、实际控制人及其关联方占用公司资金、资产或其他资源的情形。如有，应在申请挂牌前予以归还或规范。

（4）公司应设有独立财务部门进行独立的财务会计核算，相关会计政策能如实反映企业财务状况、经营成果和现金流量。

10.4.2 新三板企业公司治理结构的完善

（1）作为公众公司，新三板企业应当有健全的公司治理机制。公司应按规定建立股东大会、董事会、监事会和高级管理层组成的公司治理架构，并按照《公司法》《非上市公众公司监督管理办法》（以下简称《非公办法》）及《非上市公众公司监管指引第3号——章程必备条款》等规定建立相应的公司治理制度，并能规范有效运行，保证股东权益。

（2）章程应当载明保障股东享有知情权、参与权、质询权和表决权的具体安排；公司为防止股东及其关联方占用或者转移公司资金、资产及其他资源的具体安排；公司控股股东和实际控制人的诚信义务；明确须提交股东大会审议的重大事项的范围；载明公司的利润分配制度。

（3）对挂牌公司董、监、高人员任职资格方面并无特殊要求。董、监、高人员应当遵守法律、行政法规和公司章程的相关规定，对公司负有忠实义务和勤勉义务。挂牌公司应当在挂牌时向全国股份转让系统报备董事、监事及高级管理人员的任职、职业经历及持有挂牌公司股票情况。依照《公司法》第一百四十六条的有关规定，有下列情形之一的，不得担任公司的董事、监事、高级管理人员：

①无民事行为能力或者限制民事行为能力。

②因贪污、贿赂、侵占财产、挪用财产或者破坏社会主义市场经济秩序，被判处刑罚，执行期满未逾5年，或者因犯罪被剥夺政治权利，执行期满未逾5年。

③担任破产清算的公司、企业的董事或者厂长、经理，对该公司、企业的破产负有个人责任的，自该公司、企业破产清算完结之日起未逾3年。

④担任因违法被吊销营业执照、责令关闭的公司、企业的法定代表人，并负有个人责任的，自该公司、企业被吊销营业执照之日起未逾3年。

⑤个人所负数额较大的债务到期未清偿。

10.5 新三板的挂牌流程和费用

10.5.1 挂牌基本流程

公司从决定进入新三板、到最终成功挂牌，中间需要经过一系列的环节，可以分为四个阶段进行（见图 10-3）。

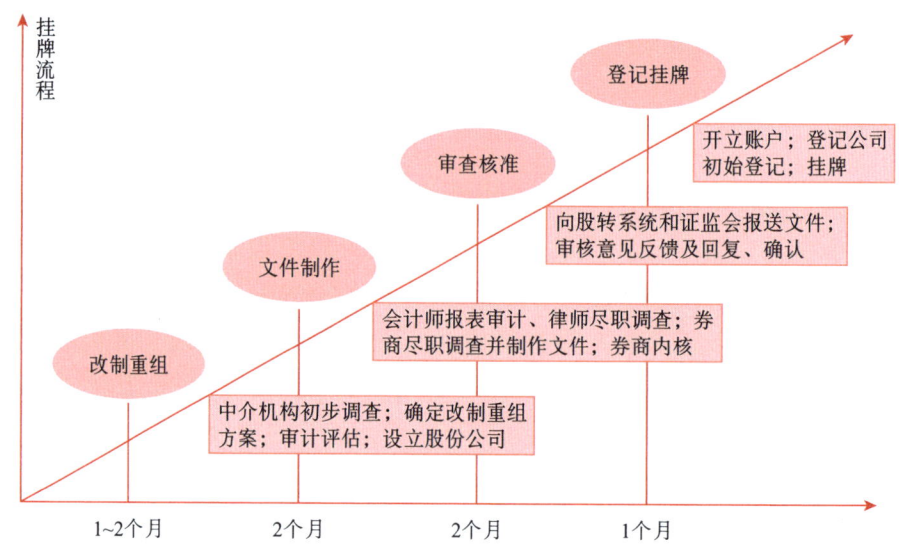

图 10-3 新三板挂牌流程

（1）决策改制阶段

决策改制阶段的主要工作在企业决定挂牌之后，选聘中介机构，中介机构尽职调查，选定改制基准日、整体变更为股份公司。根据挂牌上市规则，股份公司需要依法设立且存续满两年。

（2）材料制作阶段

①申请挂牌公司董事会、股东大会决议通过新三板挂牌的相关决议和方案；

②制作挂牌申请文件；

③主办券商内核；

④主办券商推荐等主要流程。

主要工作由券商牵头，公司、会计师、律师配合完成。

（3）反馈审核阶段

反馈审核阶段的工作主要是交易所与证监会的审核阶段，大约会在 45~60 天；中介机构会根据情况进行反馈。

（4）登记挂牌阶段

审核通过之后，公司可以挂牌登记，主要工作包括：分配股票代码；办理股份登记存管；公司挂牌敲钟。这些工作都会由券商带领企业完成。

10.5.2 挂牌的费用

与主板、中小板及创业板相比，企业申请在新三板挂牌转让的费用要低得多。新三板挂牌企业费用可分为挂牌前一次性的支付费用、挂牌后按年收取的持续服务费，及权益分派、信息披露义务人查询费等。拟挂牌阶段的一次性费用主要涉及公司改制、中介机构尽调、股份登记挂牌等服务，而挂牌后每年需要主办券商持续督导、年报半年报审计、法律意见咨询、日常交易等，挂牌企业需向三大中介机构（主办券商、律师事务所、会计师事务所）和股转系统支付相应的服务费用（见图10-4）。挂牌相关费用包括委托备案费、改制费、代收的备案费、信息披露服务费等。目前这四类机构费用打包合计预计在200万元左右。

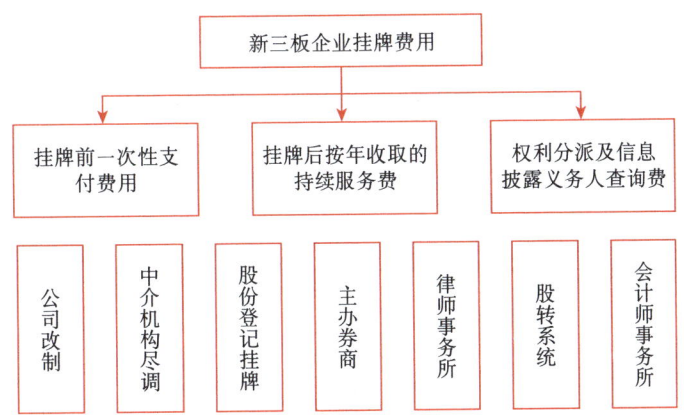

图10-4　企业挂牌新三板所涉及的机构

（1）挂牌前一次支付费用

①挂牌打包费用见图10-5。

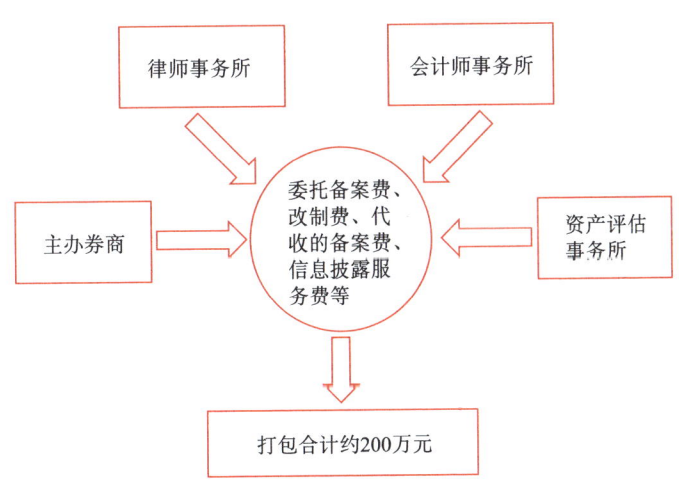

图10-5　新三板挂牌打包费用

②转系统费用见表10-6。

表 10-6　　　　　股转系统公司根据挂牌公司总股本分类收费标准

挂牌公司总股本数（万股）	股转系统公司收费（万元）
≤2 000	3
2 000~5 000	5
5 000~10 000	8
≥10 000	10

为了鼓励边远地区企业挂牌新三板，全国股转系统规定，自 2015 年 1 月 1 日起，暂免征收注册在内蒙古、广西、西藏、宁夏和新疆 5 个民族自治地区的公司挂牌费用。

③中国结算初始登记费 = 所登记股本面值 × 千分之 0.1。

④主办券商持续督导费用 = 10 万/年左右。

（2）挂牌后每年支付费用

①律师所事务所律师费：5 万~10 万元/年。

②会计事务所审计费：10 万~15 万元/年，如果企业规模较大，可能会高于这个费用。

③股转系统挂牌年费见表 10-7。

表 10-7　　　　　　　股转系统挂牌年费

挂牌公司总股本数（万股）	股转系统公司收费（万元）
≤2 000	2
2 000~5 000	3
5 000~10 000	4
≥10 000	5

④中国结算股票发行登记费 = 所登记股本面值 × 千分之 0.1。

（3）挂牌后按次支付

①中国结算系统收取权益分派手续费 = 红股及公积金转增股本面值与红利（股息）总额 × 千分之 0.1。

②中国结算系统收取名册服务费：100 元/次。

③中国结算系统信息披露义务人查询费：每个证券账户 70 元，无开户记录每人 10 元。

第 11 章 新三板股份交易

11.1 交易方式的确定与变更

11.1.1 选择竞价交易还是做市交易

2017年12月22日全国股转系统发布了多项文件，以组合拳的形式对新三板分层和交易制度等进行了改革，在新三板的盘中交易引入集合竞价转让方式。目前新三板交易制度可以理解为"盘中集合竞价或做市转让＋盘后协议转让"。即盘中时段的交易方式为集合竞价与做市转让两种，原采取协议转让方式的股票盘中交易方式将统一调整为集合竞价；同时，盘后可进行协议转让（10万股或成交金额100万元以上）或特定事项协议转让（主要针对股权转让、引进战略投资者等情形）。

采用集合竞价转让方式后，原创新层企业每天将在9:30、10:30、11:30、14:00、15:00撮合交易5次，基础层企业每天收盘时段15:00撮合1次。集合竞价交易方式在2018年1月15日正式上线。做市商转让是买卖双方通过证券公司的报价进行交易，做市商交易一般遵循"价格优先、时间优先"的原则。

挂牌企业需根据自己的实际情况选择做市交易还是协议交易。如果选择做市交易，则要拥有2家以上的做市商为其做市。新三板做市商是证券公司和符合条件的非券商机构，使用自有资金参与新三板交易，持有新三板挂牌公司股票，通过自营买卖差价获得收益，同时证券公司会利用其数量众多的营业部网点，推广符合条件的客户开立新三板投资权限，从而提高整个新三板交易的活跃度，盘活整个市场。

截至2021年9月底，新三板市场上共有挂牌企业7 254家，其中竞价转让的企业有6 755家,约占94%;做市转让的企业433家,约占6%(见图11-1)。

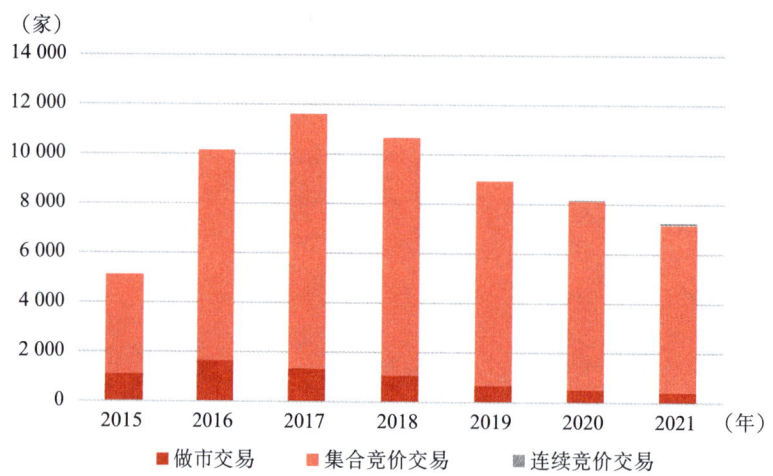

图11-1 2015—2021年以来新三板挂牌公司数量

数据来源:Wind资讯。

11.1.2 交易方式的变更

一般情况下,相对于做市交易,竞价交易能够提供股票的流动性,给企业带来更多的益处,因此有不少企业将做市转让变更为竞价转让。无论是采取竞价转让还是做市转让,挂牌企业自然是"量体裁衣",采取适合的转让方式。

竞价交易一经推出,大部分企业纷纷变更为集合竞价。2017年12月29日,联诚发(837293)发布公告,公司拟向股转公司提出申请,将公司股票转让方式由做市转让变更为集合竞价转让。而这也是新三板首家宣布将采取集合竞价方式转让的公司。在此之后,又有多家企业相继变更为集合竞价转让方式,其中不乏吸引多家做市商的明星企业。诸如浙商创投(834089)和八马茶叶(834754),两家企业曾拥有9家做市商;德芙转向(838381)曾有做市商6家,于2018年3月6日变更为竞价转让。截至2019年2月11日,新三板10 541家挂牌公司中有9 485家是竞价转让方式,占比达90%。

与此同时,也不少企业选择变更转让方式为做市。例如,创新层企业合全药业(832159)2018年1月22日公告,公司股票将自2018年1月24日起变更为做市转让方式。变更前,公司股票仍采用集合竞价转让方式进行转让。在集合竞价实施一周后,合全药业也成为首家竞价转做市企业。合全药业是新三板名副其实的医药明星企业,在转为做市方式后,15家做市商参与报价。更为关键的是,公司总市值达到近200亿元,远在"市值60亿以上"的行业"独角兽"的标准之上。又比如,武侯高新(871326)是在2017年4月挂牌新三板,但直至2018年1月底,公司二级市场才出现交易，交易方式显示为做市转让，做市首日则为1月25日。2018年1月，武侯高新完成挂牌后的首轮融资，以1.88元/股的价格募资17.56亿元。其中，参与认购的就包括中泰证券、浙商证券、中山证券、五矿证券等7家做市商。以此定增价来算，公司总市值达到25亿元。

然而，并不是所有的转换都能给企业带来好处，公司是否要进行做市交易还要就具体情况而定。例如创新层企业健佰氏（834887）在采取做市转让后就没那么幸运。3月8日，健佰氏由集合竞价变更为做市转让。出乎意料的是，在做市首日，公司股价暴跌53%，创下近一年来新三板企业做市首日最大跌幅纪录。

11.2 做市交易

企业挂牌新三板采取做市转让方式的需要条件见图11-2。

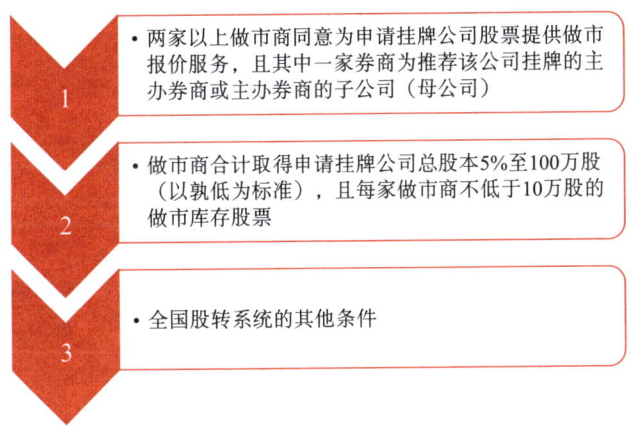

图11-2 企业挂牌时采取做市交易的条件

11.2.1 什么是做市制度

做市商制度是欧美金融市场早期在柜台市场条件下，为了促成交易或者降低交易成本而引入的制度安排，现在已经广泛地被债券、外汇、证券及衍生品等各类场内、场外金融市场所采用。根据与竞价制度的共存模式，做市商制度可分为纯粹做市商制度和混合型做市商制度。

- 纯粹做市商制度，指某一产品的交易完全通过做市商来完成。
- 混合型做市商制度，指某一产品的交易既可能通过竞价交易完成，也可能通过做市商来完成,属于竞价和做市商共存的模式。做市商向市场提供买卖双向报价,投资者根据做市商报价选择是否与做市商成交,投资者委托不直接匹配成交。

目前纯粹做市商模式主要存在于场外市场,少数场内市场也采用纯粹做市商模式。纯粹做市商模式大体上可以分为场外零售市场、场外机构市场、场内市场三种。混合型做市商模式主要存在于场内市场,这种模式的特点是竞价交易和做市商交易同时存在,现在很多场外市场也逐渐具有了这种混合交易的特征。这种模式大体上也可以分为单一做市商、完全竞争多做市商和不完全竞争多做市商三种。

我国新三板市场中的做市商制度为纯粹做市商模式。在该交易模式下,投资者之间不能成交,必须通过做市商进行。同时,选择做市转让的挂牌企业必须拥有两家以上做市商为其做市。

这种模式的交易流程主要包括以下几个步骤(见图11-3):

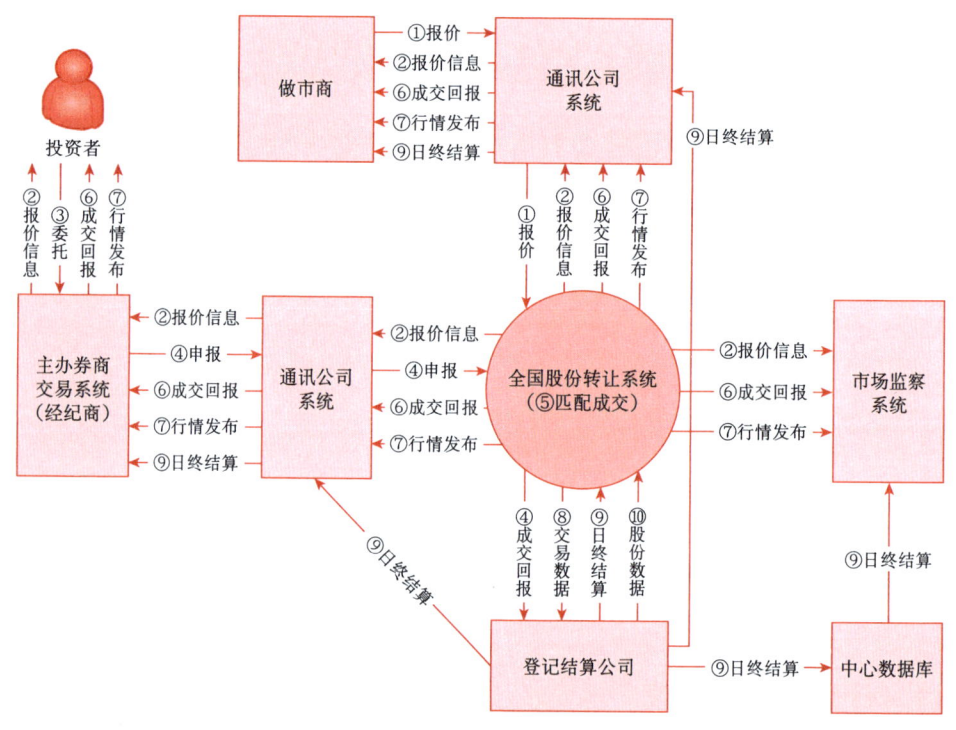

图 11-3 做市商交易流程图

(1) 推荐券商向交易系统提供报价信息;
(2) 推荐券商报价信息的发布;
(3) 投资者提交委托与自营委托的申报;
(4) 委托及自营申报回报;
(5) 推荐券商点选成交;

（6）成交信息的发布与清算。

做市转让交易的具体制度如下：

（1）投资者买入股票当日不得卖出，做市商买入股票当日可以卖出。

（2）开盘价为当日第一笔成交价，收盘价为当日最后一笔成交价，无成交价的以前收盘价为当日收盘价。

（3）做市商双向报价，并在报价数量范围内按其报价履行与投资者的成交义务。

（4）投资者之间不能成交，做市转让撮合时间做市商之间不能成交。

（5）投资者限价申报，做市商做市申报。

（6）接受申报时间：9:15~9:30；做市转让撮合时间：9:30~11:30、13:00~15:00；做市商转让时间：15:00~15:30。

（7）做市商最迟履行报价时间：9:30。

（8）做市商每个转让日双向报价时间不少于做市撮和时间75%。

（9）做市商的做市申报应同时包含买入和卖出，且相对买卖差价不超过5%。

（10）做市商提交新的做市申报后，前次做市申报的未成交部分自动撤销。

（11）做市商前次做市申报撤销或者其申报数量经成交后不足1 000股的，做市商应于5分钟内重新报价。

（12）做市商持有库存股不足1 000股时，可以免于履行卖出申报义务，但应及时向全国股转系统报告并调节库存股数量，并最迟于该情形发生后的3个转让日恢复正常双向报价。

（13）单个做市商持有库存股达到挂牌公司总股本20%时，可以免于买入报价义务，但应及时向全国股转系统报告，并最迟于该情形发生后的3个转让日恢复正常双向报价。

按照"价格优先、时间优先"原则，将投资者与做市商订单进行连续自动撮合；成交价均以做市申报价格为准。

到价成交原则

- 投资者买入委托≥做市商卖出申报
- 投资者卖出委托≤做市商买入申报

如有2笔及以上限价委托到价的，全国股份转让系统按照价格优先、时间优先原则撮合成交。

投资者限价委托未到价时，做市商不负有成交义务。

因投资者或做市商更改报价使限价委托到价的，全国股份转让系统按照价格优先、时间优先原则将到价限价委托依次与做市申报进行成交。

> ### 做市商报价
>
> 每个转让日 9:30 开始发布即时行情，其内容主要包括证券代码、证券简称、前收盘价、最近成交价、当日最高价、当日最低价、当日累计成交数量、当日累计成交金额、做市商实时最高 3 个价位买入申报价格和数量、做市商实时最低 3 个价位卖出申报价格和数量等。每个转让日内，做市商应持续发布双向报价，在报价价位和数量范围内履行做市成交义务。
>
> 最迟应于上午 9:30 发布双向报价，双向报价时间应不少于每个转让日做市转让撮合时间的 75%。做市报价价差区间为 [0, 5%]，同次报价的卖出与买入价格之差应大于零且不超过卖出价格的 5%。
>
> 做市商前次做市申报撤销，或其申报数量经成交后不足 1 000 股的，做市商应于 5 分钟内重新报价。
>
> 从 2014 年 8 月 25 日新三板做市转让方式正式实施以来，不管是从做市股票的市场表现，还是从做市股票的成交活跃度来看，均有提升，因此，做市商制度对提升订单成交效率、充分体现挂牌企业成长性无疑有明显的推动作用。

做市成交制度安排见图 11-4。

做市商最低做市期限

挂牌时采取做市转让方式的股票和由协议转让转变为做市转让的股票，其初始做市商为该股票做市不满 6 个月的，不得退出为该股票做市，后续加入的做市商为该股票做市不满 3 个月的，不得退出为该股票做市。

做市商豁免双向报价的情形

为了使做市商能够有一定的时间调整库存股票，继续履行双向报价的义务，给予做市商在一定情形下的双向报价豁免权力。

当做市商库存不足 1 000 股时，可豁免卖出报价；做市商库存股达到做市股票总股本 20% 时，可豁免买入报价，豁免时间为两个转让日。

图 11-4 做市成交的制度安排

11.2.2 做市商的盈利模式

到目前为止，新三板主办券商都已申请了做市商资格。作为新三板的主要参与方，券商新三板业务的盈利主要来自以下三方面：

（1）做市收入（买卖差价收入）

从理论上讲，依靠股份转让经纪业务、双向报价赚取差价及给企业做增发等获得的收入应该成为做市券商的主要收入。因此，能否选取合适的做市企业并对其股票做合理估值将决定券商在做市收入的高低。专业能力突出的券商对挂牌企业股值估价准确，可以实现做市商业务巨大利润；相反，专业估值和操作能力较差的券商，则面临巨大损失。

在选股方面，做市商多以规模、业绩指标为向导，规模大、业绩漂亮的企业成为做市商首选。具体到量化指标，则包括企业基本面、营业收入、净利润、市盈率、资产收益率等指标。此外，企业经营范围、所处行业现状及前景、企业核心竞争优势、团队情况、企业成长性及估值情况等均在考量范围内。

在估值方面，市盈率是一个非常重要的指标。市盈率是很具参考价值的股市指针，投资者通常利用该比例值估量某股票的投资价值，或者用该指标在不同公司的股票之间进行比较，在投资决策中占有重要地位。简单来讲，做市商会通过自己的专业能力，根据企业业绩以及二级市场平均市盈率给挂牌企业一个合理的估值。

真正意义上的做市商，是通过专业的研究，给相关证券提出合理的价格波动区间，并且进行相应的买卖交易活动，以维持其必要的流动性。好的做市商不会把做市的股票价格抬得很高，也不会使其跌得很惨，更不会试图通过做市交易而大赚其中的差价。它的目的是为企业合理定价服务，为投资者理性投资服务。能够做到这一点的做市券商才是市场真正需要的，也是中国资本市场发展过程中不可或缺的力量。

而影响做市商买卖报价差额的决定性因素主要有以下几个方面：

第一，股票的交易量。就交易量而言，交易量越大，做市商赚取的差额趋向于越小。证券流动性的大小取决于交易量的大小，从某种程度上来说，交易量大的证券的流动性也大，缩短了做市商持有的时间，进而可以减小其库存股票的风险。同时，也有可能使做市商在交易时实现一定的规模经济，由此减少成本，因此报价差额也就相应缩小很多。

第二，股票价格的波动性。证券价格波动性越大，其报价差额也会越大。因为在给定的证券持有期间内，波动率变动较大的证券对于做市商所产生的风险大于变动小的证券，作为对这种风险的补偿，其价格差额自然也就越大。

第三，证券市场竞争压力。市场上做市商的数量越多，竞争压力越大，各种约束力量就越是有力地限制着单个做市商报价差额的偏离程度，因而差额越小。做市过程中，做市商为了获得更多的做市价差收入，相互之间进行竞争，促使做市商降低成本和利润，最终使得报价价差逐渐缩小。而且，证券拥有做市商的数量越多，证券交易越活跃，流动性越大，其中做市商的风险也就越小，作为风险补偿的差额也就越小。

（2）直投业务收入

主办券商除取得做市库存股外，通过旗下直投子公司、资管计划等参与认购挂牌公司股票，也是挂牌公司股票发行的一大亮点。例如，申银万国、国泰君安、中泰证券、国信证券等主办券商的直投子公司积极参与所推荐挂牌公司的发行认购。国元直投和海通开元两家券商直投子公司认购了挂牌公司佳先股份的股票，中信建投和中泰证券入股挂牌公司新眼光。主办券商投资于挂牌公司，将丰富券商的业务条线，形成新的盈利空间；同时，也有利于推荐业务与直投、资管等业务的相互联动，为挂牌公司提供综合性的金融服务。对于做市商来讲，其主要的支出为取得做市库存股所支付的对价，而主要的利润则来自资本利得和买卖价差。通过竞价转让或者定增方式取得挂牌企业库存股票，待股价上涨时获取收益。目前，此类收益是券商做市的主要收入来源。

例如，新三板扩容后首批参与挂牌的金天地，其主营业务是电视剧的投资和发行，公司业绩良好并且最近三年净利润均超过2 000万元。在2014年12月26日转为做市商交易的当天，公司股价便暴涨501.94%。而当年11月的定向增发，6家做市商对金天地的认购价仅有4.5元，因其基准价极低（仅1.03元），而以做市交易首日的收盘价6.2元计算，这些做市商已然获得近38%的浮盈。

11.2.3 做市制度的优点

（1）做市能够增加企业股票的流动性。

新三板市场建立并扩容以来，遇到的最大问题在于企业缺乏流动性，导致市场发现价格的功能不足，企业的融资瓶颈依然没能破解。实施做市商制度以来，做市股票的流动性显著提高，因为做市商承担做市所需的资金可以随时应付任何买卖，活跃市场。因此，理论上讲，做市商保证了市场进行不间断的交易活动，即使市场处于低谷也是一样。股票流动性的提高也增强市场对投资者和证券公司的吸引力。在新三板市场上市的公司一般规模比较小、风险也比较高，特别是在市场低迷的情况下，广大投资者更容易失去信心。而有了做市商为企业"背书"，投资者更倾向于投资做市企业。

（2）做市商制度能够使公司的股票价格更加合理，定价也更加透明。

融资是企业挂牌的目的之一，而融资的关键是定价，做市商制度能够为企业股票提供更加合理的定价。做市商所报的价格是在综合分析市场所有参与者的信息以衡量自身风险和收益的基础上形成的，投资者在报价基础上进行决策，并反过来影响做市商的报价，从而促使证券价格逐步靠拢其实际价值。如果某一做市商的报价距其他竞争对手差别太大，交易量必将受到影响，最终会被淘汰出局。在这一过程中，做市商实现了其价格发现的功能。对于企业来讲，做市之后，投资者对做市股票的价格更有信心，而且当企业需要从银行获得银行贷款或进行股权质押时，股权市场的交易价格也是重要的参考因素。

（3）做市制度有助于维护股票价格的稳定性。

做市商报价有连续性，价差幅度也有限制，做市商出于自身利益考虑，会有维护市场稳定的强烈动机。而做市商也有责任在股价暴涨暴跌时参与做市，从而有利于遏制过度投机，起到市场"稳定器"的作用。做市商之间的竞争也很大程度上保证了市场的稳定。在新三板做市的公司股票，要有2家以上的做市商为其股票报价，而一些规模较大、交易较为活跃的股票的做市商往往更多。因此，市场的信息不对称问题就会得到很大缓解，个别的机构投资者很难通过操纵市场来牟取暴利，市场的投机性大大减少，并减少了传统交易方式中所谓庄家暗中操纵股价的现象。

11.2.4 新三板企业如何选择做市商

公司挂牌时采取做市转让方式的，其主办券商必须为做市商之一，因此可以和主办券商协商选择做市转让方式，并由主办券商推荐其经常合作的主办券商作为做市商，或者挂牌公司也可以自己联系筛选合适的主办券商作为做市商之一。已挂牌公司欲由竞价转让方式转为做市转让方式的，不强制要求其主办券商为其做市，挂牌公司既可以联系自己的主办券商由其寻找合作主办券商，也可以自行联系筛选合适的其他主办券商做市。

做市商对企业的发展是有很大帮助的，但是它也有一定的负面作用。建议不要选择过多的做市商。在选择做市商之前，首先应该对做市商的资质条件、市场上的做市券商概况有所了解。

（1）做市商条件

股票挂牌时拟采取做市转让方式应当具备以下条件：

①两家以上做市商同意为申请挂牌公司股票提供做市报价服务，且其中一家做市商为推荐该股票挂牌的主办券商或该主办券商的母（子）公司。

②做市商合计取得不低于申请挂牌公司总股本5%或100万股（以孰低为准），且

每家做市商不低于 10 万股的做市库存股票。

③全国股份转让系统公司规定的其他条件。

股转系统只对初始库存股数量的下限作出规定，而并未规定做市商在做事过程中库存股票的上限。其原因一方面是因为做市商若大量持有做市股票触发全面邀约收购的标准，则有相应的并购办法进行管理。另一方面，也建议当做市商库存股大幅变动时可采用延期公告的方式，以避免市场投资者对做市商仓位的判断而进行逼仓等投机行为，具体延期公告的办法可另行制定。

（2）做市券商概况

截至 2021 年 9 月，已有申银万国、国泰君安、国信证券、长江证券、银河证券等 93 家券商成为做市商（见表 11-1）。

表 11-1　　　　　　　　　做市转让股票个数前 10 名的券商

券商列表	做市股票数量（个）
国泰君安证券	133
申万宏源证券	114
中泰证券	113
开源证券	110
九州证券	109
天风证券	102
粤开证券	95
上海证券	92
长江证券	82
光大证券	82

11.2.5　做市价格的确定

选择做市商不仅要选择知名的，还要选择帮企业做事的，特别是要与其利益绑在一起，股份出让多一点没问题，股价低一点也没问题，但是要保证做市商能够帮助企业持续做下去，能实现一定的流动性和市值管理。做市商有内部机制，不能要做市商亏损，所以从这个角度选择做市商，价格不能太低，也不能太高。

例如，做市商的价格，第三轮定增给到投资者 15 元的价格，做市商从 16 元、17 元、18 元一直谈到 20 元，其价格越来越高，但是差距不会很大。有的公司把价格差距拉得过大，最后上市之后会导致低价的被尽快卖掉，高价的觉得没钱赚也会出现斩仓的情况，导致公司股价不好维护。

11.3 竞价转让

11.3.1 竞价转让制度

竞价转让制度是指对一段时间内接收的买卖申报一次性集中撮合的竞价方式。具体而言，由投资者在报价系统输入买单与卖单（申报有效价格范围为前收盘价的 50%—200%），报价系统在规定的撮合时间内进行撮合，按照成交量最大的原则确定集合竞价价格与成交量，并进行成交，遵循"先报价、后撮合、再成交"的原则。

集合竞价时间的撮合过程具体如下：

第一，遵循价格优先的原则，进行买入价格最高的买单 1 和卖出价格最低的卖单 1 之间的成交，成交数量为 4 手，为同时满足买入价格为 100 元的买单与卖出价格为 96 元的卖单，成交价格需要在 96~100 元之间。

第二，进行买单 2 与卖单 1 的成交，成交量为 1 手，成交价格的范围进一步被缩窄至 96~98 元。

第三，进行买单 2 与卖单 2 的成交，成交量为 2 手，成交价格确定为 98 元。至此卖单 1 和 2、买单 1 和 2 全部成交，而买单 3 的买入委托价低于卖单 3 的卖出委托价，故无法成交。

最后一笔成交价格 98 元即为集合竞价产生的交易价格，所有委托均按照这一价格成交（若最后一笔买单与卖单的委托价格不相等，则二者的平均价格即为此次集合竞价的价格），成交总量为 7 手。

新三板基础层在每日进行 5 次撮合，创新层每日则进行 25 次撮合。集合竞价中每日撮合频次越高，价格发现职能越有效。同时，新三板也将根据市场需要，调整集合竞价的撮合频次。

对于新三板而言，新三板引入集合竞价是交易制度的一次重要突破，集合竞价较好地解决了协议转让下产生的信息不对称、价格操纵、利益输送等问题，有利于更有效地执行新三板市场价格发现的职能。同时，与主板连续竞价不同的是，新三板集合竞价是在撮合时间内进行集合竞价，目前在价格连续性上较主板市场存在一定差距。

11.3.2 竞价转让中需要注意的问题

竞价转让的推出旨在提高新三板的流动性，但是从实际运行来看，效果并不显著。

数据显示，竞价作为将近90%的新三板公司采用的交易方式，却只贡献了60%~70%的成交量，说明集合竞价没有显著提升新三板的流动性。竞价转让从理论上来看，可以使投资者在参与市场定价时更为有效，但是受限于新三板市场中既有的投资者数量和结构，还是不能从根本上提高流动性。实践操作中，新三板盘后的交易仍然较为活跃，新三板投资者更为习惯或有更有意愿按照之前转让协议的方式进行，以满足大额资金的进出和股权额转让，只是由原来的盘中协议转让变为现在的盘后协议转让。可以看出，目前投资者竞价转让的接受程度并不高。

11.4 新三板的投资者概况

新三板市场的投资者主要有券商、PE/VC 机构、公募基金和少数个人投资者。

11.4.1 券商投资

做市券商在为企业做市的之前有义务购买公司股票，因而券商成为新三板投资的重要主体之一。在高峰的时候，在投资额方面，从券商初始库存股的角度来看，各做市券商在做市方面拥有的库存股金额达到77.7亿元，后面由于流动性问题，券商做市在2017年以来开始进入低潮。不过，随着新三板市场深改的推进，从2020年开始，做市商意愿逐步回升，2021年以来增长迹象明显。根据东方财富 Choice 统计显示，2021年以来新三板共发生71起做市案例，涉及券商23家。

11.4.2 PE/VC 机构投资

截至2019年2月，得到 PE/VC 投资的企业达到1 034家，累计投资金额超过386亿元，其中 PE/VC 投资超过1亿元的企业有63家。超过10家投资机构投资的企业有26家，有 ST 泽生（16家）、佳和农牧（16家）、新创未来（15家）、星博生物（14家）等。PE/VC 机构投资公司投资资金规模排名见表 11-2。

表 11-2　　　　　　　　　PE/VC 机构投资公司投资资金规模排名

排名	证券名称	累计投资金额（万元）
1	新锐英诚	52 100
2	银丰棉花	50 000
3	好帮手	21 700

续表

排名	证券名称	累计投资金额（万元）
4	凯立德	19 999
5	仁会生物	15 000
6	久日新材	12 926
7	达瑞生物	12 600
8	小西牛	10 075
9	乐华文化	10 000
10	恒信玺利	9 000

数据来源：Wind 资讯。

典型的 PE/VC 机构如九鼎投资、深创投、同创伟业、硅谷天堂、天星资本、景林投资、达晨创投等。不少 PE/CV 机构本身就是新三板挂牌的企业，如九鼎投资、中科招商、菁英时代等。不同机构有不同的投资特点，如深创投走的就是基金路线。在新三板的投资实践里深创投主要打造两个平台：一个是推动创投基金已投企业挂牌新三板；另一个是通过红土创新基金管理公司把已挂牌的新三板投资放在里面。目前虽然经过新三板大幅度的调整，但所有的投资项目没有跌破投资成本、管理的所有产品均为正收益。

11.4.3 其他机构投资者

除了券商、PE/VC 等传统机构以外，公募基金也是实力雄厚的机构投资者。然而，受制于政策限制，公募基金在新三板的布局已然慢了一步。公募投资新三板的细则已经在内部征求意见中，目前监管层正在积极推动该事宜，2021 年有望出台。而事实上，在 2014 年 4 月末，宝盈基金通过子公司设立发行了公募行业首只新三板专户产品，至今已经有嘉实、华夏、财通、南方、汇添富、海富通、招商、前海开源、红土创新、九泰等近 20 家基金公司完成新三板布局。

11.4.4 个人投资者

当前，个人投资者参与新三板投资有两个途径：一是直接投资；二是购买金融机构发售的相关产品。

个人投资者直接投资三板必须同时符合以下两个条件：第一，投资者本人名下前一交易日日终证券类资产市值 500 万元以上。证券类资产包括客户交易结算资金、在沪、深证券交易所和全国股份转让系统挂牌的股票、基金、债券、券商集合理财产品等，信用证券账户资产除外。第二，具有两年以上证券投资经验，或具有会计、金融、投资、财经等相关专业背景或培训经历。而机构投资者要想参与挂牌公司转让，则必须是注册资本 500 万元以上的法人机构，或是实缴出资总额 500 万元以上的合伙企业。

这些政策的门槛对于个人投资者来讲相对较高，因而个人投资者不是目前新三板投资的主体。

11.5 新三板企业估值概况

11.5.1 新三板企业估值方法

（1）可比公司法

首先要挑选与非上市公司同行业可比或可参照的上市公司，以同类公司的股价与财务数据为依据，计算出主要财务比率，然后用这些比率作为市场价格乘数来推断目标公司的价值，比如 P/E（市盈率，价格/利润）、P/S 法（价格/销售额）。

目前在国内的风险投资（VC）市场，P/E 法是比较常见的估值方法。通常我们所说的上市公司市盈率有两种：

• 历史市盈率（Trailing P/E）——当前市值/公司上一个财务年度的利润（或前 12 个月的利润）；

• 预测市盈率（Forward P/E）——当前市值/公司当前财务年度的利润（或未来 12 个月的利润）。

• 投资人是投资一家公司的未来，是对公司未来的经营能力给出目前的价格，所以他们用 P/E 法估值就是：

公司价值 = 预测市盈率 × 公司未来 12 个月利润

公司未来 12 个月的利润可以通过公司的财务预测进行估算，那么估值的最大问题在于如何确定预测市盈率。

一般说来，预测市盈率是历史市盈率的一个折扣，比如说 NASDAQ 某个行业的平均历史市盈率是 40，那预测市盈率大概是 30，对于同行业、同等规模的非上市公司，参考的预测市盈率需要再打个折扣，15~20，对于同行业且规模较小的初创企业，参考的预测市盈率需要再打个折扣，就成了 7~10 了。

比如，如果某公司预测融资后下一年度的利润是 100 万美元，公司的估值大致就是 700 万~1 000 万美元，如果投资人投资 200 万美元，公司出让的股份大约是 20%~

35%。对于有收入但是没有利润的公司，P/E 就没有意义，比如很多初创公司很多年也不能实现正的预测利润，那么可以用 P/S 法来进行估值，大致方法跟 P/E 法一样。

（2）可比交易法

挑选与初创公司同行业、在估值前一段合适时期被投资、并购的公司，基于融资或并购交易的定价依据作为参考，从中获取有用的财务或非财务数据，求出一些相应的融资价格乘数，据此评估目标公司。

比如 A 公司刚刚获得融资，B 公司在业务领域跟 A 公司相同，经营规模上（比如收入）比 A 公司大 1 倍，那么投资人对 B 公司的估值应该是 A 公司估值的 1 倍左右。比如分众传媒在分别并购框架传媒和聚众传媒的时候，一方面以分众的市场参数作为依据；另一方面，框架的估值也可作为聚众估值的依据。

可比交易法不对市场价值进行分析，而只是统计同类公司融资并购价格的平均溢价水平，再用这个溢价水平计算目标公司的价值。

（3）现金流折现

现金流折现是一种较为成熟的估值方法，通过预测公司未来自由现金流、资本成本，对公司未来自由现金流进行贴现，公司价值即为未来现金流的现值。

贴现率是处理预测风险最有效的方法，因为初创公司的预测现金流有很大的不确定性，其贴现率比成熟公司的贴现率要高得多。

寻求种子资金的初创公司的资本成本也许在 50%～100% 之间，早期的创业公司的资本成本为 40%～60%，晚期的创业公司的资本成本为 30%～50%。对比起来，更加成熟的经营记录的公司，资本成本为 10%～25%。

这种方法比较适用于较为成熟、偏后期的私有公司或上市公司，比如凯雷收购徐工集团就是采用这种估值方法。

（4）资产法

资产法是假设一个谨慎的投资者不会支付超过与目标公司同样效用的资产的收购成本。比如中海油竞购尤尼科，是根据其石油储量对公司进行估值。

这个方法给出了最现实的数据，通常是以公司发展所支出的资金为基础。其不足之处在于假定价值等于使用的资金，投资者没有考虑与公司运营相关的所有无形价值。另外，资产法没有考虑到未来预测经济收益的价值。所以，用资产法对公司估值，金额是最低的。

11.5.2　新三板企业估值的影响因素

估值体系基础框架分成两个部分：行业相对估值体系和个股估值调整体系。首先，通过行业相对估值体系确定行业相对估值区间，再通过个股估值调整体系确定具体公司的相对估值区间，最后根据三板整体的最新估值结果得到具体公司的绝对估值区间。

行业相对估值体系的指导思想是以历史交易数据测算市场估值运行区间。首先计算新三板市场以及各行业历史PE、PB运行中枢及标准差，并在此基础上计算各行业相对PE、相对PB运行中枢及标准差，因相对指标能够反映市场本身的整体特征且变动区间相对平稳。

个股估值调整体系是通过公司的常规调整系数和特殊调整系数对公司所属行业的相对估值进行调整，从而得到公司估值。常规调整系数从增长性、盈利能力和杠杆三个维度出发，分别选取最具代表性的三个因子——收入增长率（YoY）、ROE和权益乘数（D/E）作为度量。而特殊调整系数则从公司本身出发，根据公司的管理团队、公司治理、长期发展以及其他因素等综合考虑，给出一个主观评定。

估值体系设计之初提出了两条基础设计思路：一是基于新三板自身数据及规律；二是基于A股主板数据及规律向新三板映射。通过大量的实证研究决定暂不采用从主板映射新三板的设计思路。从定性方面来看，新三板市场与主板市场相对割裂；从定量方面来看，新三板市场估值水平相对稳定，而A股市场估值水平波动却较大，因此A股估值无法作为新三板估值的合理参照。当然，未来如果转板机制打通，新三板与A股联动性增强的话，会考虑加入A股映射因素。

11.5.3 新三板企业的估值现状及比较

2021年9月30日，新三板市场共有挂牌企业7 340家，其中有成交的企业1 216家，在有成交量的企业当中，市值超过100亿元的有10家，最高的贝特瑞市值达到790亿元，而市值低于100万的有30家，其中市值最低的只有7.6万元。在排名前20的企业当中，做市转让企业有4家，连续竞价转让企业有5家，集合竞价转让企业有11家，做市企业的总市值为543亿元，连续竞价转让企业的总市值为1 381亿元，集合竞价转让的企业总市值为1 390亿元。截至2019年2月11日相关数据见表11-3。

表11-3　　　新三板企业市值排名前20位（截至2019年2月11日）

排名	证券简称	总市值（亿元）	转让方式
1	贝特瑞	790	连续竞价
2	永安期货	398	集合竞价
3	连城数控	272	连续竞价
4	恒神股份	205	做市
5	吉林碳谷	137	连续竞价

续表

排名	证券简称	总市值（亿元）	转让方式
6	华强方特	137	做市
7	东海证券	129	集合竞价
8	巨正源	123	集合竞价
9	华精科技	115	集合竞价
10	康乐卫士	114	做市
11	浙商创投	100	集合竞价
12	国都证券	97	集合竞价
13	长虹能源	97	连续竞价
14	威宁能源	97	集合竞价
15	参仙源	88	集合竞价
16	天地壹号	87	做市
17	颖泰生物	85	连续竞价
18	锦波生物	84	集合竞价
19	硅烷科技	82	集合竞价
20	环渤海	77	集合竞价

数据来源：Wind 资讯。

2021 年 9 月 30 日，新三板市场有成交量的企业总市值达到 23 633 亿元，其中做市企业的总市值为 2 656 亿元，集合竞价转让企业的总市值为 17 626 亿元，连续竞价转让企业的总市值为 2 499 亿元。总体来看，竞价企业的总市值和平均市值都超过做市转让的企业，但总市值排名靠前的企业更倾向于竞价转让而不是做市转让。这与做市交易的制度有关，企业股票做市转让会受到更多限制。

第12章 新三板企业资本运作：定向增发

新三板定增，又称新三板定向发行，是指申请挂牌公司、挂牌公司向特定对象发行股票的行为。新三板定位于为成长性、创新性中小企业提供股份转让和定向融资服务。对挂牌企业而言，新三板定增具备小额融资豁免、定增储架发行、定增价格定价灵活、定增股份无限售期要求、定增对象灵活等优势。

新三板定向增发作为挂牌企业最常用的融资手段，已成为当之无愧的"香饽饽"。2015年前期新三板定增实施次数飞速增长，近期受市场影响逐步冷却。然而，由于二级市场始终无法取得量价突破，一批新三板定增股票当前正面临"破发"的尴尬境地。可能的原因主要有以下几个方面：一级市场定增过火挤占了大量新三板资金，定增折价提供了安全垫；更多企业采用挂牌即定增方式，令机构投资者观望情绪浓厚；定增完以后无锁定期，进一步导致二级市场抛压严重。新三板一级市场吸金过度可能导致二级市场进一步"失血"，加大定增破发风险，易陷入恶性循环。新三板出现降温主要与市场预期随着监管趋严、估值激升及新红利期望落空等因素有关。新三板定增破发频现，震荡期破局仍需政策红利。

12.1 定向增发的融资优势

12.1.1 新三板定增的相关规定

（1）挂牌的同时可以进行定向发行

《全国中小企业股份转让系统业务规则（试行）》（以下简称《业务规则（实

行)》）4.3.5："申请挂牌公司申请股票在全国股份转让系统挂牌的同时定向发行的，应在公开转让说明书中披露。"

该条明确了企业在新三板挂牌的同时可以进行定向融资。允许挂牌企业在挂牌时进行定向股权融资，凸显了新三板的融资功能，缩小了与主板、创业板融资功能的差距；同时，由于增加了挂牌时的股份供给，可以解决未来做市商库存股份来源问题。另外，挂牌的同时可以进行定向发行，并不是一个强制要求，拟挂牌企业可以根据自身对资金的需求来决定是否进行股权融资，避免了股份大比例稀释的情况出现。

与企业仅挂牌不同时定向发行相比，同时增发的企业需在公开转让说明书中披露以下内容：①在公开转让说明书第一节基本情况中披露"拟发行股数、发行对象或范围、发行价格或区间、预计募集资金金额，同时，按照全国股份转让系统公司有定向发行信息披露要求，在公开转让说明书'公司财务'后增加'定向发行'章节，披露相关信息"；②在公开转让说明书中增加一节"定向发行"，主办券商应如实披露本次发行股票的数量、价格、对象以及发行前后企业相关情况的对比。

（2）储架发行

储架发行是指一次核准、多次发行的再融资制度。该制度主要适用于定向增资需要经中国证监会核准的情形，可以减少行政审批次数，提高融资效率，赋予挂牌公司更大的自主发行融资权利。

《非上市公众公司监督管理办法》（以下简称《监管办法》）第41条规定："公司申请定向发行股票，可申请一次核准，分期发行。自中国证监会予以核准之日起，公司应当在3个月内首期发行，剩余数量应当在12个月内发行完毕。超过核准文件限定的有效期未发行的，需重新经中国证监会核准后方可发行，首期发行数量应当不少于总发行数量的50%，剩余各期发行的数量由公司自行确定，每期发行后5个工作日内将发行情况报中国证监会备案。"

储架发行制度可在一次核准的情况下为挂牌公司一年内的融资留出空间。如：挂牌公司在与投资者商定好500万元的增资额度时，可申请1 000万元的发行额度，先完成500万元的发行，后续500万元的额度可与投资者根据实际经营情况再行商议发行或者不发行，并可重新商议增发价格。该制度除了能为挂牌公司节约大量的时间和成本外，还可以避免挂牌公司一次融资额度过大，造成股权过度稀释或资金使用效率低下。

（3）小额融资豁免

《监管办法》第42条规定："公众公司向特定对象发行股票后股东累计不超过200人的，或者公众公司在12个月内发行股票累计融资额低于公司净资产20%的，豁免向中国证监会申请核准，但发行对象应当符合本办法第36条的规定，并在每次发行后

5个工作日内将发行情况报中国证监会备案。"由此可见,挂牌公司必须在上述两个条件均突破时,才需要向证监会申请核准。

在豁免申请核准的情形下,挂牌公司先发行再备案。一般流程为:参与认购的投资者缴款、验资后2个工作日内,挂牌公司向系统公司报送申请备案材料;系统公司进行形式审查,并出具"股份登记函";挂牌公司"股份登记函"(涉及非现金资产认购发行股票的情形,挂牌公司还应当提供资产转移手续完成的相关证明文件)在中国证券登记结算有限责任公司办理股份登记后,次一个转让日发布公告;挂牌公司将股份登记证明文件及此前提交的其他备案材料一并交由中国证监会整理归档;新增股份进入股份转让系统进行公开转让。

目前,绝大多数新三板挂牌公司的股东人数离200人还有较大差距,这些公司在突破200人之前的所有定向增发都不需要向中国证监会申请核准,只需在定向发行完后及时备案。即使因为定向增发导致股东人数超过200人,也仅在同时触发"12个月内发行股票累计融资额超过挂牌公司净资产的20%"的条件时,才需要向证监会申请核准。这种便捷的发行通道让挂牌公司基本可以实现定向融资的"随时用随时发"。

(4)定向增资无限售期要求

最新的业务规则不再对新三板增资后的新增股份限售期进行规定,除非定向增发对象自愿作出关于股份限售方面的特别约定;否则,定向增发的股票无限售要求,股东可随时转让。无限售期要求的股东不包括公司的董事、监事、高级管理人员所持新增股份,其所持新增股份应按照《公司法》第142条的规定进行限售:公司董事、监事、高级管理人员应当向公司申报所持有的本公司的股份及其变动情况,在任职期间每年转让的股份不得超过其所持有本公司股份总数的25%;所持本公司股份子公司股票上市交易之日起1年内不得转让。上述人员离职后半年内,不得转让其所持有的本公司股份。

(5)定向增发对象

《监管办法》第36条规定:"本办法所称定向发行包括向特定对象发行股票导致股东累计超过200人,以及股东人数超过200人的公众公司向特定对象发行股票的两种情形。前款所称特定对象的范围包括下列机构或者自然人:公司股东;公司的董事、监事、高级管理人员、核心员工;符合投资者适当性管理规定的自然人投资者、法人投资者及其他经济组织。公司确定发行对象时,符合本条第2款第2项、第3项规定的投资者合计不得超过35人。"

"核心工作"的认定,应当由公司董事会提名,并向全体员工公示和征求意见,由监事会发表意见后经股东大会审议批准。这一规定调整了发行对象范围和人数限制。

- 首先，公司在册股东参与定向发行的认购时，不占用35名认购投资者数量的名额，相当于扩大了认购对象的数量。
- 其次，将董事、监事、高级管理人员、核心员工单独列示为一类特定对象，暗含着鼓励挂牌公司的董监高级核心人员持股，将董监高级核心人员的利益和股东利益绑定，降低道德风险。
- 再次，将核心员工纳入定向增资的人员范围，明确了核心员工的认定方法，使得原本可能不符合投资者适当性管理规定的核心员工也有了渠道和方法成为公司的股东，且增资价格协商确定有利于企业灵活进行股权激励，形成完善的公司治理机制和稳定的核心业务团队。在此必须提请注意的是，在新三板的定向增资中，要求给予在册股东30%以上的优先认购权，在册股东可放弃该优先认购权。

合格投资者认定方面，包括机构投资者、金融产品和自然人投资者。

- 机构投资者：注册资本500万元人民币以上的法人机构，以及实缴出资总额500万元以上的合伙企业。
- 金融产品：证券投资基金、集合信托计划、证券公司资产管理计划、保险资金、银行理财产品，以及由金融机构或监管部门认可的其他机构管理的金融产品或资产。
- 自然人投资者：投资者本人名下前一交易日日终证券资产市值500万元人民币以上，证券资产包括客户交易结算资金、股票、基金、债券、券商集合理财产品等；且具有2年以上证券投资经验，或具有会计、金融、投资、财经等相关专业背景或培训经历。

（6）出资真实性

发行对象用非现金资产认购发行股票的，还应当说明交易对手是否为关联方、标的资产审计情况或资产评估情况、董事会关于资产定价合理性的讨论与分析等。非现金资产应当经过具有证券、期货相关业务资格的会计师事务所、资产评估机构审计或评估。非现金资产若为股权资产，应当提供会计师事务所出具的标的资产最近一年一期的审计报告，审计截止日距审议该交易事项的股东大会召开日不得超过6个月；非现金资产若为股权以外的其他非现金资产，应当提供资产评估事务所出具的评估报告，评估基准日距审议该交易事项的股东大会召开日不得超过1年。资产交易价格以经审计的账面价值为依据的，挂牌公司董事会应当结合相关资产的盈利能力说明定价的公允性。资产交易根据资产评估结果定价的，在评估机构出具资产评估报告后，挂牌公司董事会应当对评估机构的独立性、评估假设前提和评估结论的合理性、评估方法的适用性、主要参数的合理性、未来收益预测的谨慎性等问题发表意见。

新三板定增发行基本特点见表12-1。

表 12-1　　　　　　　　　　新三板定增发行的基本特点

发行审核	• 豁免核准情形：挂牌公司向特定对象发行股票且发行后股票持有人累计不超过 200 人的，证监会豁免核准，股票发行后向全国股份转让系统公司履行备案程序
	• 需要核准情形：挂牌公司向特定对象发行股票导致股东累计超过 200 人以及股东人数超过 200 人的公众公司向特定对象发行股票两种情形，须经中国证监会核准后方可发行股票
发行对象	• 公司股东：挂牌公司股票发行以现金认购的，现有股东在同等条件下对发行的股票有权优先认购
	• 公司的董事、监事、高级管理人员、核心员工：核心员工的认定应当由公司董事会提名并向全体员工公示和征求意见，由监事会发表明确意见后经股东大会审议批准
	• 符合投资者适当性管理规定的自然人投资者、法人投资者及其他经济组织
储架发行	• 股票公司申请定向发行股票，可申请一次核准，分期发行。自中国证监会予以核准之日起，公司应当在 3 个月内首期发行，剩余数量应当在 12 个月内发行完毕
	• 超过核准文件限定的有效期未发行的，须重新经中国证监会核准后方可发行。首期发行数量应当不少于总发行数量的 50%，剩余各期发行的数量由公司自行确定，每期发行后 5 个工作日内将发行情况报中国证监会备案
发行对象、发行价格的确定方式	• 挂牌公司董事会确定具体发行对象的，应当与相关发行对象签订附生效条件的股票认购合同
	• 挂牌公司董事会未确定具体发行对象的，挂牌公司及主办券商可以向潜在投资者进行询价。主板券商按照价格优先的原则并考虑认购数量或其他因素，与挂牌公司协商确定发行对象、发行价格和发行股数

12.1.2　新三板定向增发的优点

（1）与主板的区别

①适用法规不同。主板定向增发适用于《上市公司证券发行管理办法》《上市公司非公开发行股票实施细则》《中国证监会发行监管部再融资审核工作流程》；新三板定向增发适用于《非上市公众公司监督管理办法》。

②定义不同。主板定向增发，是指上市公司向符合条件的少数特定投资者非公开发行股票的行为。新三板定向增发，又称新三板定向发行，是指申请挂牌公司、挂牌公司向特定对象发行股票的行为，其作为新三板股权融资的主要功能，对解决新三板挂牌企业发展过程中的资金瓶颈发挥了极为重要的作用。

③证监会核准流程不同。主板定向增发经公司董事会、股东会批准经证监会核准后实施。审核工作流程分为受理、反馈会、初审会、发审会、封卷、核准发行等主要环节。新三板定向增发应当按照中国证监会有关规定制作定向发行的申请文件，申请文件应当包括但不限于：定向发行说明书、律师事务所出具的法律意见书、具有证券期货相关业

务资格的会计师事务所出具的审计报告、证券公司出具的推荐文件。公司持申请文件向中国证监会申请核准。中国证监会受理申请文件后，依法对公司治理和信息披露以及发行对象情况进行审核，在20个工作日内作出核准、中止审核、终止审核、不予核准的决定。

④定向发行制度不同。

- 新三板挂牌的同时可以进行定向发行。《业务规则（实行）》4.3.5："申请挂牌公司申请股票在全国股份转让系统挂牌的同时定向发行的，应在公开转让说明书中披露"，明确了企业在新三板挂牌的同时可以进行定向融资。

- 新三板定增储架发行。《监管办法》第41条规定："公司申请定向发行股票，可申请一次核准，分期发行。自中国证监会予以核准之日起，公司应当在3个月内首期发行，剩余数量应当在12个月内发行完毕。超过核准文件限定的有效期未发行的，需重新经中国证监会核准后方可发行，首期发行数量应当不少于总发行数量的50%，剩余各期发行的数量由公司自行确定，每期发行后5个工作日内将发行情况报中国证监会备案"。该制度可以减少行政审批次数，提高融资效率，赋予挂牌公司更大的自主发行融资权利。

- 新三板定增小额融资豁免。《监管办法》第42条规定：公众公司向特定对象发行股票后股东累计不超过200人的，豁免向中国证监会申请核准。

- 定向增资无限售期要求。主板定向增发发行股份12个月内（控股股东、拥有实际控制、战略投资者36个月内）不得转让。新三板定增无限售期进行规定，除非定向增发对象自愿作出关于股份限售方面的特别约定；否则，定向增发的股票无限售要求，股东可随时转让。

- 定向增发对象。主板定增对象不超过10人，增发对象为法人、自然人或者其他合法投资组织。新三板人数不得超过35人，增发对象为公司股东、公司的董事、监事、高级管理人员、核心员工；符合投资者适当性管理规定的自然人和法人。

- 定向增发股份定价。主板定向增发股价不得低于定价基准日前20个交易日均价的90%。新三板定增定价依据：定价为参考公司所处行业、成长性、每股净资产、市盈率等因素，并与投资者沟通后确定。

（2）新三板定向发行的特点

根据前述与主板的区别，可以总结出新三板企业定向增发有以下五个特点：

①企业可以在挂牌前、挂牌时、挂牌后定向发行融资，发行后再备案；

②企业符合豁免条件则可进行定向发行，无须审核；

③新三板定增属于非公开发行，针对特定投资者，不超过35人；

④投资者可以与企业协商谈判确定发行价格；

⑤定向发行新增的股份不设立锁定期。

新三板定增优势见表12-2。

表 12-2　　　　　　　　　　新三板定增的优势

制度宗旨	小额、快速、按需融资
发行条件	不设财务指标 新增发行对象不超过 35 名投资者
限售安排	新增股份不强制限售
发行间隔	每次发行之间没有强制时间间隔
信息披露	不强制披露募集资金用途、盈利预测等信息
发行定价	市场化定价。可以与特定对象协商谈判，也可以进行询价

12.2　定向增发的制度和流程

新三板定增的流程有：确定发行对象，签订认购协议；董事会就定增方案作出决议，提交股东大会通过；证监会审核并核准；储架发行，发行后向证监会备案；披露发行情况报告书。

发行后股东不超过 200 人或者一年内股票融资总额低于净资产 20% 的企业可豁免向中国证监会申请核准。新三板定增由于属于非公开发行，企业一般要在找到投资者后方可进行公告，因此投资信息相对封闭。

此外，企业在定增的时候还需要注意以下问题：

①新三板主办券商的参与度还不高，需要提前做好中介机构方面的准备。已取得推荐业务资格的有 77 家券商，仅有 28 家券商推荐过定向发行。

②应该让老股东优先认购。这是为了保持价格的合理性，不至于损害老股东利益。如果老股东不认购，一定要签署放弃优先认购权的声明。

③考虑好定价问题。如果认购价格与市场价格、PE 价格差异过大，这些挂牌公司则需要考虑定价机制问题。

④注意核心员工股权认定的程序，一定要按规定程序走，以免出现问题。

（1）董事会对定增进行决议，发行方案公告

主要内容：发行目的；发行对象范围及现有股东的优先认购安排；发行价格及定价方法；发行股份数量；公司除息除权、分红派息及转增股本情况；本次股票发行限售安排及自愿锁定承诺；募集资金用途；本次股票发行前滚存未分配利润的处置方案；本次股票发行前拟提交股东大会批准和授权的相关事项。

（2）召开股东大会，公告会议决议

内容与董事会会议基本一致。

（3）发行期开始，公告股票发行认购程序

公告主要内容：普通投资者认购及配售原则；外部投资者认购程序；认购的时间和资金到账要求。

（4）股票发行完成后，公告股票发行情况报告

公告主要内容：本次发行股票的数量；发行价格及定价依据；现有股东优先认购安排；发行对象情况。

（5）定增并挂牌并发布公开转让的公告

公告主要内容：本公司此次发行股票完成股份登记工作，在全国中小企业股份转让系统挂牌并公开转让。

12.3 参与定增的投资者及定价方式

12.3.1 定增对象以机构投资者为主

（1）新三板定增的发行对象（见表12-3）

表12-3　　　　　　　　　新三板投资者适当性管理

机构投资者	自然人投资者
• 注册资本500万元人民币以上的法人机构 • 实缴出资总额500万元人民币以上的合伙企业 • 集合信托计划、证券投资基金、银行理财产品、证券公司资产管理计划，以及由金融机构或者相关监管部门认可的其他机构管理的金融产品或资产，可以申请参与挂牌公司股票公开转让	• 同时符合以下条件的自然人投资者可以申请参与挂牌公司股票公开转让： (1) 投资者本人名下前一交易日日终证券类资产市值500万元人民币以上； (2) 具有2年以上证券投资经验，或具有会计、金融、投资、财经等相关专业背景或培训经历 • 公司挂牌前的股东、通过定向发行持有公司股份的股东等，如不符合参与挂牌公司股票公开转让条件，只能买卖其持有或曾持有的挂牌公司股票

（2）参与新三板定增的动机

在目前竞价转让方式下，新三板市场整体交易量稀少，投资者很难获得买入的机会。定向发行是未来新三板企业股票融资的主要方式，投资者通过参与新三板企业定向增发，提前获取筹码，享受未来流动性所带来的溢价；新三板定向发行融资规模相对较小，规定定向增发对象人数不超过35人，因此单笔投资金额只需十几万元即可参与；新三板定向发行不设锁定期，定增股票上市后可直接交易，避免了锁定风险；新

三板定向发行价格可协商谈判来确定，避免买入价格过高的风险。

（3）目前市场参与定增的投资者结构

从定增发行对象来看，投资者参与构成结构中机构投资者成为新三板定增的主力军，机构投资者占比达 61.77%。

机构投资者为何成为新三板定增的主力军的原因如下：①新三板企业发展多处于早期，机构投资者大部分投资一级市场；②机构投资者具备信息优势，获取渠道更宽；③源于新三板市场的定位本身，即机构为主的市场。个人的投资门槛是在金融资产 500 万元以上，个人参与新三板的定增要求非常高。但机构投资者不一样，机构投资者有专业的团队，可以跟踪某家企业的成长，因此更有可能性和动力参与定增。

12.3.2 定增定价的依据

股票向特定对象转让应当以非公开方式协议转让，新三板定增价格由公司与投资者沟通成为必然，因此，增资价所对应的市盈率成为资金流向的重要指标。绝大部分方案披露了定价依据，如定价为参考公司所处行业、成长性、每股净资产、市盈率等因素，并与投资者沟通后确定。部分挂牌公司明确以每股净资产作为定向发行价格，其共同点是主要仅针对原股东、高管人员与核心人员进行定向发行，几乎没有外部投资者参与。而有些企业却发出了几百元的天价定向增发。

12.4 新三板定向增发市场分析

12.4.1 定增价高于市价，新三板优质企业获得更高估值溢价

随着新三板指数的持续下跌，新三板定增市场经过 2015 年、2016 年的火爆之后，也于 2017 年开始降温，2018 年更是相对于前年下降了 44%。2018 年新三板定增市场全年实施完成增发家数 1 239 家，实际完成募资总额 535 亿元，同比下降 44.8%。

但 2018 年以来的市场融资呈现出募集资金向优质挂牌企业聚集、融资规模与企业盈利能力正相关等新趋势。部分优质挂牌公司定增价却呈上涨态势，出现定增价格远高于市场价格的现象。其中，热点新兴行业公司融资能力突出。此外，挂牌公司融资规模与其盈利能力显著相关。2021 年前 8 个月，发行前年度净利润大于 1 亿元挂牌公司的平均单次融资额增幅达 58%。领信股份、欣影科技、华韩整形、力好科技等公司

最近一次增发，价格均远高于市价。2021 年 9 月 1 日至 10 月 19 日，共有 103 家新三板公司披露定向增发方案。其中隶属于工业领域的公司家数最多，为 34 家；信息技术企业公司数量居于第二，为 30 家。从增发价格来看，奥绿新（871920.NQ）本次发行股票的价格为 144.51 元/股，在 103 家公司中最高。而截至 10 月 19 日收盘，奥绿新的股价为 24.08 元/股。

12.4.2　百家企业"挂牌即定增"

主板市场 IPO"上市即融资"的便利性，在新三板市场中也得到充分展现。越来越多的新三板企业正在采用"挂牌即定增"的融资模式，最大限度地挖掘资本市场的融资功能。该方式能成功启动，充分说明投资者对新三板公司前景看好，也表明新三板投资热度大。"挂牌即定增"模式在业内被称为"小 IPO"。随着挂牌企业数量增多，以及未来对于转板制度的预期增强，出于融资和提高股权分散程度等方面要求，可能更多新三板企业加入"挂牌即定增"的大军中。

12.4.3　机构投资者定增主力军

从定增发行对象来看，投资者参与的构成结构中机构投资者成为新三板定增的主力军。前文已经详细叙述了原因。

12.4.4　定增冷热不均

2015 年第三季度以来，新三板企业定增公告的数量较此前两个季度有所下降，相反，企业定增延期认购和股票终止发行的公告在增加。据不完全统计，2015 年 7 月至 10 月就有 122 家企业发布公告称公司定增延期认购，12 家终止股票发行。在延期认购的企业名单中，不乏市场中的一些明星企业，例如先临三维、仟亿达和威力恒等。如仟亿达在公告中称，因投资者未在《股票发行认购公告》规定的缴款截止日前将全部认购资金存入指定账户，经与投资者沟通，公司现对《股票发行认购公告》中缴款截止日期进行延期。诺文科技更是在 2 个月内多次延期认购，将原本应在当年 7 月 22 日完成认购的时间顺延至随后的 7 月 31 日、8 月 7 日、8 月 14 日和 9 月 16 日。与诺文科技情况相似的还有塞尔瑟斯。该公司也在 1 个月内连发三次延期认购公告，将认购时间向后延迟。有些公司多次延期之后仍无法完成定增。吉瑞祥、金马科技和柯立沃特等公司因此终止了说好的定增。

随着定增市场愈发冷却，部分公司甚至直接终止定增。2015 年 7 月 23 日，苍源种植抛出股票发行方案，以 10 元/股的价格定增 1.5 亿元，时隔不到 2 个月，公司于当年 9 月 2 日发布公告表示，投资者受目前市场环境的影响，决定暂时不认购公司此次定向增发的股份，因此公司决定终止此次股票发行。海明威和益通股份亦遭遇了上述情况。数据显示，从定增完成情况来看，9 月完成定增的新三板公司数量总计 287 家，募资金额总计 496.11 亿元，环比下跌 25.96%。

12.4.5 现阶段定增价格企业与机构预期分歧大

全国股转系统作为初创市场发育不成熟带来的制度效应未充分发挥，也反映出市场快速发展的同时还存在着结构性失衡，市场创新和制度完善进度与市场预期还存在差距。某企业高层表示，此前公司欲以 18 元/股的价格发行股票，近期在与投资者交流后，已经将发行价格下调至 12 元，但要募集到理想中的金额仍然有较大难度。遇到这种情况，新三板企业可通过降低价格来完成再融资，但可能因为不接受估值下降而选择终止发行。

12.5 融资方式的创新方向——优先股

2015 年 9 月 21 日，全国中小企业股份转让系统有限公司根据《国务院关于开展优先股试点的指导意见》《优先股试点管理办法》《非上市公众公司监督管理办法》等有关规定，以及全国中小企业股份转让系统的相关业务规则，制定了《全国中小企业股份转让系统优先股业务指引（试行）》（以下简称《优先股业务指引》），把优先股制度正式引入了新三板，给新三板的融资市场注入了一剂强心剂。

12.5.1 新三板企业优先股的特色

虽然股转系统官方的公告中显示，目前公司不支持在试点期为优先股提供转让服务，但从《优先股业务指引》细则来看，新三板优先股制度结合了新三板固有的特色，并且从保护投资者的角度出发，在发行、转让服务、信息披露、监管措施和违规处分等几方面加强了风险防范和融资效应。

新的《优先股业务指引》维持了之前证监会在优先股制度方面"放松管制"的市场化改革方向，进一步规定："普通股股东人数与优先股股东人数合并累计不超过 200

人的挂牌公司，按照本指引的规定发行优先股的，应当向全国中小企业股份转让系统有限责任公司履行备案程序。"从发行模式看，相对于主板的公开与非公开发行并存，三板市场优先股发行均为非公开发行。在细则规定的信息披露要求上，要求企业参照《优先股试点管理办法》公布披露包括优先股方案、发行对象、发行影响等六方面的披露内容，相对于主板，披露内容得到了大幅度简化。此外，在持续信息披露方面，企业也需要及时披露对优先股转让价格产生较大影响的信息，在临时公告中予以专门说明。

12.5.2 新三板优先股的优势

作为多层次资本市场的一环，新三板对中小企业融资起着至关重要的作用，而在做市成交量陷入低迷的窘境下，新三板融资似乎只剩下了定增一条路。虽然如今融资市场火热，但是就长远来看优先股制度的放行准入，能进一步加强了企业的融资能力。

优先股和普通股主要有三大不同点：

- 首先，优先股相对于普通股而言有着优先分配利润红利和对剩余财产进行分配的权利；
- 其次，作为优先股股东其本身对于公司的决策是没有参与权的，即没有选举和被选举的权利；
- 最后，优先股股东并不能像普通股股东那样直接退股，只能通过优先股的赎回条款由公司赎回。

对于挂牌企业而言，优先股制度也解决了企业核心高层对于失去企业控制权的担忧。由于新三板上挂牌的企业多数为正处于发展期的中小企业。而对于处于初创期的企业来说，它的创始人和核心管理层往往不太愿意股权稀释，失去公司的控制权。优先股制度的出台不仅保证他们的股权不被稀释，还能帮助企业顺利融到资，可谓一举两得。

12.5.3 什么样的公司适合发优先股

一是银行类金融机构，可以发行优先股补充一级资本，满足资本充足率的监管要求。二是资金需求量较大、现金流稳定的公司，发行优先股可以补充低成本的长期资金，降低资产负债率，改善公司的财务结构。三是创业期、成长初期的公司，股票估值较低，通过发行优先股，可在不稀释控制权的情况下融资。四是进行并购重组的公司，发行优先股可以作为收购资产或换股的支付工具。

目前挂牌新三板居多的金融机构主要有小贷公司、城商行、私募公司，这些金融机构相比于其他行业对资金的需求量较大，尤其是在一些主板上市的商业银行已然发行优先股充当资本金的背景下，新三板的金融机构对于优先股制度的推出早已迫不及待，这类企业将会是新三板优先股制度的"先锋"。

第13章 新三板企业资本运作：并购重组

五大因素推热了新三板的并购重组市场：

（1）2013年以来A股上市公司并购重组风起云涌，而新三板有不少属于具有技术优势和模式创新的公司，为上市公司谋求外延扩张或者跨界转型提供了可选择的标的范围。

（2）新三板公司并购重组制度逐步完善，政策面支持有关新三板公司的并购重组。包括引入做市商制度和可能的竞价交易制度（流动性的提升将带来连续的价格曲线，所形成的公允价格将为企业未来并购重组提供价格依据），颁布《非上市公众公司收购管理办法》《非上市公众公司重大资产重组管理办法》《并购重组私募债券试点办法》等。

（3）新三板公司的并购成本较低：新三板公司具有较高的信息披露要求和财务透明度，较好的公司治理有利于上市公司降低并购成本。

（4）套利动机：注册制渐行渐远，优质新三板公司转板预期强烈，上市公司提前布局。

（5）曲线上市：部分新三板公司有创投背景，创投通过推动并购重组实现退出。

13.1 并购重组的制度

13.1.1 制度体系（见图13-1）

2014年7月25日，为规范股票在全国中小企业股份转让系统公开转让的公众公

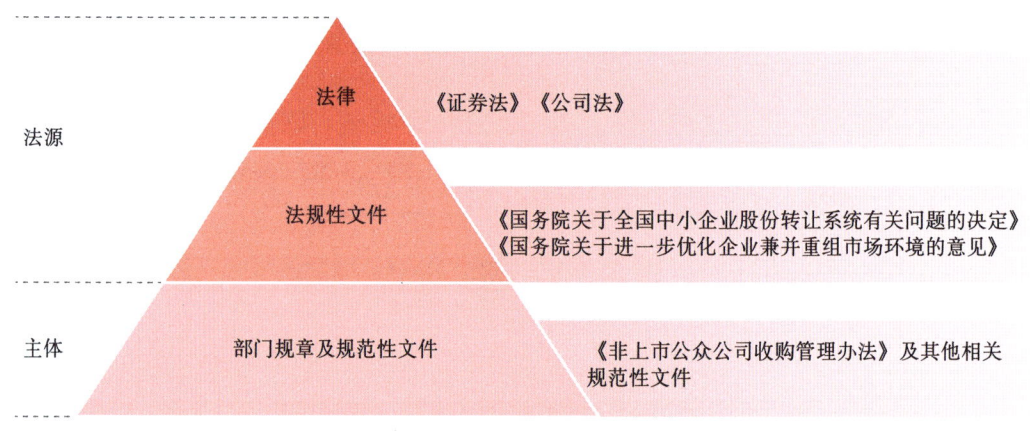

图 13-1 新三板企业并购重组制度

司重大资产重组的信息披露和相关业务办理，全国股转系统发布了《全国中小企业股份转让系统非上市公众公司重大资产重组业务指引（试行）》（以下简称《业务指引》）。《业务指引》对公司重大资产重组的具体操作流程作出细化规定，主要体现在以下三个方面：

一是全面落实《上市公司重大资产重组管理办法》（以下简称《重组办法》）的要求。《业务指引》及配套指南严格按照《重组办法》的要求，对公司申请暂停转让、提交内幕知情人信息、发行股份购买资产等具体环节作出明确规定。

二是注重可操作性。鉴于大部分公司此前缺乏重大资产重组的实操经验，《业务指引》及配套指南重点对重大资产重组的各环节进行了较为详细的拆解，具有较强的可操作性，能够起到"重组流程说明书"的作用。

三是与股票发行等业务规则相衔接。由于公司在重组实操中经常涉及发行股份购买资产，《业务指引》明确了发行股份购买资产构成重大资产重组的规则适用及操作程序，避免同一行为重复适用股票发行规则及重组规则。

对于涉及发行股份购买资产构成重大资产重组行为的监管问题，股转系统表示，公司向特定对象发行股份购买资产后股东累计超过 200 人的，应当在经股东大会决议后向中国证监会申请核准；发行股份购买资产后股东累计不超过 200 人的，需要在验资完成后 10 个转让日内向全国股份转让系统申请备案。

在对公司重大资产重组的信息披露监管方面，股转系统在信息披露审查理念上，将主要遵循完备性审查原则，重在对信息披露文件的完整性、合规性进行审查。同时，为落实《重组办法》中自律监管职能的要求，将在原有的信息披露程序基础上增加一道审查环节。具体来说，公司在申请暂停转让时，会事先确定最晚恢复转让日，且首次董事会召开之日（T 日）与最晚恢复转让日间，应当有至少 9 个转让日的时间间隔（即最晚恢复转让日不早于 T+9 日），从而保证首次信息披露的时点（T+2 日）与最晚恢复转让日（T+9日）间至少相距7个转让日。由于公司从申请证券恢复转让到实现证券恢复转让还需2个转让日，上述时间安排保证了股转系统有5个转让日的时间对信息披露文件的完备性进行审查。如5个转让日内股转系统未提出异议，则视为默示同意，公司可以正常进行信息披露并申请恢复转让；如股转系统发现信息披露文件的完备性存在问题，则有权要求公司进行相应的调整，公司应当视情况申请推迟最晚恢复转让日。

《业务指引》对退市公司重大资产重组的规则适用进行了单章规定，明确了退市公司进行重大资产重组，应当遵守《重组办法》及《业务指引》的有关规定，并注意执行《重组办法》关于退市公司重大资产重组的特别规定。此外，《业务指引》还对退市公司重大资产重组的风险提示作出特别要求，要求退市公司在披露重大资产重组报告书时应当同时发布特别提示，对本次重大资产重组是否符合《重组办法》的要求以及公司在信息披露、公司治理方面的规范性进行说明。

13.1.2 制度特点

制度特点包括以下六点：
（1）不设行政许可，以信息披露为核心，强化自律监管；
（2）调整权益变动的披露要求和触发比例；
（3）自主约定是否实行强制全面要约收购制度；
（4）调整自愿要约收购制度；
（5）简化披露内容；
（6）加强责任主体的自我约束和市场自律监管。

制度对比见表13-1。

表13-1　　　　在并购重组方面挂牌公司和上市公司的制度对比

并购行为	挂牌公司制度要求	上市公司
发布收购报告书	信息披露	备案
全面要约收购	不设强制全面要约	强制、豁免
发行股份购买资产	超过200人，证监会核准，不超过200人，股转对信息披露文件进行审查	核准
单纯重大资产重组	信息披露、监管	审批

13.1.3 重组流程图（见图13-2和图13-3）

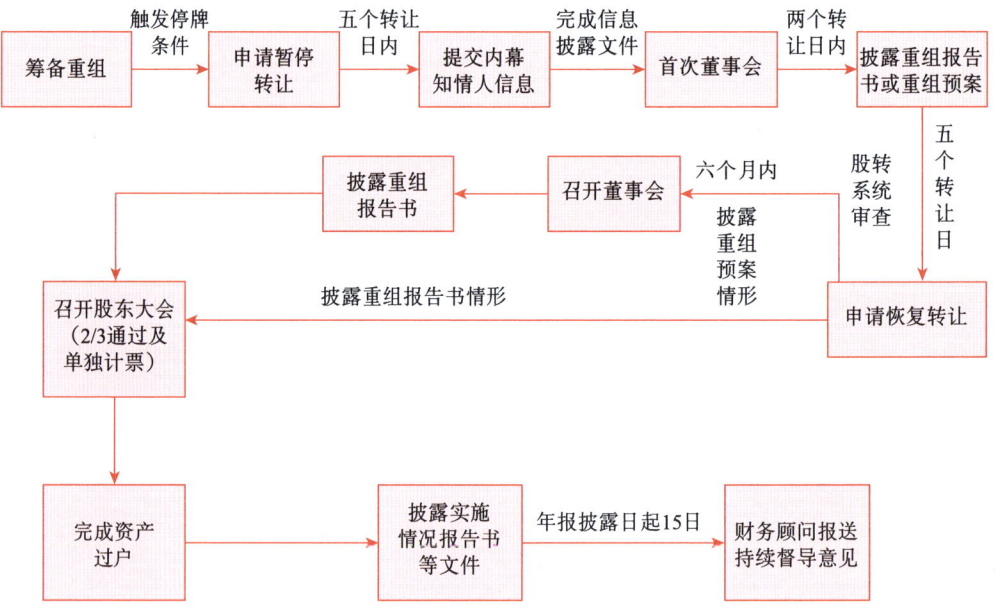

图13-2 现金购买资产方式下的重组流程图

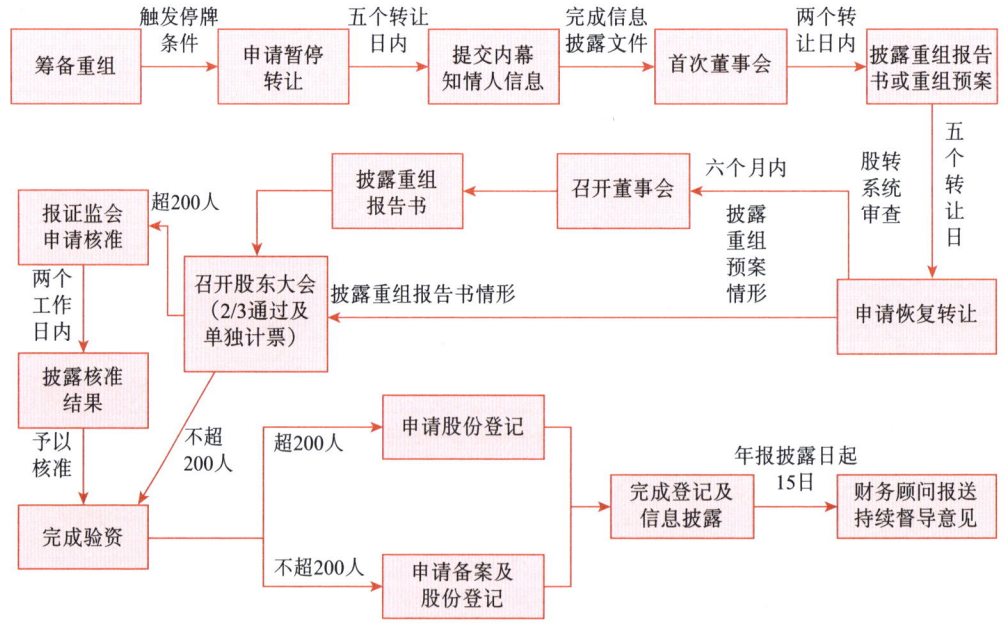

图13-3 发行股份方式下的重组流程图

13.2 新三板并购与被并购企业的特征分析

13.2.1 新三板成为上市公司的选秀池

新三板市场发生并购重组主要分为三类：一是挂牌公司被收购，特别是被上市公司收购；二是挂牌公司并购挂牌公司；三是挂牌公司并购其他企业。其中，主要以第一类为主，且最受市场关注。2013年以来，有152家新三板挂牌公司被上市公司收购，涉及交易金额946.90亿元。

与二级市场形成鲜明对比，新三板并购重组市场热度不减。2018年是并购重组政策推出大年，从证监会到全国股转公司一系列关乎并购重组配套政策陆续出台，为并购重组市场的火热提供了坚实的支持。

2018年，新三板重大资产重组并购交易案例近400起，共有107家新三板公司发起重大资产重组，至少285家挂牌公司成为被并购标的。其中，上市公司计划并购新三板公司案例合计175起，占总数的六成以上。而2017年全年上市公司计划并购新三板公司案例合计127起。

2019年，新三板市场全年并购重组121.12亿元。挂牌公司重大资产重组17次，涉及金额23.84亿元，分别同比下降63.83%和50.99%。其中，14次为购买同行业资产或剥离非核心主营业务，占比82.35%。挂牌公司收购153次，涉及金额97.28亿元，分别同比下降33.77%和75.07%。进一步看，上市公司购买资产更聚焦主业，收购挂牌公司11次，涉及金额46.29亿元，同比下降69.44%和75.15%，其中10次为同行业或产业链收购，占比90.91%。

13.2.2 新三板被并购企业主要特征

被A股上市公司并购成功的挂牌企业一般都具备以下九大特点：一是企业管理比较规范；二是信息披露比较真实；三是业绩真实且有一定规模；四是具备一定成长性并愿意接受业绩对赌；五是并购估值基本处于未来三年平均年对赌净利的10～15倍市盈率；六是主要股东具备开放心态愿意承担业绩对赌义务；七是管理层在并购前后均保持稳定；八是股东结构相对简单；九是相对偏重战略新兴行业。

从行业情况看，作为买方的上市公司多属于传统行业，主要集中在电气部件与设备、电子元件、商品化工、机动车零配件、工业机械等领域，被并购的新三板公司多数扎堆于软件与服务、商业和专业服务、生物科技制药等新兴行业。对上市公司而言，产业整合仍是并购的主要动力；以横向整合、纵向整合为目的的并购案例占比超六成；以开启新业务、改善盈利状况的多元化并购案例占有重要比重，单纯以财务投资等目的发起的案例较为少见。

从支付方式看，现金支付占据主流；以股权或"现金+股权"收购案例较少，部分公司以资产或"资产+现金"方式进行收购。值得注意的是，2018年随着相关政策松绑，上市公司并购重组支付方式进一步多样化。以赛腾股份为例，2018年11月1日，证监会宣布将试点定向可转换债券并购支持上市公司发展。赛腾股份翌日便宣布拟通过发行定向可转换债券、发行股份及现金的组合方式购买菱欧科技100%股权。

13.3 新三板企业并购模式

13.3.1 "PE+上市公司"

"PE+上市公司"并购基金，指的是有丰富的PE（私募股权投资基金）管理经验的机构充当GP（普通合伙人）与上市公司或上市公司大股东或其关联公司一同作为并购基金的发起人，成立的有限合伙制并购基金。该并购基金担当上市公司产业整合的主体，通过开展投资、并购、整合等业务推动上市公司既定的战略布局，扩张上市公司的业务以及提高行业地位。同时，对于并购基金投资的项目，由上市公司并购作为退出的主要渠道，提高投资的安全性。因此，该并购基金模式可实现上市公司与PE互利共赢的良好局面。该模式的优势可以总结为以下三点：

第一，优势互补，实现双赢。上市公司可通过并购基金提前了解目标企业，减少并购的信息不对称风险。另外，PE在项目挑选、交易架构设计、并购流程操作方面有着很强的专业性，上市公司的专业团队则可对目标企业进行专业管理和运作。两者可以优势互补，提高并购项目的成功率。

第二，杠杆收购，节约资金，提高效率。上市公司独立做并购，需要进行再融资、定向增发等，而且须独立对并购项目进行调查，耗时巨大，有时会因此而错过一些良好的并购机会。如果上市公司参与设立并购基金进行收购，只需支付部分出资，剩余资金由外部募集，同时借助PE的专业性，大大提高并购效率。

第三，提升投资效益，保证投资退出的安全性。借助上市公司的经验，PE可以提高对项目质量的判断；通过上市公司的管理和运作，提升业绩，壮大公司实力。当项目达到一定盈利能力时，PE 可以将项目卖给上市公司，实现套利退出。

硅谷天堂是"PE + 上市公司"模式的首创者。其在 2011 年 9 月与大康牧业（002505）的合作中首次采用"PE + 上市公司"的模式，所设立的产业基金在帮助大康牧业进行产业布局和外延扩张方面发挥了重要作用。随后，硅谷天堂复制这一模式，先后与广宇集团（002133）、京新药业（002020）、合众思壮（002383）等上市公司签订了共同设立产业基金的框架协议。

2015 年并购基金风起云涌。仅从 A 股层面来看，根据不完全统计，截至 2015 年 10 月 15 日，共有 130 只并购基金，涉及 125 家上市公司。上市公司的野心大多围绕产业链整合，新三板标的亦是"香饽饽"。万年青 6 月出资成立的宁波鼎锋明道投资管理合伙企业（有限合伙），重点投资已挂牌新三板公司的定向增发、并购机会、期权、优先股、可转债以及拟在新三板挂牌的未上市公司。冠农股份同月的第一期新兴产业并购基金——"华富资管 - 涌泉 1 号资产管理计划"亦主要投资新三板挂牌的创新型、成长型优质企业。同时，"PE + 上市公司模式"也被复制到新三板企业。

13.3.2　换股并购

换股并购方式对于合并方有着诸多优势。如：上市公司作为合并方不必以现金支付的方式来购买被合并方的全部资产和股份，可以避免吸收合并过程中大量的现金流出，避免由于合并而使存续公司背上沉重的债务负担，有利于企业的长远发展。相比有"以大吃小"特征的现金方式，换股合并可以在一定程度上摆脱合并中资金规模的限制，所以它通常适用于不同层次规模的合作，特别是大规模层次上的强强合作。

以美国为例，现金合并曾是在企业合并史初期的主要方式，并随着并购规模扩大换股合并日渐流行。近年来，在现金合并与换股合并的基础上，出现了包含认股权证、可转换债券等混合合并方式，现金合并方式在并购中的比重逐年下降，以股票为支付方式的换股合并比重则逐渐上升。

此次换股吸收合并案的成功实施体现了新三板的创新性，收购方式也多样化。目前新三板的收购方式还是以现金收购为主，不过随着新三板的快速发展，现金收购的比重逐步下降，定增股份直接收购以及采用定增和现金混合收购方式的占比逐渐提升。日后或许有更多合适的挂牌企业选择换股吸收合并的方式做大做强，同时未来新三板或将涌现更多适合新三板中小企业的收购方式。

第14章 新三板企业资本运作：股权激励

伴随着市场竞争日益加剧，企业为吸引和留住人才、充分发挥人才的潜力，采取了各式各样的激励手段和措施。股权激励作为一种重要且有效的激励手段，越来越受到企业的重视与采纳。通过股权激励，公司可以建立一套与激励对象实现利益捆绑、双方共赢的长效激励机制，实现人力资源与物力资本完美结合，达到个人与企业共同发展、持续双赢的目的。

14.1 新三板企业股权激励方面的法律法规

全国中小企业股份转让系统有限责任公司发布了《全国中小企业股份转让系统业务规则（试行）》（以下简称《业务规则》）。《业务规则》4.1.6规定，在全国中小企业转让系统挂牌的公司可以实施股权激励。根据全国中小企业股份转让系统有限责任公司发布的《全国中小企业股份转让系统业务制度解读》（以下简称《制度解读》），股权激励是为了增强市场制度包容性，充分适应中小企业，股权激励不仅是为了优化中小企业的公司治理结构，更重要的是提升企业的市场竞争力，提高投资者对于企业的投资兴趣。在我国，关于上市公司的股权激励规定已经比较完善，这次在非上市公司中提及，不仅反映出股权激励对于上市公司的积极作用已经得到了认可，也反映出国家希望通过股权激励等方式鼓励中小企业能够优化公司治理提供自身的核心竞争力。

新三板挂牌公司实施股权激励受到的政策限制很少，且允许存在股权激励未行权完毕的公司申请挂牌。根据《上市公司员工持股计划管理暂行办法》《上市公司证券发行管理办法》《国务院关于全国中小企业股份转让系统有关问题的决定》《非上市公众公司监督管理办法》规定，主板和新三板在股权激励方面差异见表14-1。

表 14-1　　　　　　　　　主板和新三板在股权激励方面差异

要素	主板	新三板
核准要求	向证监会核准	不超过 200 人豁免核准
激励方式	多采用股票期权	灵活多样
财务条件	财务状况良好	不设财务指标
间隔要求	原来的募集资金须使用完毕	无发行间隔要求
资金来源	最近 12 个月公司应付薪酬	无限制
金额限制	不高于现金薪酬的 30%，不高于员工家庭金融资产的 1/3	无限制
数额限制	单个员工不超过股本的 1%，累计不超过股本的 10%	无限制
发行价格	不低于前 20 个交易日均价的 90%	无限制
持股期限	不低于 36 个月	不强制限售
流通性	高	较差

14.1.1　新三板企业实施股权激励的必要性

（1）优化股权结构的需要

挂牌企业多为处在成长初期的中小企业，往往存在"一股独大"的现象，股权结构较为单一。随着企业的发展、壮大，公司的股权结构也需要优化和规范。股权的分散程度，未来也可能成为衡量挂牌企业是否适合引入竞价交易的标准之一。

（2）吸引人才，增强行业竞争力的需要

新三板企业以高科技领域为主，比如 TMT，行业竞争日趋激烈，人才流动频繁，吸引和激励人才成为高科技企业致胜关键。股权激励是现代企业员工薪酬制度的有力补充，可以帮助高科技挂牌企业留住人才。

（3）提高公司的管理效率的需要

股权激励将公司业绩的增长与员工个人利益直接联系，受制于股权激励行权条件，拥有公司经营权、享有股权激励的行权权利的公司高管及核心员工，参与公司管理的主动性、积极性将进一步提升，有利于公司经营绩效提升。

14.1.2　新三板企业股权激励的可行性

（1）新三板价格发现机制日趋完善

新三板做市商交易制度已于 2014 年 8 月 25 日正式实施，未来分层之后，竞价交易制度也将逐步引入，最终新三板挂牌企业股票转让将形成协议转让、做市转让及竞价交易三种交易方式相结合的交易体系，新三板市场的挂牌企业股票价格发现功能将日趋完善。

(2) 新三板交投活跃度逐步增强

随着新三板交易制度的不断完善,新三板股票交易较2014年已经活跃不少。未来分层制度的落实,挂牌企业根据分层的情况可能实行差别交易制度。同时,投资者准入门槛在未来也极有可能进行调整,将有更多的机构和个人投资者进入新三板市场,这都将推高新三板股票流动性、交易活跃度。

(3) 以市场为导向的监管政策

不同于规范上市公司股权激励的《上市公司股权激励管理办法》,全国中小企业股份转让系统已明确表示原则上不出台专门针对挂牌企业股权激励的相关政策,支持挂牌企业股权激励市场化运作,大大加强了新三板挂牌企业实施股权激励计划的可操作性及灵活性。

14.2 股权激励的实务要点

股权激励是一种以公司股票为标的,对其董事、高级管理人员、核心员工及其他人员进行长期激励的方式。股权激励的核心宗旨是通过激励对象与企业利润共享、风险共担,使激励对象有动力按照股东利益最大化的原则经营公司,减少或消除短期行为。股权激励的理论基础源于委托人与代理人之间的信息不对称,委托代理的存在客观上要求对管理层实施激励,让管理层持有一定的股权以缓解管理层与股东之间的利益冲突,减少代理成本。

新三板是高新技术或新兴业态企业主导的市场,这类企业更多是靠人才的竞争,而灵活有效的激励制度对稳定高管和核心员工具有积极作用。近期新三板公司出现的高管离职潮愈发凸显股权激励的重要性。股权激励的实施过程中应重点注意以下四点:

(1) 定人:激励对象的选择通常是依据职级、工作年限及对公司利润的贡献高低等因素来确定,激励对象一般主要为公司的决策层与核心骨干,有时是全体员工,需根据企业自身情况灵活运用。

(2) 定量:总量方面,挂牌公司股权激励总量一般占公司股权总量的5%~10%;个量方面,基于"二八原则",核心对象重点激励,真正做到激励的公平性。

(3) 定时:锁定期过长或过短都难以取得良好的激励效果,因此应注意长期激励授予期限等问题。

(4) 定价:一般激励对象受让股权的价格由企业自身决定,实践中主要有零价格转让、以每股净资产的价格转让或在此基础给予一定折扣转让、做市价和协议定价(见图14-1)。

第14章 新三板企业资本运作：股权激励

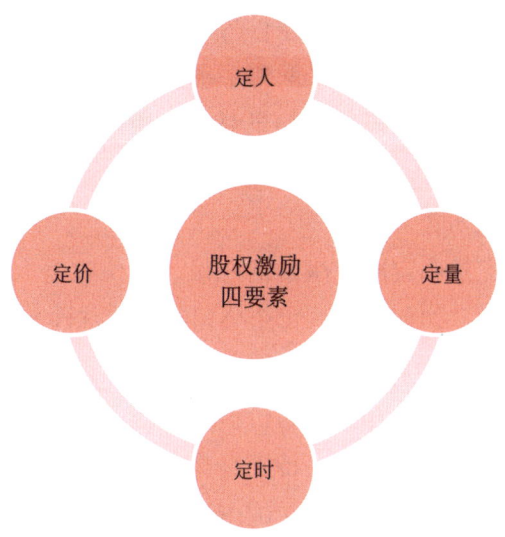

图 14-1 股权激励四要素

一个成功的股权激励方案首先考虑企业的发展周期，选择适合企业的方法，然后才开始设计方案。企业现阶段设计股权激励方案的关键点主要有以下八点：

（1）股票来源

无论是员工持股计划、经营者股份奖励计划，还是股票期权计划都会遇到这样的问题。根据目前市场上的操作情况来看，股票的来源渠道较为可取的主要有：

①公司自二级市场回购股票来满足股权激励需求；

②公司向经营者增发新股；

③控股股东或实控人将其股权出让给经营者。

（2）股票定价

股票谁来定价，一般由董事会审核方案，提交股东大会确定，关于行权价怎么定的问题相当关键。目前，国内的做法大致为五种：一是目前的市场价乘以折扣；二是每股净资产的价值；三是净资产乘以系数；四是股票原始发行价格；五是股权的一种均衡价格。

（3）激励对象

激励对象也就是股权的受益者，一般有三种方式：一种是全员参与，这主要在初创期；第二种是大多数员工持有股份，这主要适用于高速成长期，留住更多的人才支持企业的发展；第三种是关键员工持有股份，受益者主要是管理人员和关键技能人员。对于激励对象的选择也要有一定的原则，对于不符合条件的员工不能享受股权激励。

（4）激励方式

常用的中长期激励方式有三类：股权类、期权类和利益分享类。每一种方法都有它的优点和缺点,也有具体适用的前提条件。对于非上市公司新三板企业来说,股权类和利益分享类比较适合。但是无论采取哪一种方法,都要考虑激励机制与约束机制的有机结合,真正发挥员工的积极性。如果只考虑激励机制,不考虑约束机制,股权方案就有可能失去效用。

(5) 员工持股总额及分配

员工持股总额及分配是确定股权激励的总量、每位收益人的股权激励数量、用于后期激励的预留股票数量。如何确定,每个公司有其特殊性,可根据实际情况来确定。对于每位收益人的股权数量基本上是按照职位来确定,如果公司在职位评估上相对公平,年收入水平基本上考虑职位在公司的价值和体现了个人能力,就可以根据年收入来确定股权比例。对于新就职的员工,特别是高管,一般进入公司就需要享受中长期激励方案,但可采取分步实施的方针,在试用期过后的一年里先享受50%的比例,一年之后再100%享受。

(6) 购股方式

购股方式也就是购买股票的资金来源,一般有员工现金出资、公司历年累计公益金、福利基金、公司或大股东提供融资、员工用股权向银行抵押贷款。有些方式会产生财务支出,要重复交税。股票投资不仅仅要交投资经营税,期权所得还要支付投资所得税,而且在股票回购时不能算作成本费用来抵消税赋。如果不考虑财务方面,有些公司更多会采用员工出资购买的方式,每个月从工资中按比例扣钱,这样不仅仅给公司创造了融资,节约了成本,还从一定程度上提高了员工的辞职成本,有利于对员工的控制。

(7) 股票处理

行权持有股票后,关键是这些股票如何流通变现。就期权计划实现最大激励效果而言,建议行权的股票立即可以流通,从流通数量上进行限制,采用逐步兑现的方式来解决。

(8) 管理机构及操作

实施股权激励项目一般都需要设立一个专门的小组或者部门来管理方案实施的日常操作。这个常设小组或部门不仅要保证公开、公正、公平地实施股权激励制度,同时也要宣传共同分担风险、共同享受成果的理念。股权激励的目的是要调动员工的积极性和发挥主人翁精神,共同谋求企业的中长期利益,避免只追求短期利益,损害长期利益的错误。所以,只有贯彻这一理念,才能激励和留住人才。

但任何一个工具和方法都是一把双刃剑,股权激励会稀释产权,所以,在设计股权激励方案的时候,一定要充分考虑企业的中长期战略目标,企业文化和行业特点,设计出系统的、有针对性的和易于操作的方案。

14.3 新三板股权激励模式

14.3.1 员工持股型

员工持股是指让激励对象持有部分数量的本公司股票，这些股票是公司无偿赠与激励对象的，或者是公司补贴激励对象购买的，或者是激励对象自行出资购买的。激励对象在股票升值时可以受益，在股票贬值时受到损失。通过员工持股方式实行股权激励计划，一般为限制性股票。

公司预先设定了公司要达到的业绩目标，当业绩目标达到后则公司将部分数量的本公司股票无偿赠与或低价售与激励对象。授予的股票不能任意抛售，而是受到一定的限制。一是禁售期的限制：在禁售期内激励对象获授的股票不能抛售。禁售期根据激励对象的不同设定不同的期限。如对公司董事、经理的限制规定的禁售期限长于一般激励对象。二是解锁条件和解锁期的限制：当达到既定业绩目标后激励对象的股票可以解锁，即可以上市交易。解锁一般是分期进行的，可以是匀速也可以是变速。

14.3.2 股票期权型

股票期权指股份公司赋予激励对象购买本公司股票的选择权，具有这种选择权的人，可以在规定的时期内以事先确定的价格（行权价）和条件购买公司一定数量的股票，也可以放弃购买股票的权利，但股票期权本身不可转让、抵押、质押、担保和偿还债务。激励对象一般没有分红权，其收益来自股票未来股价的上涨，收益实现与否取决于未来股价的波动。

14.3.3 复合期权型

限制性股权是指挂牌公司以低于二级市场上的价格授予激励对象一定数量的本公司股票，激励对象以自筹资金购买公司股票。限制性股权一般会设定股票锁定期（即持有股票但不能出售），在公司业绩达到预先设定的考核指标后，方可按照约定的期限和比例将股票进行解锁。很多新三板企业选择了股票期权与限制性股权混合使用的复合期权模式。

14.3.4 虚拟股权型

虚拟股权是指公司授予激励对象一种虚拟的股票，激励对象可以据此享受一定数量的分红权和股价升值收益，但没有所有权，没有表决权，不能转让和出售，在离开企业时自动失效。虚拟股权享有的收益来源于股东对相应股权收益的让渡。

虚拟股权分为股份增值权和分红权，属虚拟股权类激励工具，两者也可结合使用。

- 股份增值权模拟股票期权工具，激励对象获得一定期限后认购公司虚拟股权的选择权。一般以授予时的每股净资产作为虚拟行权价格，激励对象行权时公司直接支付基于每股净资产的增长额作为其行权收入。
- 分红权的激励对象则以自有资金购买公司虚拟股权，得到股权后可享受分红权，并可持续投入多次购买。

目前公司多采用股份增值权+分红权结合方式，进行虚拟股权激励。

14.3.5 不同模式特点对比（见表14-2）

表14-2 不同模式特点对比

	员工持股型	股票期权型	复合股权型	虚拟股权型
激励力度	短期内激励	较弱	集合了两种常规方式的优点，激励对象在两类时间点均可	较弱，契约形式约束力小
风险收益对称性	对称	不对称，只有行权获益的权利	买入股票，获得多次价差收入	对称
公司承担风险	较低	高		较低
价值评估体系	授予日的股票市场价格扣除授予价格	较为复杂，期权定价模型		当年激励基金总额÷参与分红的虚拟股权总数
会计核算	简单，且没有等待期	复杂，按照授予日确定的公允价值计入当期的成本费用和资本公积		简单
对公司的影响	分散股权，稳定公司管理	减少企业利润		不稀释股权
适用情况	成熟型企业	成长初期或扩张期	设计灵活	设计灵活

第 15 章　新三板分层

新三板的跨越式发展，离不开相关政策的推进。在 2015 年，新三板迎来了规模的扩张，而更为优先且关键的是实施市场分层制度。在市场各方面千呼万唤之下，2015 年 11 月 20 日，证监会出台的《关于进一步推进全国中小企业股份转让系统发展的若干意见》。2016 年 5 月出台的《全国中小企业股份转让系统挂牌公司分层管理办法（试行）》，标志着我国新三板分层制度正式实施。该管理办法将资本市场划分为基础层和创新层两类，并实现分类管理、分层管理，新三板由此进入新的发展阶段。之后又先后经历了 2017 年和 2018 年的两次调整，目前已经具备了进一步精细化分层的条件。2019 年 12 月，新三板开始着手实行重大改革。12 月 17 日，股转系统发布公告修订分层管理办法，并更名为《全国中小企业股份转让系统分层管理办法》开始全面改革新三板。2020 年 7 月 27 日，新三板精选层设立并开市交易，新三板正式形成包含基础层、创新层和精选层的三层次市场结构。截至 2021 年 9 月 30 日，新三板挂牌公司 7 255 家，其中精选层 66 家，创新层 1 247 家，基础层 5 942 家。

15.1　现行新三板分层的制度安排

15.1.1　新三板分层：基础层＋创新层＋精选层

新三板参考了纳斯达克的分层改革经验。纳斯达克的分层经历了 35 年才完成，于 1982 年、2006 年进行了两次分层制度的变革，先分两层，再过渡到三层。第一次分层主要考虑到上市公司的数量规模持续扩大，对不同质地的企业分开管理；同时，投资者对于信息披露、交易制度需求的不断提高，为了吸引优秀企业、提升交易所竞争力，第二次分层也水到渠成。第三次分层进一步深化了新三板改革，新三板发展进入新的阶段。

15.1.2 分层的依据：多套并行标准

新三板的分层标准也参考了纳斯达克各个层次的上市标准，以"财务标准+流动性标准"作为分层依据，将财务质量较好、流动性较好以及规模较大的企业挑选出来，形成了创新层，以逐步提供更为灵活的交易制度及服务。同时，采取差异化标准和共同标准结合的方式，在满足共同标准的基础上，制定了三套差异化标准，企业只要满足其中的一套标准，即可进入创新层。基础层主要针对挂牌以来无交易或交易极其偶发且尚无融资记录的企业，还包括有交易或者融资记录但暂不满足创新层准入标准的企业。目前的创新层和精选层分层标准见表15-1、表15-2。

表15-1　　　　　　　　　　　进入新三板创新层的标准

指标	创新层
基本条件 （三选一）	（1）最近2年净利润均≥1 000万元，最近2年加权平均净资产收益率平均≥8%，股本总额≥2 000万元
	（2）最近2年营业收入平均≥6 000万元，且持续增长，年均复合增长率≥50%，股本总额≥2 000万元
	（3）最近有成交的60个做市或者集合竞价交易日的平均市值≥6亿元，股本总额≥5 000万元；采取做市交易方式的，做市商家数≥6家
附加条件 （同时具备）	（1）公司股票以来完成过定向发行股票（含优先股），且发行融资金额累计≥1 000万元
	（2）符合基础层（200万门槛的）条件合格投资者（股东）人数≥50人
	（3）最近一年期末净资产不为负值
	（4）公司治理健全，制定并披露系列管理制度；董事会秘书获得任职资格

资料来源：公开资料整理。

表15-2　　　　　　　　　　　进入新三板精选层的标准

	标准定位	市值	特色指标	具体条件
基本条件 （四选一）	标准1 盈利性	2亿元	净利润+净资产收益率	最近两年净利润均≥1 500万元且加权平均净资产收益率平均≥8%，或者最近一年净利润≥2 500万元且加权平均净资产收益率≥8%
	标准2 成长型	4亿元	营收及增长率+经营现金流	最近两年营业收入平均≥1亿元，且最近一年营业收入增长率≥30%，最近一年经营活动产生的现金流量净额为正
	标准3 研发比	8亿元	市值+营收+研发比例	最近一年营业收入≥2亿元，最近两年研发投入合计占最近两年营业收入合计比例≥8%
	标准4 研发额	15亿元	市值+研发金额	最近两年研发投入合计≥5 000万元

续表

附加条件 （同时具备）	最近一年期末净资产≥5 000 万元
	公开发行的股份≥100 万股，发行对象≥100 人
	公开发行后，公司股本总额≥3 000 万元
	公开发行后，公司股东人数≥200 人，公众股东持股比例≥公司股本总额的25%；公司股本总额超过 4 亿元的，公众股东持股比例≥公司股本总额的10%

资料来源：公开资料整理。

在全国股转系统连续挂牌满 12 个月的创新层挂牌公司，可以申请公开发行并进入精选层。

15.1.3 分层程序：能上能下，调整较快

对于挂牌企业所属分层，最初由全国股转系统根据分层标准，自动筛选出符合创新层标准的挂牌公司与纳斯达克一样，分层标准必然伴随着层级的流动，能上能下才能流水不腐，保证层级的筛选功能。之后，全国股转公司根据分层标准及维持标准，于每年 5 月最后一个交易周的首个转让日调整挂牌公司所属层级（进入创新层不满 6 个月的挂牌公司不进行层级调整）。基础层的挂牌公司，符合创新层条件的，调整进入创新层；不符合创新层维持条件的挂牌公司，调整进入基础层。不符合精选层挂牌条件的，全国股转公司定期将其调出精选层。

经过几次调整，从创新层降至基础层的条件也开始变得严格，从 2016 年第一次的有 1 年缓冲期提高到 20 个转让日内直接调整至基础层。如创新层挂牌公司出现如下情形之一的，自该情形认定之日起 20 个转让日内直接调整至基础层：

（1）挂牌公司因更正年报数据导致财务指标不符合创新层标准的；

（2）挂牌公司被认定存在财务造假或者市场操纵等情形，导致挂牌公司不符合创新层标准的；

（3）挂牌公司不符合创新层公司治理要求且持续时间达到 3 个月以上的；

（4）全国股转公司认定的其他情形。创新层维持标准的净利润、净资产收益率、营收增长率、市值等指标要求也较高（见表 5 – 3）。

表 15 – 3　　　　　　　　　　新三板分层后的维持标准

要素	以标准一进入创新层的企业	标准二进入创新层的企业	标准三进入创新层的企业
净利润	最近两年连续盈利，且平均净利润不少于 1 200 万元（以扣除非经常性损益前后孰低者为计算依据）		

续表

要素	以标准一进入创新层的企业	标准二进入创新层的企业	标准三进入创新层的企业
净资产收益率	最近两年加权平均净资产收益率不低于6%（以扣除非经常性损益前后孰低者为计算依据）		
营业收入复合增长率		最近两年营业收入连续增长，且平均复合增长率不低于30%	
营业收入		最近两年营业收入平均不低于4 000万元	
股本		股本不少于2 000万股	
市值			最近有成交的60个做市转让日的平均市值不少于3.6亿元
股东权益			最近一年年末股东权益不少于5 000万元
做市商家数			不少于6家
投资者	合格投资者不少于50人		
交易要求	最近60个可转让日实际成交天数占比不低于50%		
公司治理	公司治理符合创新层的准入要求		
违规记录	最近12个月内未出现以下情形： （1）挂牌公司或挂牌公司的控股股东、实际控制人、董事、监事和高级管理人员因信息披露违规、公司治理违规等行为被采取纪律处分以上自律监管措施；或者受到中国证监会的行政处罚或其他部门的罚款以上行政处罚；或者受到刑事处罚；或者公司丧失经营资质。 （2）挂牌公司或挂牌公司的控股股东、实际控制人、董事、监事和高级管理人员因信息披露违规、公司治理违规等行为被采取约见谈话、提交书面承诺、出具警示函、责令改正、限制证券账户交易等自律监管措施3次以上的。 （3）挂牌公司或挂牌公司的控股股东、实际控制人存在重大未决诉讼、正在接受重大违法违规立案调查或者存在其他重大未决事件的。 （4）挂牌公司或其控股股东、实际控制人，现任董事、监事和高级管理人员因信息披露违规、公司治理违规、交易违规等行为被全国股转公司采取出具警示函、责令改正、限制证券账户交易等自律监管措施合计3次以上的，或者被全国股转公司等自律监管机构采取了纪律处分措施。 （5）挂牌公司或其控股股东、实际控制人，现任董事、监事和高级管理人员因信息披露违规、公司治理违规、交易违规等行为被中国证监会及其派出机构采取行政监管措施或者被采取行政处罚，或者正在接受立案调查，尚未有明确结论意见。 （6）挂牌公司或其控股股东、实际控制人，现任董事、监事和高级管理人员受到刑事处罚，或者正在接受司法机关的立案侦查，尚未有明确结论意见。		
信息披露要求	按照全国股转公司的要求，在会计年度结束之日起4个月内编制并披露年度报告；最近三个会计年度的财务会计报告被会计师事务所出具标准无保留意见的审计报告		
其他	全国股转公司规定的其他条件		

对于精选层的调整，《全国中小企业股份转让系统分层管理办法》也明确提出了定期调出不符合精选层挂牌条件的标准，对于精选层挂牌公司出现下列情形之一的，全国股转公司定期将其调出精选层：包括：（1）最近两年净利润均为负值，且营业收入均低于 5 000 万元，或者最近一年净利润为负值，且营业收入低于 3 000 万元；（2）最近一年期末净资产为负值；（3）最近一年财务会计报告被会计师事务所出具否定意见或无法表示意见的审计报告；（4）中国证监会和全国股转公司规定的其他情形。

《全国中小企业股份转让系统分层管理办法》还列出了对于一些精选层挂牌公司出现的情形即时将其调出精选层的条件，如连续 60 个交易日，公众股东持股比例均低于公司股本总额的 25%、公司股本总额超过 4 亿元的；连续 60 个交易日，公众股东持股比例均低于公司股本总额的 10%、连续 60 个交易日，股东人数均少于 200 人等均予以即时调出处理。

15.1.4　各层次之间实行差异化制度安排

挂牌公司分层的本质是挂牌公司风险的分层管理，其实现方式是制度的差异化安排。股转系统对不同层级挂牌公司实施差异化的服务和监管。依标准分入创新层的公司，可优先享受包括储架发行、授权发行、并购贷款及并购基金等在内的制度供给。详情见表 15–4。

表 15–4　创新层和基础层的差异化制度安排

	创新层	基础层
融资制度	加强融资定价的指导	
发行方式	（1）建立一次审批、分期实施的储架发行制度和挂牌公司股东大会一次审议、董事会分期实施的授权发行机制； （2）加强融资定价的指导； （3）加强低价发行的限售指导	维持现有规则不变
募集资金用途管理	（1）进一步强化募集资金用途的披露； （2）募集资金实行专户管理； （3）主办券商应当对募集资金使用情况纳入持续督导范围； （4）改变募集资金用途的，应当履行约定的决策程序并予以披露； （5）定期报告中详细披露募集资金的使用情况	维持现有规则不变
融资方式	先行试点发行公募债等融资方式	维持现有规则不变

续表

	创新层	基础层
董秘资格	董事会秘书应当取得创新层资格证书，并要求董事会设立专门的管理机构	董事会秘书或信息披露事务负责人应当取得基础层资格证书
主办券商对公司培训	主办券商应当参照《主办券商持续督导工作指引》规定，每年至少对督导的挂牌公司的董秘或者信息披露负责人进行两次培训	主办券商应参照《主办券商持续督导工作指引》规定，每年至少对督导的挂牌公司的董秘或者信息披露负责人进行一次培训
交易制度创新	优先试点	维持现有规则不变
信息披露要求	（1）定期报告：在每个会计年度结束之日起3个月内编制并披露年度报告或者业绩快报，鼓励公司披露业绩预告；在每个会计年度的上半年结束之日起1个月内编制并披露半年度报告或者业绩快报； （2）临时公告：在现行规则基础上，所有的对外投资、购买或出售资产、对外担保等行为都必须披露临时公告； （3）季报：鼓励披露季报	（1）定期报告：维持现有规则不变； （2）临时公告：对于公司章程规定的无需提交股东大会审议的关联交易，比照日常性关联交易管理； （3）季报：维持现有规则不变
信息披露管理制度	要求必须制定并披露信息披露的相关管理办法及重大差错责任追究制度，明确信息披露的负责人员和责任分配	维持现有规则不变
承诺事项管理	挂牌公司和相关信息披露义务人应当严格遵守承诺事项，承诺事项应当单独披露。挂牌公司应当在定期报告中专项披露承诺事项的履行情况。如出现公司或者相关信息披露义务人不能履行承诺的情形，公司应当及时披露具体原因和董事会拟采取的措施	维持现有规则不变
公司治理	在定期报告或者专门报告中，完整披露是否遵守了创新层公司的公司治理要求	维持现有规则不变
主办券商持续督导	（1）检查创新层公司是否符合公司治理条件； （2）披露专项督导报告	维持现有规则不变
短线交易	挂牌公司董事、监事、高级管理人员、持有公司股份（10%）以上的股东，将其持有的公司股票在买入后6个月内卖出，或者在卖出后6个月内又买入，由此所得收益归公司所有，公司董事会应当收回其所得收益，并及时披露相关情况	维持现有规则不变
敏感期交易	挂牌公司的董事、监事、高级管理人员、持有挂牌公司股份10%以上的股东在年度报告等重大信息披露前的30日内买卖本公司股票的，应当提交专项说明	维持现有规则不变

续表

	创新层	基础层
违规处理	(1) 培训和考试：创新层公司出现违规的，全国股转系统加强公司高管或者相关责任人的培训和考试； (2) 现场检查：主办券商对创新层挂牌公司每年至少现场专项检查一次； (3) 底稿检查：全国股转系统加强创新层挂牌公司股票发行、并购重组和日常持续督导等工作底稿的抽查	(1) 培训和考试：维持现有规则不变； (2) 现场检查：维持现有规则不变； (3) 底稿检查：维持现有规则不变

15.2 精选层

15.2.1 增设新三板精选层背景

2016年5月新三板实施首次分层以来，初步实现了挂牌公司分层分类管理、引导市场投资、降低投资者信息收集成本等作用。2017年12月，新三板对原分层制度进行了完善，调整了创新层的部分准入和维持标准，配套引入了差异化的集合竞价交易制度，探索实施了创新层企业与基础层企业差异化的信息披露制度，深化新三板改革迈出重要步伐。但总的来说，目前市场分层制度仍然存在不少问题，比如市场分层准入标准要求大于维持标准要求、50人股东人数强制性准入要求、创新层企业差异化制度安排不够等。

新三板企业具有典型的海量、多元、差异化特征，如何服务好这么多的企业是一个世界级的难题。这个海量市场发展和新经济产业发展的背后都需要市场地位的进一步逐步清晰，需要更加精细化的分层管理制度来支撑。

2018年以来，新三板分层改革一直在不断推进。1月24日，在新三板市场全国扩容纪念日，全国股转系统有关负责人公开表示市场精细化分层是2018年新三板重点推动工作之一；5月28日，在金融街论坛年会上表示，下一步，新三板将着眼于服务创新型、创业型、成长型中小微企业的初心，在抓好2017年年底出台的改革措施实践和评估基础上，推进新三板市场精细化分层，为挂牌公司提供差异化制度供给，全面提升市场价格发现、资源配置和风险管理等核心功能。经过一段时间的酝酿，2019年10月25日，以设立精选层为核心举措的新三板全面深化改革被证监会官宣。倍感振奋的资本市场立即行动，仅用276天就完成了筹备的全流程。2020年7月27日，精选层开闸运行，多层次资本市场迈入新征程。

15.2.2 新三板精选层推出的意义

精细化分层也即在创新层上面再推出精选层，按照精细化分层的思路匹配差异化制度安排。这些差异化制度安排包括交易、投资适当性、信息披露和监管等。精选层的推出具有重要的意义：

一是满足了挂牌企业的融资需求。精选层降低了投资者门槛，通过连续竞价、公开发行等机制的实施，大大提高了挂牌企业的流动性，为挂牌企业提供了更高层次的融资平台。

二是完善了新三板市场结构。不同于基础层和创新层，精选层定位于企业升级，要求挂牌公司通过公开发行提升公众化水平，并在匹配高效融资交易制度的同时对标上市公司从严监管，使新三板在服务企业的发展周期覆盖面上实现了有效拓展。精选层的推出是新三板分层改革不断完善背景下推出的，通过挂牌条件、投资者门槛、竞价机制、转办安排等差异化安排，进一步完善了新三板市场结构。

三是构建了多层次资本市场体系。新三板精选层的推出是新三板与 A 股市场连接的纽带，精选层挂牌企业有了上升通道，也为投资者提供了成熟的退出方式。

15.3 企业如何铺设精选层通道

15.3.1 申报路径

拟挂牌企业申请精选层首先需要符合基础层的挂牌条件进入基础层，然后符合创新层条件进入创新层，符合条件的企业再进入精选层，达到转板条件即可转入主板上市。对于不符合条件的企业会予以降层处理（见图 15-1）。

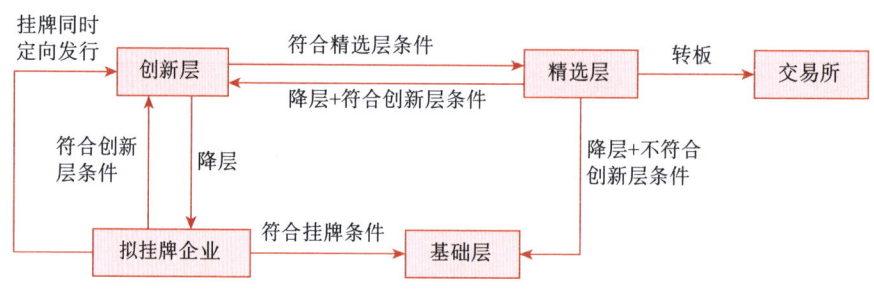

图 15-1 精选层的申报路径

15.3.2 申报条件

(1) 主体所属行业

发行人不得属于产能过剩行业或《产业结构调整指导目录》中规定的限制类、淘汰类行业。

精选层设立初期，优先支持创新创业型实体企业，暂不允许金融和类金融企业进入精选层，后续将结合深化新三板改革措施落地情况及监管环境统筹考虑。

(2) 财务条件

精选层申报财务条件参见如表15-5。

表15-5　　　　　　　　　新三板精选层申报财务条件

		一般企业	存在表决权差异企业
主体条件		创新层连续挂牌满12个月	同
财务条件（四选一）	盈利性	"市值≥2亿元"+"最近2年净利润≥1 500万元"，加权平均净资产收益率平均≥8% 或 "市值2亿元+最近一年净利润≥2 500万元"，加权平均净资产收益率平均≥8%	"市值≥6亿元+最近2年净利润≥1 500万元"，加权平均净资产收益率平均≥8% 或 "市值≥6亿元+最近1年净利润≥2 500万元"，加权平均净资产收益率平均≥8%
	成长性	"市值≥4亿元+最近2年营业收入平均≥1亿元"，且最近1年营收增长率≥30%，经营活动现金流净额为正	"市值≥6亿元+最近2年营业收入平均≥1亿元"，且最近1年营收增长率≥30%，经营活动现金流净额为正
	研发成果产业化	"市值≥8亿元+最近1年营业收入≥2亿元"，最近2年研发投入合计占营收比例合计≥8%	同
	研发能力	"市值≥15亿元+最近2年研发投入合计≥5 000万元"	同

资料来源：北大瑞银，《新三板股改上市案例全程指引》。

(3) 公众化水平

最近1年期末净资产≥5 000万元；发行的股份≥100万股，发行对象≥100人；发行后股本总额≥3 000万元；发行后股东人数≥200人；公众股东持股占发行后股本总额≥25%，股本总额超4亿元的≥10%。

(4) 负面清单

根据《全国中小企业股份转让系统分层管理办法》第17条，挂牌公司或其他相关主体出现下列情形之一的，挂牌公司不得进入精选层：

- 挂牌公司或其控股股东、实际控制人最近三年内存在本办法第十三条第一项规定情形；

- 挂牌公司或其控股股东、实际控制人、董事、监事、高级管理人员最近12个月内存在本办法第十三条第二项规定情形；
- 本办法第十三条第三项至第五项规定情形；
- 最近三年财务会计报告被会计师事务所出具非标准审计意见的审计报告；
- 中国证监会和全国股转公司规定的，对挂牌公司经营稳定性、直接面向市场独立持续经营的能力具有重大不利影响，或者存在挂牌公司利益受到损害等其他情形。

15.3.3 精选层审核要点

根据《全国中小企业股份转让系统精选层挂牌审查问答》及精选层公司披露的法律意见书，针对精选层公司中业务、资产、关联交易、同业竞争等核查要点，分析如下：

（1）业务、资产、技术、股权的权属要求

- 业务方面，发行人的主营业务、主要产品或服务、用途及其商业模式明确、具体；发行人经营一种或多种业务的，每种业务应具有相应的关键资源要素，该要素组成应具有投入、处理和产出能力，能够与合同、收入或成本费用等相匹配。
- 主要资产方面，对发行人主要业务有重大影响的土地使用权、房屋所有权、生产设备、专利、商标和著作权等不存在对发行人持续经营能力构成重大不利影响的权属纠纷。
- 主要股东股份方面，发行人控股股东和受控股股东、实际控制人支配的股东所持有的发行人股份不存在重大权属纠纷。
- 报告期重大关注事项方面，发行人挂牌后报告期内的业务变化、主要股东所持股份变化以及主要资产和核心技术的权属情况。

（2）同业竞争

- 核查要求方面，结合竞争方与发行人的经营地域、产品或服务的定位，充分核查同业竞争情况。
- 重大不利影响的认定方面包括是否会导致发行人与竞争方之间的非公平竞争、是否会导致发行人与竞争方之间存在利益输送、是否会导致发行人与竞争方之间相互或者单方让渡商业机会情形，以及对未来发展的潜在影响等方面。
- 披露要求方面，发行人应在公开发行说明书中，披露保荐机构及发行人律师针对同业竞争是否对发行人构成重大不利影响的核查意见和认定依据。

（3）关联交易

- 监管要求方面，发行人应严格按照《企业会计准则第 36 号——关联方披露》《非上市公众公司信息披露管理办法》和全国股转公司颁布的相关业务规则中的有关规定，完整、准确地披露关联方关系及其交易，并且发行人的控股股东、实际控制人应协助发行人完整、准确地披露关联方关系及其交易。发行人与控股股东、实际控制人及其关联方之间的关联交易应根据业务模式控制在合理范围内。

- 重点关注方面，重点关注关联方的财务状况和经营情况；发行人报告期内关联方注销及非关联化的情况，非关联化后发行人与上述原关联方的后续交易情况；关联交易产生的收入、利润总额合理性，关联交易是否影响发行人的经营独立性、是否构成对控股股东或实际控制人的依赖，是否存在通过关联交易调节发行人收入利润或成本费用、对发行人利益输送的情形；发行人披露的未来减少关联交易的具体措施是否切实可行。

- 核查方法方面，核查发行人与其客户、供应商之间是否存在关联方关系时，不应仅限于查阅书面资料，应采取实地走访，核对工商、税务、银行等部门提供的资料，甄别客户和供应商的实际控制人及关键经办人员与发行人是否存在关联方关系。

- 核查并发表意见方面，关联方认定，关联交易信息披露的完整性，关联交易的必要性、合理性和公允性，关联交易是否影响发行人的独立性、是否可能对发行产生重大不利影响，以及是否已履行关联交易决策程序。

（4）公司治理衔接

发行人进入精选层前的公司治理衔接准备情况应符合以下要求：

第一，公司章程（草案）。发行人申报时提交的公司章程（草案）内容应当符合《公司治理规则》关于精选层挂牌公司的要求，对利润分配、投资者关系管理、独立董事、累积投票等内容在公司章程（草案）中予以明确或者单独制定规则。

第二，董监高。发行人申报时的董事、监事、高级管理人员（包括董事会秘书和财务负责人）应当符合《公司治理规则》规定的任职要求，并符合精选层挂牌公司董事兼任高级管理人员的人数比例、董事或高级管理人员的亲属不得兼任监事的相关要求。

第三，独立董事。发行人应当在挂牌委员会审议之前设立两名以上（含两名）独立董事。独立董事的任职资格、备案程序等应当符合全国股转公司的相关规定。

（5）上市公司子公司

- 披露要求方面，发行人为上市公司直接或间接控制的公司的，应当独立于上市公司并在信息披露方面与上市公司一致、同步。

- 核查要求方面，发行人是否存在上市公司为发行人承担成本费用、利益输送或其他利益安排等情形，对上市公司是否存在重大依赖，是否具有直接面向市场独立持续经营的能力；发行人信息披露与上市公司是否一致、同步；发行人及上市公司关于发行人本次申请股票公开发行并在精选层挂牌的决策程序、审批程序与信息披露等是否符合中国证监会、证券交易所的相关规定，是否符合境外监管的相关规定（上市公司在境外上市的）；如果存在信息披露、决策程序等方面的瑕疵，是否存在影响本次发行的争议、潜在纠纷或其他法律风险。

（6）共同投资

- 披露要求方面，发行人应当披露相关公司的基本情况，包括但不限于公司名称、成立时间、注册资本、住所、经营范围、股权结构、最近一年及一期主要财务数据及简要历史沿革。
- 核查要求方面，中介机构应当核查发行人与上述主体共同设立公司的背景、原因和必要性，说明发行人出资是否合法合规、出资价格是否公允。

如发行人与共同设立的公司存在业务或资金往来的，还应当披露相关交易的交易内容、交易金额、交易背景以及相关交易与发行人主营业务之间的关系。中介机构应当核查相关交易的真实性、合法性、必要性、合理性及公允性，是否存在损害发行人利益的行为。

如公司共同投资方为董事、高级管理人员及其近亲属，中介机构应核查说明公司是否符合《公司法》第 148 条规定，即董事、高级管理人员未经股东会或者股东大会同意，不得利用职务便利为自己或者他人谋取属于公司的商业机会，自营或者为他人经营与所任职公司同类的业务。

15.4 转板的展望

分层之后，新三板的市场功能将更加丰富与完善，具备了向多层次资本市场转板制度发展的基础。截至 2021 年上半年，有 245 家企业在 A 股上市，其中有 63 家是从新三板改道到 A 股的，接近上年同期 33 家的 2 倍。从上市板块看来，这 63 家转板成功的企业中，科创板和创业板更受青睐，共有 26 家在创业板上市，22 家在创业板上市，上交所主板为 8 家，深交所主板为 7 家。到目前，所谓的"转板"主要是通过 IPO 转板、被收购"借道"上市或"借壳"上市实现的，并非真正意义上的转板。

中国证监会一直对直接转板制度进行研究，从 2013 年开始先后提出了介绍上市、绿色通道制度等模式，但之后一段时间都没有详细的规则出台，没有企业以这种形式转板。直到精选层推出后，证监会明确提出了精选层向创业板和科创板的转板制度与办法。2021 年 2 月 26 日，上交所和深交所分别发布《全国中小企业股份转让系统挂牌公司向上海证券交易所科创板转板上市办法（试行）》和《深圳证券交易所关于全国中小企业股份转让系统挂牌公司向创业板转板上市办法（试行）》的通知，明确了精选层挂牌公司向科创板或创业板转板上市条件、股份限售要求、上市审核安排及上市保荐履职等重要内容。

总体来看，转板公司应当符合转入板块的上市条件，并符合转板上市办法规定的合规性要求、市值及财务指标等要求。转板条件主要有：

（1）需在精选层挂牌满1年

转板公司应当在精选层连续挂牌1年以上，且最近1年内不存在全国股转公司规定的应当调出精选层的情形。

（2）五个基本条件＋两个三板的"1000"指标

科创板方面，转板上市办法明确8项条件，除兜底条款外的7项中，5项为"基本"项，还有2项是新三板"定制"项。基本指标同科创板IPO指标无差异：符合《科创板首次公开发行股票注册管理办法》第10条至第13条规定的发行条件；转板公司或者其控股股东、实际控制人不存在最近三年受到证监会行政处罚，因涉嫌违法违规被证监会立案调查，尚未有明确结论意见，或者最近12个月受到全国股转公司公开谴责等情形；总股本不低于3 000万元；公众股东持股比例达到转板公司股份总数的25%以上或者转板公司股本总额超过人民币4亿元的，公众股东持股的比例为10%以上；市值及财务指标符合科创板"五套标准"中的一项、有双重投票权的符合科创板两套标准中的一项。另外的两个新三板指标为：股东人数不少于1 000人；董事会审议通过转板上市相关事宜决议公告日前连续60交易日（不包括股票停牌日）的股票累计成交量不低于1 000万股。

创业板方面，转板上市条件与创业板首发上市条件保持总体一致，要求符合创业板首发发行条件、符合《创业板股票上市规则》规定的市值与财务标准等，并根据转板公司特点，引入"千人千股"的新三板交易指标，制度安排与科创板基本没有差异。

（3）符合科创板、创业板定位

根据科创板的规定，转板公司应当符合注册办法规定的科创板定位。转板公司应当结合相关规定对其是否符合科创板定位进行自我评估，提交专项说明；保荐人应当核查把关，出具专项意见。根据创业板的规定，转板公司应当符合创业板注册办法等规定的创业板定位。

新三板精选层启动转板后，截至2021年8月31日，共有5家公司启动转板上市，包括观典防务、泰祥股份等，其中4家公司瞄准创业板，1家瞄准科创板。

附录　北交所相关法规规章索引

（截至 2021 年 11 月 2 日）

一、证监会层面相关规则

证券交易所管理办法（证监会令【第 192 号】）

非上市公众公司信息披露管理办法（证监会令【第 191 号】）

非上市公众公司监督管理办法（证监会令【第 190 号】）

北京证券交易所上市公司持续监管办法（试行）（证监会令【第 189 号】）

北京证券交易所上市公司证券发行注册管理办法（试行）（证监会令【第 188 号】）

北京证券交易所向不特定合格投资者公开发行股票注册管理办法（试行）（证监会令【第 187 号】）

二、北交所基础规则

《北京证券交易所向不特定合格投资者公开发行股票并上市审核规则（试行）》（北证公告〔2021〕5 号）

《北京证券交易所上市委员会管理细则》（北证公告〔2021〕6 号）

《北京证券交易所证券发行上市保荐业务管理细则》（北证公告〔2021〕7 号）

《北京证券交易所证券发行与承销管理细则》（北证公告〔2021〕8 号）

《北京证券交易所上市公司证券发行上市审核规则（试行）》（北证公告〔2021〕9 号）

《北京证券交易所上市公司向特定对象发行优先股业务细则》（北证公告〔2021〕10 号）

《北京证券交易所上市公司向特定对象发行可转换公司债券业务细则》（北证公告〔2021〕11 号）

《北京证券交易所上市公司重大资产重组审核规则（试行）》（北证公告〔2021〕

12 号）

《北京证券交易所股票上市规则（试行）》（北证公告〔2021〕13 号）

《北京证券交易所上市公司持续监管指引第 1 号——独立董事》（北证公告〔2021〕14 号）

三、信息披露相关规则

公开发行证券的公司信息披露内容与格式准则第 46 号——北京证券交易所公司招股说明书（证监会公告〔2021〕26 号）

公开发行证券的公司信息披露内容与格式准则第 47 号——向不特定合格投资者公开发行股票并在北京证券交易所上市申请文件（证监会公告〔2021〕27 号）

公开发行证券的公司信息披露内容与格式准则第 48 号——北京证券交易所上市公司向不特定合格投资者公开发行股票募集说明书（证监会公告〔2021〕28 号）

公开发行证券的公司信息披露内容与格式准则第 49 号——北京证券交易所上市公司向特定对象发行股票募集说明书和发行情况报告书（证监会公告〔2021〕29 号）

公开发行证券的公司信息披露内容与格式准则第 50 号——北京证券交易所上市公司向特定对象发行可转换公司债券募集说明书和发行情况报告书（证监会公告〔2021〕30 号）

公开发行证券的公司信息披露内容与格式准则第 51 号——北京证券交易所上市公司向特定对象发行优先股募集说明书和发行情况报告书（证监会公告〔2021〕31 号）

公开发行证券的公司信息披露内容与格式准则第 52 号——北京证券交易所上市公司发行证券申请文件（证监会公告〔2021〕32 号）

公开发行证券的公司信息披露内容与格式准则第 53 号——北京证券交易所上市公司年度报告（证监会公告〔2021〕33 号）

公开发行证券的公司信息披露内容与格式准则第 54 号——北京证券交易所上市公司中期报告（证监会公告〔2021〕34 号）

公开发行证券的公司信息披露内容与格式准则第 55 号——北京证券交易所上市公司权益变动报告书、上市公司收购报告书、要约收购报告书、被收购公司董事会报告书（证监会公告〔2021〕35 号）

公开发行证券的公司信息披露内容与格式准则第 56 号——北京证券交易所上市公司重大资产重组（证监会公告〔2021〕36 号）

非上市公众公司信息披露内容与格式准则第 18 号——定向发行可转换公司债券说明书和发行情况报告书（证监会公告〔2021〕37 号）

非上市公众公司信息披露内容与格式准则第 19 号——定向发行可转换公司债券发行申请文件（证监会公告〔2021〕38 号）

四、北交所业务操作规则

北京证券交易所交易规则（试行）（北证公告〔2021〕15号）

北京证券交易所、全国中小企业股份转让系统交易单元管理细则（北证公告〔2021〕16号）

北京证券交易所、全国中小企业股份转让系统交易单元业务办理指南（北证公告〔2021〕17号）

北京证券交易所上市公司股份协议转让细则（北证公告〔2021〕18号）

北京证券交易所上市公司股份协议转让业务办理指引（北证公告〔2021〕19号）

北京证券交易所上市公司股份协议转让业务办理指南（北证公告〔2021〕20号）

北京证券交易所交易异常情况处理细则（北证公告〔2021〕21号）

北京证券交易所会员管理规则（试行）（北证公告〔2021〕22号）

北京证券交易所股票向不特定合格投资者公开发行与承销业务实施细则（北证公告〔2021〕23号）

北京证券交易所复核实施细则（北证公告〔2021〕24号）

北京证券交易所自律管理听证实施细则（北证公告〔2021〕25号）

北京证券交易所向不特定合格投资者公开发行股票并上市业务办理指南第1号——申报与审核（北证公告〔2021〕26号）

北京证券交易所向不特定合格投资者公开发行股票并上市业务办理指南第2号——发行与上市（北证公告〔2021〕27号）

北京证券交易所上市公司证券发行与承销业务指引（北证公告〔2021〕28号）

北京证券交易所上市公司证券发行业务办理指南第1号——向不特定合格投资者公开发行股票（北证公告〔2021〕29号）

北京证券交易所上市公司证券发行业务办理指南第2号——向特定对象发行股票（北证公告〔2021〕30号）

北京证券交易所上市公司证券发行业务办理指南第3号——向原股东配售股份（北证公告〔2021〕31号）

北京证券交易所上市公司向特定对象发行可转换公司债券业务办理指南第1号——发行与挂牌（北证公告〔2021〕32号）

北京证券交易所上市公司向特定对象发行可转换公司债券业务办理指南第2号——存续期业务办理（北证公告〔2021〕33号）

北京证券交易所上市公司重大资产重组业务指引（北证公告〔2021〕34号）

北京证券交易所上市公司持续监管指引第2号——季度报告（北证公告〔2021〕35号）

北京证券交易所上市公司持续监管指引第 3 号——股权激励和员工持股计划（北证公告〔2021〕36 号）

北京证券交易所上市公司持续监管指引第 4 号——股份回购（北证公告〔2021〕37 号）

北京证券交易所上市公司持续监管指引第 5 号——要约收购（北证公告〔2021〕38 号）

北京证券交易所上市公司持续监管指引第 6 号——内幕信息知情人管理及报送（北证公告〔2021〕39 号）

北京证券交易所上市公司业务办理指南第 1 号——股票停复牌（北证公告〔2021〕40 号）

北京证券交易所上市公司业务办理指南第 2 号——股票限售及解除限售（北证公告〔2021〕41 号）

北京证券交易所上市公司业务办理指南第 3 号——权益分派（北证公告〔2021〕42 号）

北京证券交易所上市公司业务办理指南第 4 号——证券简称或公司全称变更（北证公告〔2021〕43 号）

北京证券交易所上市公司业务办理指南第 5 号——表决权差异安排（北证公告〔2021〕44 号）

北京证券交易所上市公司业务办理指南第 6 号——定期报告相关事项（北证公告〔2021〕45 号）

北京证券交易所上市公司业务办理指南第 7 号——信息披露业务办理（北证公告〔2021〕46 号）

北京证券交易所自律监管措施和纪律处分实施细则（北证公告〔2021〕47 号）

五、 转板相关规则

关于北京证券交易所上市公司转板的指导意见（征求意见稿）（2021-10　30）

深圳证券交易所关于全国中小企业股份转让系统挂牌公司向创业板转板上市办法（试行）（深证上〔2021〕233 号）（预计即将修订）

深圳证券交易所创业板发行上市审核业务指引第 3 号——全国中小企业股份转让系统挂牌公司向创业板转板上市报告书内容与格式（深证上〔2021〕726 号）（预计即将修订）

深圳证券交易所创业板发行上市审核业务指引第 4 号——全国中小企业股份转让系统挂牌公司向创业板转板上市申请文件（深证上〔2021〕727 号）（预计即将修订）

深圳证券交易所创业板发行上市审核业务指引第 5 号——转板上市股份相关事项

（深证上〔2021〕730号）（预计即将修订）

《全国中小企业股份转让系统挂牌公司向上海证券交易所科创板转板上市办法（试行）》（上证发〔2021〕17号）（预计即将修订）

上海证券交易所科创板发行上市审核规则适用指引第3号——转板上市申请文件（上证发〔2021〕57号）（预计即将修订）

上海证券交易所科创板发行上市审核规则适用指引第4号——转板上市报告书内容与格式（上证发〔2021〕58号）（预计即将修订）

上海证券交易所科创板发行上市审核规则适用指引第5号——转板上市保荐书（上证发〔2021〕59号）（预计即将修订）

上海证券交易所科创板发行上市审核规则适用指引第6号——转板上市股份相关事项（上证发〔2021〕60号）（预计即将修订）

参考文献

[1] Aggarwal R, Bhagat S, Rangan S. The Impact of Fundamentals on IPO Valuation [J]. Financial Management, 2009, 38 (2): 253 – 284.

[2] Bartov E, Mohanram P, Seethamraju C. Valuation of Internet Stocks—an IPO Perspective [J]. Journal of Accounting Research, 2002, 40 (2): 321 – 346.

[3] Booth J R, Smith II R L. Capital Raising, Underwriting and the Certification Hypothesis [J]. Journal of Financial Economics, 1986, 15 (1 – 2): 261 – 281.

[4] Damodaran A. Damodaran on Valuation: Security Analysis for Investment and Corporate Finance [M]. John Wiley & Sons, 2016.

[5] Gordon M J. The Investment, Financing, and Valuation of the Corporation [M]. RD Irwin, 1962.

[6] Ljungqvist A, Wilhelm Jr W J. IPO Pricing in the Dot – com Bubble [J]. The Journal of Finance, 2003, 58 (2): 723 – 752.

[7] Miller M, Modigliani F. Dividend Policy, Growth, and the Valuation of Shares [J]. 1961.

[8] NASDAQ Corporate Services. A Guide for Chinese Companies to Listing on the U. S. Securities Markets. 2006.

[9] Rappaport A. The Affordable Dividend Approach to Equity Valuation [J]. Financial Analysts Journal, 1986, 42 (4): 52 – 58.

[10] Rule 5000 Series, NASDAQ Listing Rules. www.nasdaq.com

[11] Sapp T R A, Yan X. The Nasdaq – Amex Merger, Nasdaq Reforms, and the Liquidity of Small Firms [J]. Journal of Financial Research, 2003, 26 (2): 225 – 242.

[12] The NASDAQ OMX Group, INC. NASDAQ Annual Report. 2001 – 2014.

[13] The NASDAQ OMX Group, INC. NASDAQ Initial Listing Guide. 2013.

[14] The NASDAQ OMX Group, INC. NASDAQ Initial Listing Guide. 2015.

[15] The NASDAQ OMX Group, INC. Notice of 2015 Annual Meeting of Stockholders and Proxy Statement. May 2015.

［16］Tse Y, Devos E. Trading Costs, Investor Recognition and Market Response: An Analysis of Firms that Move from the Amex (Nasdaq) to Nasdaq (Amex) ［J］. Journal of Banking & Finance, 2004, 28 (1): 63 – 83.

［17］安青松. 推动我国资本市场迈向高质量发展——基于股权分置改革的回顾与启示［J］. 清华金融评论, 2018, (12): 48 – 49.

［18］薄纯敏, 李欣, 由天宇. 潮平两岸阔, 科创正当时——2019 科创板展望暨潜力新兴企业 100 研究报告［R］. 亿欧智库, 2019, 6.

［19］薄纯敏, 由天宇, 周娅男. 打好创新牌, 拥抱科创板——科创板聚焦产业及潜在标的企业 100 研究报告［R］. 亿欧智库, 2019, 1.

［20］曹凤岐. 推进我国股票发行注册制改革［J］. 南开学报 (哲学社会科学版), 2014 (02): 118 – 126.

［21］曹文婷. 新三板挂牌企业市值管理的困境及对策［J］. 财会月刊, 2020 (19): 128 – 134. ［1］潘红波, 汪涛, 周颖. 新三板分层制度、市场环境与盈余管理［J］. 中南大学学报 (社会科学版), 2020, 26 (05): 119 – 132.

［22］曾峙霖. 我国科技型中小企业新三板融资法律制度研究［D］: 硕士学位论文. 成都: 西南财经大学, 2014.

［23］柴瑞娟, 朱士玉. 美国纳斯达克市场对我国新三板分层的启示［J］. 西部金融, 2016 (06): 18 – 25.

［24］陈辉, 顾乃康. 新三板做市商制度、股票流动性与证券价值［J］. 金融研究, 2017 (04): 176 – 190.

［25］陈宇峰, 马延柏, 刘克龙. 中国新三板中小企业融资效率研究——基于 DEA – Malmquist 方法的实证经验［J］. 财会研究, 2021 (04): 68 – 76 + 80.

［26］陈值. 新三板融资机构高管详解定增份额争夺战背后的 PE 淘金逻辑［N］. 21 世纪经济报道, 2015 – 05 – 06.

［27］从新三板到新四板构建多层次资本市场体系［OL］. 2015 – 07 – 29. http://www.sanban18.com/Industry/4405.html.

［28］戴湘云, 叶生新. 多层次资本市场中的"新三板"对高新科技园区经济发展作用分析与实证研究——以中关村科技园区为例［J］. 改革与战略, 2011, 12 (27): 69 – 74.

［29］东亚前海证券. 北交所专题报告系列报告: 上市、发行、交易与转板制度分析、退市制度与目标企业分析、投资者门槛、定价制度分析［R］, 2021.

［30］窦巍. 我国"新三板"中做市商制度法律问题研究［D］: 硕士学位论文. 厦门: 华侨大学, 2014.

[31] 郭施亮. 科创板来了, 中国版纳斯达克离我们还远吗? [J]. 金融经济 (市场版), 2018, (12): 33-34.

[32] 郝雨时, 周格旭, 吴灵灵. 我国A股市场退市制度现状及机制研究 [J]. 北方金融, 2021 (01): 12-17.

[33] 何晓光. 有效市场理论的经济内涵及其影响 [J]. 经济纵横, 2009 (07): 120-122.

[34] 洪方圆. 新三板会计信息披露研究 [D]: 硕士学位论文. 北京: 财政部财政科学研究所, 2014.

[35] 胡国鹏, 袁稻雨. 时代的关键词, 专精特新 [R]. 国海证券研究报告, 2021.3.

[36] 黄琪琦. 我国场外交易市场的体系和制度构建 [D]: 硕士学位论文. 上海: 复旦大学, 2012.

[37] 纪云涛, 代云龙. 他山之石, 可以攻玉——新三板与纳斯达克对比研究 [R]. 兴业证券, 2015.

[38] 李春涛, 闫续文, 宋敏, 杨威. 金融科技与企业创新——新三板上市公司的证据 [J]. 中国工业经济, 2020 (01): 81-98.

[39] 李培馨, 谢伟, 王宝链. 海外上市地点和企业投资: 纳斯达克、香港、新加坡上市企业比较 [J]. 南开管理评论, 2012, 15 (02): 81-91.

[40] 刘剑蕾. 中国IPO发行定价制度变迁及其影响研究 [M]. 北京: 中国金融出版社, 2017.

[41] 刘丽, 孙田田, 徐风. 我国A股退市制度的问题及完善路径研究 [A]. 中国证券业协会. 创新与发展: 中国证券业2019年论文集 [C].: 中国证券业协会, 2020: 9.

[42] 刘树成, 李实. 对美国"新经济"的考察与研究 [J]. 经济研究, 2000 (08): 3-11+55-79.

[43] 罗党论, 苟峻彬, 唐芳. 上市管制背景下新三板企业的转板效应 [J]. 南方金融, 2019 (08): 40-49.

[44] 罗志恒. 北交所来了: 缘由、影响及配套制度 [R]. 粤开证券研究报告, 2021.2.

[45] 民生证券证券市场退市制度课题组, 周晓萍. 我国证券市场退市制度的潜在问题与完善路径研究 [J]. 金融监管研究, 2018 (04): 1-20.

[46] 任泽平, 翟盛杰, 曹志楠. 科创板+注册制会成为中国版纳斯达克吗 [R]. 恒大研究院, 2018, 11.

[47] 阮爱清，张向东. 新三板挂牌如何促进产业升级？——基于温州案例的动力机制分析[J]. 荆楚理工学院学报，2019，34（04）：47－53.

[48] 邵新建，洪俊杰，廖静池. 中国新股发行中分析师合谋高估及其福利影响[J]. 经济研究，2018，53（06）：82－96.

[49] 沈娟，刘雪菲，陶圣禹. 科创板制度研究：从制度建设跨越看新龙头崛起[R]. 华泰证券，2019，2.

[50] 孙健波，熊可，胡军等. 新三板上市及资本运作实务. 法律出版社，2015，5.

[51] 铁云. 科技型中小企业新三板挂牌规范问题研究[D]：硕士学位论文. 杭州：浙江工商大学. 2015.

[52] 投资机构看好新三板前景交易制度推动价值投资[OL]. 2015－06－29. http：//www.sanban18.com/Industry/2528.html.

[53] 汪毅. 顺应战略目标，力促专精特新双循环——北京交易所成立专题报告[R]. 长城证券，2021.

[54] 王合绪，杜德. 新三板如何助推中小企业转型升级[J]. 今日工程机械，2015，06：46－47.

[55] 王进. 新三板做市交易制度基本法律问题[D]：硕士学位论文. 上海：华东政法大学，2013.

[56] 王勇州. 新三板企业内部控制研究——以J公司为例[D]：硕士学位论文. 昆明：云南大学. 2015.

[57] 魏伟，张亚婕，郭蕊. 科创板解析：改革的里程碑，新兴的驱动者[R]. 平安证券，2019，2.

[58] 徐康，张径炜，洪锦屏. 金融支持创新型中小企业，一场金融领域的"碳中和"——北交所成立点评[R]. 华创证券，2021.

[59] 徐忠. 新时代背景下中国金融体系与国家治理体系现代化[J]. 经济研究，2018，53（07）：4－20.

[60] 薛海燕，张信东. 推手还是杀手：流动性对中小企业创新投资的影响——基于新三板和创业板的比较研究[J]. 外国经济与管理，2021，43（06）：105－119.

[61] 于旭，魏双莹. 中国创业板与纳斯达克市场制度比较研究[J]. 学习与探索，2015（1）：109－113.

[62] 袁季，徐舜，邱翼，欧阳鑫. 纳斯达克的美国梦与新三板的中国梦[R]. 广证恒生，2014，11.

[63] 张宝贤，唐建荣，吴婷. 新三板上市公司融资效率研究[J]. 商业经济，

2020 (05): 73-74+148.

[64] 张彩虹, 万华林. 关于 IPO 注册制下证监会行政监管机制的思考——中美两国制度比较及其启示 [J]. 中国注册会计师, 2018, (12): 118-121.

[65] 张静帆. 我国新三板市场现行交易制度研究 [D]: 硕士学位论文. 河南: 河南大学, 2014.

[66] 张信东, 薛海燕. 新三板与创业板企业创新投资比较研究 [J]. 科研管理, 2021, 42 (02): 161-170.

[67] 张学勇, 张秋月. 券商声誉损失与公司 IPO 市场表现——来自中国上市公司 IPO 造假的新证据 [J]. 金融研究, 2018 (10): 141-157.

[68] 张玉龙, 罗永峰, 臧赢舜. 科创板的猜想——基于 Nasdaq 和 LSE-AIM 的启示 [R]. 中信建投证券, 2018, 11.

[69] 张昀. 纳斯达克市场分层制度及其对新三板的启示 [R]. 国信证券, 2015-09-22.

[70] 张昀. 新三板分层标准及其影响的深度剖析 [R]. 国信证券, 2015-12-04.

[71] 张占魁. 我国新三板信息披露制度研究 [D]: 硕士学位论文. 北京: 财政部财政科学研究所, 2014.

[72] 张宗新, 杨万成. 声誉模式抑或信息模式: 中国证券分析师如何影响市场? [J]. 经济研究, 2016, 51 (09): 104-117.

[73] 赵巧敏, 李嘉文. 监管层多次强调市场化, 科创板引领市场制度创新 [R]. 广证恒生, 2019, 2.

[74] 证监会: 正在迅速落实设立科创板并试点注册制要求 [J]. 中国注册会计师, 2018, (12): 7.

[75] 周茂清; 尹中立. "新三板"市场的形成、功能及其发展趋势 [J]. 当代经济管理, 2011, 33 (2): 75-77.

[76] 周铭山, 张倩倩, 杨丹. 创业板上市公司创新投入与市场表现: 基于公司内外部的视角 [J]. 经济研究, 2017, 52 (11): 135-149.

[77] 诸海滨. 北交所上市公司再融资三大业务规则优化, 全面提高中小企业融资效率 [R]. 安信证券, 2021.

[78] 诸海滨. 北交所研究系列报告 (二): 上市审核等业务规则纷至沓来, 第二批细解 [R]. 安信证券, 2021.

后 记

目前，中国的多层次资本市场发展正处在一个伟大的时代。在共同富裕的时代大背景之下，北交所作为资本市场的增量改革孕育而生，为中小企业发展融资提供了新的渠道。对于众多的中小企业而言，受制于规模和赢利水平不达标，它们往往达不到主板的上市条件，而创业板和科创板的要求也相对较高。新三板不佳的流动性不能有效满足众多创新型中小企业迫切的融资需求，可以说，北交所的推出可谓是恰如其时。伟大的时代将诞生伟大的企业，中国版的"纳斯达克"是否能哺育出伟大的企业，我们拭目以待。

北交所源于新三板。新三板扩容以来，挂牌公司数量增长迅猛，2016 年破万家。随着近年来全国股转公司严把市场入口关，问题公司也批量摘牌，挂牌公司数量有所缩减。截至 2021 年 9 月底，新三板挂牌公司 7 260 家，其中精选层 66 家，创新层 1 247 家，基础层 5 947 家，总股本 4 823 亿股。从所属行业来看，集中在软件信息、专用设备制造、计算机设备制造等领域，其中，软件和信息技术服务业、专用设备制造业、计算机、通信和其他电子设备制造业分别有 1 118 家、482 家、424 家，合计占比 28%。截至 2021 年 5 月，挂牌公司累计融资逾 5 400 亿元，并购重组交易金额达 2 218 亿元。新三板市场已成为 A 股市场供给池，为沪深市场输送了大量优质企业，截至 2021 年 9 月 1 日，共有 287 家公司完成 IPO。其中，主板 82 家，科创板 89 家，创业板 116 家。

但我们也应看到，新三板仍处于发展阶段，在治理和信息披露上仍然不够完善，融资能力、市场流动性还需加强。根据股转公司的统计，2018 年新三板的换手率仅 5.31%，做市股票全年换手率为 6.47%，换手率已回到 2013 年的水平。北交所成立后，更多优秀的企业将有机会无须转板便能获得直接上市，同时为广大投资者带来巨大制度红利的投资机会。

"十三五"时期是我国资本市场深化改革、全面开放加速的重要时期。在新经济浪潮席卷而来的背景下，信息技术、互联网金融、文化传媒、医疗健康等行业日新月异，中小企业逐步成为经济重要组成部分。同时，新的政策和制度接踵推出。事实上，经过三十余年的资本市场建设，中国在很多方面走过了许多发达市场几十年甚至是上

后 记

百年的道路，在法律制度、交易规则、监管体系等方面不断完善。今后，中国的资本市场仍将继续推陈出新，与时俱进。

置身于这样一个伟大的时代，研究工作也需要不断适应新产业、新技术、新事物。本书是我们集体共同写作而成，全书致力于结合案例分析与实务细节，追踪北交所的最新动态、未来方向、趋势及影响，解读发行要素、交易制度及投资机会，揭开北交所的财富奥秘。囿于学力所限，书中不足乃至错谬之处难以彻底避免，恳请各位读者不吝赐教。最后，在此书完稿付梓之际，再一次感谢所有给予过关心和帮助的学界、业界同仁，向他们表示最诚挚的谢意！

何诚颖

2021 年 10 月